好看的中国历史故事

历史真相篇

主　编：刘士欣
副主编：王　隼
编　者：王　晖　于慧娟　马小艳

中央编译出版社
Central Compilation & Translation Press

总　序

文化是影响一个民族最持久的力量。

尽管中华文明在不同时代有不同的"主流文化",但它最核心的东西始终没有变,那就是自强不息和家国情怀——这是我们最独特的文化基因。正是凭着这种基因,在我们五千年的文明史中,每当灾难来临、存亡绝续之际,总会有一群"埋头苦干的人,拼命硬干的人,为民请命的人,舍身求法的人",引领全民族奋力抗争,一次次走向复兴。

历史长河中,中华文明每一次走向强盛,都伴随着文化的极大繁荣。进入21世纪,中国再次兴起了文化热。不像此前数十年间出现的或多或少带着"全球化"印记的历次"新文化"潮,这波以中国历史和优秀传统文化为主流的文化热,完全是"中国的"。我将其视为中华传统文化在当代的复兴。

我们很荣幸身处这样一个伟大复兴的时代。站在历史的拐点,亲眼见证国家的富强,亲手传递文化的薪火,人生之大幸事,莫过于此。

2012年底,我赴欧洲三国为当地华人华侨宣讲中华文化,反响之热烈出乎意料。文明影响力的辐射,首先体现在文化的传播上。在百年未有之大变局来临之际,世界需要了解中国,中国更应该讲好自己的故事。

一个民族的历史是这个民族安身立命的基础。讲好中国故事,要先讲好中国历史。中国拥有世界上蕴藏最丰、品质最好、取之无尽的历史资源,这是一座巨大的宝藏,是祖先留给我们无比宝贵的财富。

作为一名历史文化传承者无疑是幸福的,但同时也是辛苦的。面对浩如烟海的历史典藏，一个人哪怕穷其一生，也只能窥见一鳞半爪；皓首穷经，所得不过一珠一贝。史道深矣！越是浸淫其中，越是战战兢兢，唯恐所引不真、所究不深、所识不远，轻言漫语而辜负了时代的期许。

讲好中国历史，需要千千万万孜孜不倦的"历史矿工"，不厌艰深，把历史宝藏中最精华、最有价值的部分挖掘出来，呈现给大众；也需要千千万万的文化工匠，苦心孤诣，用炽热的情感为这些黄页注入时代的灵魂。在士欣教授的这部书里，我感受到了这种深度和温度。

精彩的文字，源于丰富的阅历和深厚的积累。士欣教授曾在基层埋首三十余年，其中绝大部分时间是和普通群众打交道。他自谦"业余"，其实这正好使他跳脱了专业的局限，对历史的理解多了一分现实的厚度，思想也多了一份翱翔的自由。

这套书从读者耳熟能详的历史人物和事件中挖掘出鲜为人知的"背后故事"，尊重史料而不盲信，尊重权威而不盲从，难能可贵。所引材料，多为正史信史；所述人事，读者喜闻乐见。"历史名人篇"不怕触及敏感话题，勇气可嘉；"历史真相篇"敢于挑战争议热点，不拘定见；"历史谜案篇"大胆提出新颖观点，自成一说。信手翻来，精彩不断；字里行间，诚意满满；既有知识性，也有趣味性；选题趣旨新奇，着笔视角独特，编排颇具匠心，探究蕴含深意。读来引人入胜，不时发人深思。让人对熟悉的历史，品出了新的味道。

一部好书，最重要的是读者认可。士欣教授的几本书反响都不错，充分说明其思想接通地气、内容贴近读者。他以读者为本的述史态度，令人欣赏。相信这套书也一定能得到读者的喜爱。

愿与士欣教授在传播中国文化的这条长路上，同行共勉！

读史心语

（自序）

说来汗颜，作为一名历史爱好者，我在学生时代几乎没有受过像样的历史教育。生于鸡鸣三县的偏乡僻壤，小学、初中没出村，也没上过一堂历史课。高中在邻村就读，学了几节中国近代史，还是借调的初中物理老师所教。

参加工作后，在偏远乡镇一干就是十年。一年回不了几趟家，又无电视、电脑之类，工作之暇，长夜漫漫，便以读书打发时间。彼时深感学习培训、书写文稿、参加公选、做群众工作，历史知识不可或缺，便恶补这块"木桶短板"，不想竟成其好，至今已有三十余载。

长年读史，如痴如醉，疑问亦油然丛生：提倡"学而优则仕"的"万世师表"孔子为何仕途不畅？伟大的革命先行者孙中山何以有美国国籍？民族英雄郑成功缘何被日本人推崇备至？匈牙利人是中国古代匈奴的后裔吗？蒙古铁骑两度铩羽日本真是因为"神风"？万里长城背后有哪些神奇的故事？……

2006年，在基层摸爬滚打二十年后，我这个出于畎亩的"泥腿子"，被选派到省辖市委党校主持工作十年。这期间，受省委主要领导钦点，借调到省委党校三年多。在"谈笑皆鸿儒，往来有大神"的新环境，诸多疑问也逐渐有了答案，于是在众多师友的殷殷鼓励和帮助下，终于下决心把所读、所思、所悟付诸文字，先后出版了《知行八谈》《辉煌历程》《读史漫记》《读史漫记Ⅱ》等浅陋之作，承蒙读者错爱，反响意外热烈，不禁受宠若惊。

《读史漫记Ⅱ》成稿时，曾忍痛割爱，删掉大量精彩内容，对此，觉得敷衍了抬爱自己的读者朋友,一直耿耿于怀,深以为憾。

史道艰深,常读常新。譬如观山,横看成岭侧成峰;读史亦然,常觉今是而昨非。一个王朝,父死子继、兄终弟及,后继写前任,往往彰功遮过;而王朝更替,后朝写前朝,则大都彰过遮功。所以即便正史也难免失真,何况稗官野史的演绎,每每使读者真假莫辨、良莠难分。而写史者身在局中,亦往往为局所限。世殊时异,俯仰之间,方知纸上得来终觉浅,每瞻顾旧作,常感惭愧;读者谬赞,心尤不安。

终究是读书、写书人的初心使然,又值出版社一再约稿,便借助高校工作的便利,携十几名骨干教师,组成创作团队,在原书基础上,深挖素材,精研史料,详加辨析,适当扩展,戮力打造出了这部新作,既报读者,亦了旧憾。

在工作步伐加快、生活节奏提速的当下,快餐式文化大行其道,碎片化阅读成为主流。抱着鸿篇巨著深读细研的,大抵只能是专业人士,而充斥网络的"历史快餐文",多失于肤浅、偏狭,谬误甚多,为害不浅。编写这本书,既尊重历史的真实,又力求应和读者的喜好,用通俗轻松的语言,讲好中国故事,旨在使广大普通读者在"悦读"中汲取历史知识,提高史学素养。

中华文明传承数千载,既有鲜为人知的秘史,亦有妙趣横生的趣史;既有汗牛充栋的官史巨著,也有浩如烟海的野史演义,可谓前人之述备矣。然则读史有好恶,辨史有视角,读史之获,窥史之见,品史之乐,得无异乎?本人不愿人云亦云,所写或与正统教科书有些许出入,或与人们印象中的"脸谱"大相径庭,但有乐吾乐者,则快然自足矣!

我本业余,史学肤浅,谬误自然难免。诚请行家指教,不胜感激!

目　录

一、烽火戏诸侯是真的吗 ·· 1
　　怪胎现世甚离奇 ·· 1
　　任佞残忠贪淫逸 ·· 2
　　江山社稷当儿戏 ·· 3
　　清华简现致歧义 ·· 4
　　史公之说应无疑 ·· 5
　　【延伸阅读】农神后稷 ·· 7

二、管鲍之交是怎样的朋友圈 ·· 9
　　识微末患难知己 ·· 9
　　各为主挚友成敌 ··· 10
　　捐前嫌皆为公利 ··· 12
　　佐桓公擎霸主旗 ··· 13
　　留遗言胸怀大义 ··· 15
　　【延伸阅读】齐桓公之死 ··· 16

三、千古一帝秦始皇 ··· 17
　　一统天下六国亡 ··· 17
　　亘古伟业嬴政创 ··· 18
　　焚书坑儒要商量 ··· 20
　　辨析误读与诽谤 ··· 21

方家眼中多褒奖 ·········· 23
假如没有秦始皇 ·········· 24
【延伸阅读】嬴政的两个"假父" ·········· 25

四、陈胜吴广的英雄末路 ·········· 27
不满苛政揭竿起 ·········· 27
建立张楚谋大计 ·········· 29
亡于强秦众叛离 ·········· 30
星星之火载史记 ·········· 31
【延伸阅读】陈胜故里 ·········· 32

五、西楚霸王何以败亡 ·········· 34
英雄盖世踏秦关 ·········· 34
所向披靡难灭汉 ·········· 36
乌江浴血暮色残 ·········· 37
击筑悲歌探根源 ·········· 39
【延伸阅读】虞姬葬于何处 ·········· 41

六、王莽新政何以失败 ·········· 43
名门寒家出贵姑 ·········· 43
朝乾夕惕成通儒 ·········· 44
遭贬隐居亦如故 ·········· 46
东山再起天下孚 ·········· 48
顺势而为代汉笃 ·········· 49
托古改制满盘输 ·········· 50
【延伸阅读】汉高祖醉斩蟒蛇 ·········· 52

七、真实的关羽 ·········· 54
三国演义造化神 ·········· 54

重重包装渐失真 ………………………………… 56
单刀赴会误人深 ………………………………… 58
有血有肉普通人 ………………………………… 59
【延伸阅读】关羽葬于何处 …………………… 63

八、旷世才子杨修的悲剧 ……………………………… 64
四世三公声望起 ………………………………… 64
士族子弟知心意 ………………………………… 65
深陷夺嫡惹杀机 ………………………………… 67
鸡肋为由剪羽翼 ………………………………… 69
【延伸阅读】七步成诗 ………………………… 71

九、谁开凿了京杭大运河 ……………………………… 73
运河史诗阖闾先 ………………………………… 73
功过是非烽火湮 ………………………………… 75
大唐盛世倚河安 ………………………………… 78
截弯取直泽千年 ………………………………… 79
见证历史兴亡伴 ………………………………… 81
【延伸阅读】郑国渠 …………………………… 83

十、白居易何以成为背锅侠 …………………………… 85
蜚声中外有大成 ………………………………… 85
棒打鸳鸯初恋空 ………………………………… 86
长恨歌出天下名 ………………………………… 88
不朽绝唱琵琶行 ………………………………… 89
素口蛮腰显性情 ………………………………… 90
缘何背锅负骂名 ………………………………… 91
【延伸阅读】香山居士 ………………………… 93

十一、黄巢起义的始末 ········· 94
宦官专权黄巢反 ········· 94
重整旗鼓拥兵犯 ········· 95
建政大齐帝长安 ········· 97
兵围陈州绝人寰 ········· 98
覆巢之下无完卵 ········· 100
【延伸阅读】黄巢的文字狱 ········· 101

十二、杯酒释兵权的苦果 ········· 103
黄袍加身忧心忡 ········· 103
杯酒释权君安生 ········· 104
贪腐自黑以示忠 ········· 106
崇文抑武毁长城 ········· 107
任人宰割害无穷 ········· 109
【延伸阅读】赵匡胤妙治大臣 ········· 110

十三、程门立雪于何处 ········· 112
官宦世家两兄弟 ········· 112
传道授业释惑疑 ········· 114
职掌学事文风启 ········· 115
一代儒宗继大义 ········· 117
【延伸阅读】座中有伎心无伎 ········· 119

十四、方腊是被梁山好汉所灭吗 ········· 120
征方腊损兵折将 ········· 120
剥开茧廓清迷茫 ········· 122
由辉煌转向败亡 ········· 123
据史实还原真相 ········· 124

再创作重塑形象 …………………………………………………… 126
　　【延伸阅读】梁山好汉海外称王 …………………………………… 127

十五、悲惨的徽钦二宗 ……………………………………………………… 128
　　无心之柳大统继 ……………………………………………………… 128
　　风流才子昏庸帝 ……………………………………………………… 129
　　白山黑水严相逼 ……………………………………………………… 131
　　靖康之耻天下奇 ……………………………………………………… 132
　　身死异国下场凄 ……………………………………………………… 134
　　【延伸阅读】名妓李师师 …………………………………………… 136

十六、岳飞悲剧探源 ………………………………………………………… 138
　　投戎抗金勇武显 ……………………………………………………… 138
　　卓尔不群功勋建 ……………………………………………………… 139
　　恃才傲物同僚怨 ……………………………………………………… 141
　　劝君立储触龙颜 ……………………………………………………… 142
　　风波亭里英魂断 ……………………………………………………… 143
　　【延伸阅读】青山有幸埋忠骨 ……………………………………… 144

十七、陆秀夫崖山殉国 ……………………………………………………… 146
　　初露锋芒志非凡 ……………………………………………………… 146
　　一腔热血难施展 ……………………………………………………… 147
　　铁骨铮铮英雄汉 ……………………………………………………… 149
　　兵败崖山难回天 ……………………………………………………… 151
　　负帝投海殉江山 ……………………………………………………… 152
　　【延伸阅读】丹心汗青文天祥 ……………………………………… 154

十八、"救时宰相"于谦何以束手 ………………………………………… 156
　　少年立言清正官 ……………………………………………………… 156

国破之际挽狂澜	158
公正廉明实中坚	160
"夺门之变"贤良冤	161
束手待毙义无言	163
【延伸阅读】清流锦衣卫	165

十九、明代倭寇真面目　166

推行海禁御倭患	166
督师东洋靖祸端	167
闭关锁国倭燎原	168
海盗王灭灰复燃	170
元敬抗倭终圆满	172
【延伸阅读】"金银岛"传说	174

二十、湖广填四川之殇　175

天府之国千年延	175
蒙元屠蜀人锐减	176
红巾军起兵匪患	178
嗜杀狂魔绝人寰	179
清兵入川添劫难	181
【延伸阅读】张献忠江口沉银	183

二十一、郑成功是日本人吗　185

混血英雄初诞生	185
逆父救国存孤忠	187
折戟沉沙南京城	188
驱逐荷夷辟新荆	189
举世同崇一英雄	191

【延伸阅读】郑氏结局 ·· 193

二十二、康熙六下江南真相 ·· 195
治河通漕济苍生 ·· 195
力促满汉相和融 ·· 197
怀柔布恩察民情 ·· 198
整饬吏治清政风 ·· 199
追求享乐奢侈盛 ·· 201
耀武扬威声色纵 ·· 202
【延伸阅读】康熙提笔忘字 ·· 204

二十三、天朝悲歌探源 ·· 205
洪流涌风云际会 ·· 205
信仰笃将士无畏 ·· 206
初衷抛沉湎富贵 ·· 207
自相残滔天血泪 ·· 208
天王昧烟灭灰飞 ·· 210
英雄泪扼腕而悲 ·· 211
【延伸阅读】洪秀全的内宫 ·· 214

二十四、欲说还休义和团 ·· 215
帝无能洋教横行 ·· 215
拳练兴荒诞不经 ·· 217
尚排外盲目血腥 ·· 218
摇摆间剿抚无定 ·· 219
清洋绞覆亡剧终 ·· 221
功与过任人点评 ·· 223
【延伸阅读】慈禧的"疯狂" ·· 224

二十五、孙中山美国国籍由来 ·· 226
　　舆论哗然国籍说 ··· 226
　　掩护革命籍美国 ··· 227
　　出生证明起风波 ··· 228
　　华侨革命贡献多 ··· 230
　　曲线救国引误惑 ··· 231
　　【延伸阅读】孙中山生命中的女人 ····························· 233

二十六、西南联大的苦难辉煌 ·· 235
　　国危亡学人长征 ··· 235
　　众巨擘师表图腾 ··· 237
　　智若愚掌门先生 ··· 239
　　赴国难投笔从戎 ··· 241
　　书传奇教育珠峰 ··· 243
　　【延伸阅读】神秘的"菜坛子" ································ 244

一、烽火戏诸侯是真的吗

【题记】《史记》载,周幽王任用奸佞,沉溺美色,为博宠妃褒姒一笑而"烽火戏诸侯",失信于天下。后来当犬戎真的攻来时,周幽王点起烽火,因诸侯都不来救,落了个身死国灭的下场。然而,2008年"清华简"现世后,有学者质疑"烽火戏诸侯"的真实性。那么,"烽火戏诸侯"真是太史公的戏说吗?

怪胎现世甚离奇

周宣王时期,有一年都城镐京忽然传起一首儿歌:"檿弧箕服,实亡周国。"意思是"山桑木弓,箕草箭袋,要灭亡周朝"。周宣王听说后十分害怕,下令严禁贩卖山桑木弓、箕草箭袋,违者处死。

偏偏就有一对夫妇,素以贩卖桑弓箕袋为生,因家离城较远,不知禁令。这天,夫妇二人负弓抱袋,来到城门叫卖,守门军士看见,立即过来捉拿。夫妇二人见状,吓得魂飞魄散,丢下桑弓箕袋就逃走了。周宣王闻报,下令将桑弓、箕袋烧毁,并在全国通缉二人。

当天晚上,宫中还发生了一件奇怪的事:周厉王时入宫的一个老宫女怀孕四十多年,突然生下一个女孩!

宫闱秘事，皆有档可查。周宣王召太史入见，一问究竟。太史道："夏桀时，有两条龙落在王宫，口中流涎，自称是褒国的两个先君。夏桀不知该如何处置他们，就命太史占卜，结果不管是杀掉、赶跑还是收留都不吉利，只有留下龙涎才吉利，于是摆出祭物，写下简书，进行祷告，二龙留下龙涎就不见了。夏桀命人将龙涎收藏在木匣子里。夏朝灭亡后，这个匣子传到商朝，商朝灭亡后又传到周朝，从来没有人敢把它打开。但先王末年，匣子放出光芒，先王命人打开匣子，龙涎不小心掉在地上，忽然变成一只黑色的大蜥蜴爬进后宫，迎面撞上一个年仅七岁的小宫女便不见了。那个宫女长到十五岁，无夫而孕，四十多年孕而未生。"周宣王听罢，认为这个女婴是不祥之物，命人把她连夜抱出城外扔掉。

且说那对夫妇逃回家中，不敢久留，收拾财物连夜逃往褒国投亲靠友。行至途中，忽然听到婴儿的哭声，过去一看，一个被人遗弃的女婴，正嗷嗷待哺，甚是可怜。夫妇心生怜悯，加上膝下无子，便抱起女婴，继续往褒国逃去。这个女婴，就是后来的褒姒。

任佞残忠贪淫逸

公元前782年，周宣王驾崩，年仅十四岁的太子姬宫涅继位，史称周幽王。据《东周列国志》的描述，周幽王荒淫无道，在国丧期间和一帮戏子狎玩，全无悲戚之色。后来，周宣王留下的顾命大臣相继去世，周幽王便任用虢石父、祭公和尹球为卿士，主理朝政。这三人都是阿谀谄谄、贪图利禄的小人，对周幽王的荒淫之举不仅不规劝，还投其所好，逢迎不暇。有这样一群奸佞之臣在侧，周幽王更加肆无忌惮、任性妄为，朝政日渐荒废。

公元前780年，泾、渭、洛"三川皆震"，周王朝的龙兴之地岐山也有一段被震塌，大批灾民失去家园。大臣向周幽王汇报灾情，他却笑道："山崩地震，此乃常事，何必报告？"周幽王不仅不把救灾赈民放在心上，反而命左右遍寻美女，以充后宫。

褒姒是如何进入周幽王后宫的,《东周列国志》描述得绘声绘色:褒国大夫褒珦劝周幽王勤政恤民,被打入大牢。三年后,褒珦的儿子洪德在褒国乡下偶遇一个正在汲水的少女,"目秀眉清,唇红齿白,发挽乌云,指排削玉,有如花如月之容,倾国倾城之貌",不禁惊叹道:"没想到在这穷乡僻壤,竟有如此绝色女子!"他上前一问,得知这个女子名叫褒姒,想到父亲被关在镐京牢狱已逾三年,顿时心生一计。他急匆匆回到家中,禀报母亲说:"周幽王四处遍寻美女,有个叫褒姒的女子有倾国倾城之貌,如果把她买来,献给幽王,定能使父亲获释。当年散宜生就是用这个办法救出了周文王。"母亲当场答应:"只要事情能办成,花再多钱都在所不惜。"于是洪德亲自来到褒家,用三百匹布把褒姒买了下来。洪德又贿赂虢石父,由其引见,将褒姒献给了周幽王。周幽王一见褒姒,惊为天人,当即释放褒珦,官复原职。

江山社稷当儿戏

周幽王得到褒姒,对她宠爱得无以复加,后褒姒为其生下一子,取名伯服。也许是因为悲惨的身世,也许是天生高冷,褒姒自入宫以后,从来都没笑过。为讨褒姒欢心,周幽王用尽了办法,但褒姒就是不笑。

为博美人一笑,周幽王公然悬赏:谁能引得褒姒一笑,赏金千两。重赏之下,贪财好利之徒接踵而至,他们说笑话、装鬼脸、演滑稽戏,全都无济于事。这时虢石父提议用烽火台一试。烽火台是为防备犬戎而修筑的,在骊山一带共有二十多座。守台士兵一旦发现犬戎入侵,就会点燃烽火并击鼓报警,邻近烽火台也都相继点火击鼓,向后方报信。诸侯见了烽火,就会立即起兵勤王。

昏庸的周幽王竟然采纳了虢石父的建议,带着褒姒来到骊山。当天夜里,烽火骤起,各地诸侯以为犬戎打过来了,纷纷从四面八方赶来,结果连个犬戎的影子也没看到,却听见高台上传来乐曲声和笑声。诸侯们面面相觑,不明就里。幽王使人传话:"军士误报,大家辛苦了,都回去吧。"被戏弄的诸侯只得卷起旗帜，灰头土脸地走了。看到此情此景，褒姒放声大笑。周幽王大喜，当即下令赏虢石父千金。见此招有效，周幽王如法炮制，又戏弄了诸侯好几回。诸侯多次受骗，无不愤怒。

周幽王纳褒姒前，已立申侯之女为后，申后所生之子宜臼为太子。公元前774年，为了讨褒姒欢心，周幽王竟然废掉了申后和太子宜臼，封褒姒为后，伯服为太子。申后母子逃回申国，申侯看到女儿和外孙无端被废，十分愤怒。但周幽王恣意妄为，为了确保伯服的地位，他竟命令申侯交出宜臼，打算将宜臼杀掉，申侯拒绝交人。于是，周幽王调集军队，于公元前771年讨伐申国。

此时申国已比较强大，申侯也早就对周幽王的荒淫无道、胡作非为忍无可忍，便联合缯国和犬戎，打败周幽王，并乘胜追至镐京。周幽王派人到骊山上点起烽火，向诸侯求救，但诸侯一个也没来。最后周幽王及太子伯服被杀于骊山脚下，镐京被犬戎洗劫，褒姒也被掳走，西周灭亡。

申侯、缯侯等拥立宜臼为天子，是为周平王。因镐京已遭严重破坏，且极不安全，周平王于公元前770年迁都洛邑（今河南洛阳），史称东周。

清华简现致歧义

"烽火戏诸侯"的故事出自《史记·周本纪》："褒姒不好笑，幽王欲其笑万方，故不笑。幽王为烽燧大鼓，有寇至则举烽火。诸侯悉至，至而无寇，褒姒乃大笑。幽王说之，为数举烽火。其后不信，诸侯益亦不至。"由于《史记》在史学界的崇高地位，"烽火戏诸侯"的故事流传了两千多年，人们耳熟能详，津津乐道。

但国学宗师钱穆对这个故事深表怀疑，他在《国史大纲》中提出："诸侯并不能见烽同至，至而闻无寇，亦必休兵信宿而去，此有何可笑？举烽传警，乃汉人备匈奴事耳。骊山一役，由周幽王举兵讨申，更无需举烽。"他的结论是，"此委巷小人之谈……史公对此番事变，大段不甚了了也"。

也有人从烽火台建设成本的角度，认为代价太大，经济上根本不可行。还有人认为，因较《史记》更早的《左传》和《竹书纪年》没有提到，"烽火戏诸侯"可能是杜撰。

对"烽火戏诸侯"真实性的质疑，随着"清华简"的出现达到高潮。2008年，清华校友赵伟国在香港古玩市场"淘宝"时，发现了一批古简，共两千三百八十八枚，遂悉数购回，捐赠给母校。经碳14测定和专家鉴定，确认这批竹简作于公元前380年至公元前370年，抄写于公元前305年左右，比《吕氏春秋》成书早约七十年。这就是轰动一时的"清华简"。清华简记录的内容很多前所未闻，曾任"夏商周断代工程"首席科学家的李学勤教授评价说："这将极大地改变中国古史研究的面貌，价值难以估计。"

清华简纪史部分被称为《系年》，关于周幽王的记载很短："周幽王取妻于西申，生平王，王或（又）取褒人之女，是褒姒，生伯盘。褒姒嬖于王，王与伯盘逐平王，平王走西申。幽王起师，回（围）平王于西申，申人弗畀，曾人乃降西戎，以攻幽王，幽王及伯盘乃灭，周乃亡。邦君、诸正乃立幽王之弟余臣于虢，是携惠王。"不含标点符号共九十三字，无一字提及"烽火戏诸侯"。

清华简的现世，立即引起媒体的极大关注，很多媒体以"烽火戏诸侯为戏说""烽火戏诸侯是假的""烽火戏诸侯根本不存在"等为题，进行了报道。比如《法制晚报》援引清华大学出土文献研究与保护中心刘国忠教授的话说，"烽火戏诸侯"一事在《竹书纪年》里不存在。而清华简也同样没有记载，这就推翻了其后几百年才面世的《史记》的"戏言"，可以说为西周灭亡原因争论添上了重要证据。刘教授认为，史学界就此可以得出结论：西周灭亡不是因为"烽火戏诸侯"，该故事甚至并不存在。网络上大量文章纷纷跟进，直言"太史公的《史记》写错了"。

史公之说应无疑

以上质疑，看似都有道理，但都值得商榷。

第一，关于"诸侯并不能见烽同至"的问题。《史记》记载的是"诸侯悉至"，"悉"是"都"的意思，不是"同时"的意思。诸侯看见烽火后，先后都来了。不能简单认定是全国的诸侯都来了，也可能只是王畿周边离得较近的一些诸侯。

第二，关于"（诸侯）至而闻无寇，亦必休兵信宿而去，此有何可笑？"的问题。褒姒的笑点如果和常人一样，周幽王还至于千金买一笑吗？

第三，关于"举烽传警，乃汉人备匈奴事耳"，周幽王时还没有烽火的问题。《墨子·号令第七十》中记载："比至城者三表，与城上烽燧相望，昼则举烽，夜则举火。"众所周知，墨子出生于春秋末年，这说明举烽火在春秋时就已是常备的报警手段了。

第四，关于"骊山一役，由周幽王举兵讨申，更无需举烽"的问题。周幽王出师时兵强马壮，自然没有必要点烽火。但兵败以后仓皇逃回镐京，能想到的第一件事肯定是点烽火求救，怎能说没有必要呢？

第五，关于烽火台的建设成本问题。史料记载，烽火台是沿周王朝京畿至各诸侯国的主要道路沿线修建，还会辅以快马传信等手段，不可能也没有必要高密度覆盖所有诸侯国。所以，并不会造成太大的经济负担。而且，烽火台的修建费用可由诸侯分担。

第六，关于《左传》《竹书纪年》和清华简《系年》没有记载"烽火戏诸侯"的问题。《竹书纪年》是魏国人所作，一般被认为是魏国史书；《系年》是楚国人所作，所以楚史尤详，这两部史书都不是专门记载周史的，因这两部书没有记载"烽火戏诸侯"就否定其存在，是很不严谨的。

《竹书纪年》关于周幽王的记载约八十字，比《系年》的九十三字还要简略。两者的共同点就是只记载大事和异事，一般的事情是不记的。周幽王执政十一年，无论是《系年》还是《竹书纪年》，对周幽王的记载都未超过一百字，这不足一百字不可能囊括十一年间发生的所有事情。更不能认为史料年代较早就更权威，如《竹书纪年》记载，"周宣王三十三年，幽王生，有马化为狐"，"晋定公二十五年……郑一女而生四十人"，其真实性显然值得怀疑。至于说《左传》未记载"烽火戏诸侯"，因为《左传》记述的是公元前722年至公元前468年的历史，而"烽火戏诸侯"的故事发生在公元前779年至公元前771年之间。

司马迁写《史记》，依据的是当时所存的各种史料，而且反复考证，其写作态度的严谨为历代史家所推崇。而且，"烽火戏诸侯"的故事并非仅见于《史记》。比《史记》早一百多年的《吕氏春秋》记载："戎寇当至，幽王击鼓，诸侯之兵皆至，褒姒大说，喜之。幽王欲褒姒之笑也，因数击鼓，诸侯之兵数至而无寇。至于后戎寇真至，幽王击鼓，诸侯兵不至。幽王之身，乃死于丽山之下，为天下笑。"基本情节和《史记》记载高度吻合，只不过"烽燧大鼓"变成了单纯打鼓而已。

综上所述，尽管学界对"烽火戏诸侯"的真实性提出质疑，但现有证据还不足以推翻太史公的记载。

【延伸阅读】

农神后稷

后稷是古代著名的农神、周朝的始祖，又被奉为"百谷之神"，据传是上古时五帝之一帝喾的儿子、黄帝的玄孙。后稷的母亲姜嫄是有邰氏族首领的女儿，为炎帝后裔。

一次，姜嫄出游野外，由于踩了巨大的脚印而怀孕，生下后稷。姜嫄认为不祥，会招致灾祸，便将他弃在狭巷之中。也许是神灵护佑，连牛马经过，都远远避开而不践踏。姜嫄又想把后稷丢弃在树林中，正赶上林中有人，便随手丢在结冰的河面上。说也奇怪，这时群鸟飞来，用羽翼温暖着后稷，以防他冻死。姜嫄见状，感到神奇，遂将他抱回重新抚养，因最初想抛弃他，便给他取名叫弃。

弃聪慧善良，总是对一切事物充满了好奇心。弃为孩童时，好种树麻、菽，长大后精于农耕。他精心培育了黍、稷等作物，因地制宜，适时播种，收获颇丰，周围的百姓都纷纷仿效，大大推动了农业种植的发展，弃也因此远近闻名。

帝尧听说后，就聘请弃为农师，让他管理与指导天下农业。舜继承帝位后，弃依然负责掌管农业，由于他发展农业有功，舜封弃于邰地，以后稷为号，以姬为姓，他的子孙后代经过千年的发展，逐渐强大。经历了夏、商之后，姬发推翻了商的统治，建立了周朝。

二、管鲍之交是怎样的朋友圈

【题记】中国人常用"八拜之交"形容朋友之间情深义重。古往今来,人们将"八拜之交"指代为八种情谊,即知音之交、刎颈之交、胶漆之交、鸡黍之交、舍命之交、生死之交、管鲍之交、忘年之交。其中,管鲍之交起源于管仲和鲍叔牙之间的深情厚谊。

那么,与今人的"点赞之交"相比,管鲍之交是怎样的朋友圈呢?

识微末患难知己

公元前1046年,武王姬发灭商朝,建立周朝,分封天下。周文王三子姬鲜被封管地(今河南郑州),称管叔或管叔鲜。后管叔反对周公旦摄政,失败被诛,管国灭亡。其后代流落异乡,以国号为姓,称管氏。

管仲名夷吾,字仲,相传生于戊午年、戊午月、戊午日、戊午时,约公元前723年,生逢芒种节气,故乳名"芒种"。管仲是管叔的后裔,当他出生时,管氏已经没落,父亲早逝,管仲与母亲相依为命。他贫困潦倒,做过杂役、养过马。

鲍叔牙是杞国公子鲍敬叔之子,相传为夏禹后人,家境优渥。他人生有两大快事:"一为食盾鱼,二为饮玲珑。"因为鲍叔牙爱吃盾鱼,所以盾鱼又被称为"鲍鱼",这就是"鲍鱼"的来历。

管仲和鲍叔牙是同乡。公元前708年,两人相识,一见如故,结拜为兄弟,后合伙做买卖,十多年间走遍中原各国。他们把钱放到一块儿,每次做完买卖,都是管仲点钱,两人分红。每次管仲都给自己分多点,鲍叔牙从来不计较。别人说管仲贪财,鲍叔牙却说:"管仲不是贪财的人,只不过是他们家太穷了,多给他点钱是我愿意的。"

管仲和鲍叔牙一起当兵打仗。管仲"三战三走",人们都笑他贪生怕死。鲍叔牙却说:"管仲可不是贪生怕死的人!他之所以逃跑,是因为孝顺。他是独子,死了谁照顾他母亲呀?"母亲去世后,管仲再上战场,果然英勇无比,毫不退缩。

管仲替鲍叔牙卖东西,不讲究方式,东西都坏了还在卖,赔了钱不说,还说是替鲍叔牙卖的。人们都对鲍叔牙说:"管仲是不是想害你呀?"鲍叔牙却说:"不是,他就是想帮我,只是方法不对。"

所有人都瞧不起管仲,鲍叔牙却始终如一地理解、支持他。

各为主挚友成敌

姜子牙佐周武王建立西周被封齐,五世后到了齐哀公。公元前868年,齐哀公被周夷王召到都城镐京,结果却被下锅烹杀了。史载这段故事的时候用了九个字:"哀公亨乎周,纪侯谮之。"意思是纪国的国君在周夷王面前说了齐哀公的坏话,导致齐哀公被烹。因此,齐、纪两国结下了深仇。

公元前698年,齐僖公驾崩。齐僖公有三个儿子,长子诸儿,次子纠,三子小白。诸儿即位,是为齐襄公。他穷兵黩武,征纪、伐郑、灭部、平部,虽然灭掉了纪国,报了齐哀公被烹杀的九世之仇,但连年战争也使齐国兵疲国衰。齐襄公有个妹妹叫文姜,嫁给了鲁桓公,齐襄公荒淫无耻,跟胞妹通奸,还借故杀掉了妹夫,导致两国关系恶化。政治上,齐襄公政令无常,朝令暮改,令吏僚们无所适从,成了众叛亲离的孤家寡人。

二、管鲍之交是怎样的朋友圈

齐僖公在世时，管仲和鲍叔牙已到齐国，官至大夫。齐僖公命管仲辅佐纠，命鲍叔牙辅佐小白。小白幼年丧母，不为父亲所喜，鲍叔牙称疾不出。管仲则认为小白最可能成为齐君，劝鲍叔牙说："国内诸人因厌恶纠的母亲，以至于不喜欢纠本人，反而同情小白。将来统治齐国的，非纠即白。小白虽然没有纠聪明，性子急，却有远虑。除了我管仲，没人理解小白。纠即使日后废兄立君，也将一事无成。到时不是你鲍叔牙来安定国家，还有谁呢？"鲍叔牙听了管仲的建议，全力辅佐小白。两人约定相互引荐："与子人事一人焉，先达者相收。"

其时，齐襄公滥杀无辜，天怒人怨。为避免被牵连，公元前692年，管仲跟着纠跑到鲁国，鲍叔牙随小白跑到了莒国。

当初，齐襄公派连称、管至父驻守葵丘，约定七月瓜熟时前去，第二年瓜熟时派人替换他们。但是，第二年瓜熟之期已过，齐襄公仍不派人去替换。有人替他们要求换人，襄公也不答应。二人很生气，便与齐襄公堂弟公孙无知联合策划叛乱。公元前686年，公孙无知杀齐襄公，自立为君。第二年，渠丘大夫雍廪又杀了公孙无知，一时间齐国无君，一片混乱！

小白和纠得到消息后，都觉得继位的机会来了，急忙打点行装。转眼间，管仲、鲍叔牙这对昔日好友变成了各为其主、针锋相对的敌手。

管仲提醒纠："小白所在的莒国离齐国很近，如果他先一步回国，我们就没戏了。我先带一队人马去拦截小白，让鲁国派大将曹沫带另一队人马护送您。"纠听从了管仲的建议。

管仲带人赶到莒国和齐国的交界处，正碰上鲍叔牙带人护送小白飞驰而来。管仲上前拦住去路，问小白意欲何往。小白说："我回国办丧！"管仲说："您的哥哥纠已经回到齐国操办此事了，我看您还是返回莒国好好待着吧！"鲍叔牙瞪着眼睛呵斥管仲："我们公子回国你管得着吗？再说你扯的瞎话也瞒不了我们！如果纠真的回到了齐国，那你为何带人来拦截我们呢？"管仲谎言被揭穿，脸色通红，一时无言以对。

鲍叔牙命人马继续前进。管仲见状，心一横，张弓搭箭，朝着车上的小白射去，小白大叫一声，栽倒在车上。管仲见大功告成，便带着人飞逃而去。没想到这一箭恰好射在小白的铜制衣带钩上，一点没伤到人。小白知道管仲的箭法厉害，要是他再补上一箭自己就没命了，所以倒在车里装死。鲍叔牙见小白平安无事，大喜，立刻抄小路向齐都全力疾驰。小白抢先登上了齐国君王的宝座，称齐桓公。

管仲自以为射死了小白，就不慌不忙地护送纠向齐国进发，结果到齐、鲁边界时，齐国使者拦住了他们：我奉齐国新君之命，前来通知鲁国，请你们不必送纠回国了。管仲一听，才知道自己没把事情办好，上了小白和鲍叔牙的当，一气之下把齐国使者给杀了。纠更是孤注一掷，带着仅有的五百多鲁国士兵去跟齐国拼命，结果战败逃回。

捐前嫌皆为公利

齐桓公即位后本想让鲍叔牙做宰相。鲍叔牙却说："我虽然对您忠心耿耿，但只是一个庸臣，不会有大作为。您要想成就霸业，就必须任用管仲为相。"齐桓公问："为什么一定要用他做宰相呢？"鲍叔牙说："与管仲比，我有五点不如他。宽厚仁慈，能安抚百姓，我不如他；治理国家，能抓住根本，我不如他；忠信可结于诸侯，我不如他；能给国家制定规范和礼仪，我不如他；能站在军门前指挥练武，使将士勇气倍增，我更不如他。管仲有了这五个强项，要是当宰相的话，一定能使齐国很快强盛起来。"

齐桓公说："可是他阻挡我回来当国君，在交战时又几乎要了我的命。我怎么能用他做宰相呢？"鲍叔牙说："当时两军对峙，他忠于其主，是箭在弦上，不得不射。换了我，也会为您去射纠的。"齐桓公在鲍叔牙的再三劝说下，终于不再计较一箭之仇，同意把管仲接回齐国。

于是鲍叔牙给鲁庄公写了一封信，说："纠是齐君的兄弟，国君不忍心杀他，请鲁国直接把他杀了，但是纠的老师管仲是国君的仇人，请把他送回来，齐君要亲手把他剁成肉泥！如果不这样的话，齐国将要进攻鲁国！"鲁庄公与大夫施伯商量，施伯认为齐国要管仲不是为了报仇雪恨，而是任用他为政。假如管仲真的被齐国任用，将会成为鲁国的大患。施伯主张杀死管仲，将尸首还给齐国。鲁庄公刚刚吃了败仗，而且齐国大军压境，早吓得心颤胆寒，只得按信中所说杀死了纠，把管仲送回齐国。

管仲被送回齐国后，齐桓公特意选择吉日，用郊迎大礼亲自迎接，并把他请进自己的车里，俩人同车进城。齐桓公和管仲谈论霸王之术，一连聊了三天三夜，句句投机。齐桓公大喜过望，斋戒三日，拜管仲为相，称"仲父"。

齐桓公拜管仲为相的消息传到鲁国，鲁庄公气得直翻白眼，开始练兵、造兵器，打算出这口恶气。

齐桓公决定先下手为强。管仲拦住他，说："君上才即位，国家还没安定下来，不能立即去打仗，此事宜从长计议！"刚即位的齐桓公一心立威，不听规劝，迫不及待地叫鲍叔牙率军攻打鲁国，开始还挺顺利，一直打到了鲁国的长勺。鲁庄公请出曹刿，曹刿利用"一鼓作气，再而衰，三而竭"的规律击败了齐军，收复了被占土地。

齐桓公打了败仗，很不痛快，又让人到宋国去借兵，非要给鲁国一点颜色瞧瞧。管仲这回不拦他了，他知道齐桓公不碰几回钉子，不会善罢甘休。结果，齐桓公又被打败了。

接连打了两回败仗的齐桓公悔不用管仲之策，特地去向管仲认错，"国家大政，先禀仲父；有所裁决，任凭仲父"。

佐桓公擎霸主旗

管仲在齐国实施了卓有成效的改革。

推行"案田而税"，将齐国土地划分为不同等级，并制定不同的赋税标准，这在历史上是开创性的。他还奖励那些获得更好收成的农民，极大地刺激了农民改进生产技术、改善土地品质的积极性。同时，没收氏族贵族的土地，收归国君所有，又将土地按份额分配给先前依附于氏族贵族的农民。但这遭到了以伯氏为代表的氏族贵族的抵制。伯氏隐瞒土地、人口，偷逃应缴赋税。管仲登门做他的工作，劝他交出了隐瞒的土地和人口，并免除了他的罪责。之后，管仲还将他作为典型，劝服了更多的氏族贵族交出隐瞒的土地和人口。土地改革在齐国得以顺利推行。

实行国野分治，"叁其国而伍其鄙"。"叁其国"就是将国都及其郊区划分为二十一乡，士居十五乡，工居三乡，商居三乡，分设三官管理。"伍其鄙"就是将国都之外的鄙野地区分为五属，由五位大夫管理。属下有县、乡、卒、邑四级，分别设立县帅、乡帅、卒帅、司官管理。

实行军政一体、兵民合一的制度。规定士乡的居民必须服兵役。每家出一人为士卒，每轨五人，由轨长率领。每里五十人为小戎，由里司率领。每连二百人为卒，由连长率领。每乡两千人为旅，由乡良人率领。五乡一万人为军，十五乡共三军，桓公、国子、高子各率一军。农闲时训练，有战事时出征。这样既提高了士兵战斗力，也不必支付养兵的费用。

管仲在历史上第一次通过国家法令的形式，推动了"城市"的形成。春秋之前是没有"城市"的。贵族的聚居地称为"邑"，具有政治、祭祀的功能。管仲主张在每一个"城邑"中设立"市"，"城邑"才开始发展为现代城市的雏形。在城市商业的推动下，齐国传统的纺织业、渔盐业得到极大发展。

当时，衡山国擅长制造一种很厉害的攻城设备，齐桓公就让管仲想办法控制衡山国。管仲发现衡山国制造一台攻城机要一年半的时间，于是高价订购这种设备，还付了丰厚的定金。燕国、秦国一看，急了，也纷纷订购。眼看订单滚滚而来，衡山国乐开了花，全民一窝蜂地制造攻城机，连衡山王自己都私掏腰包，暗地里进行投资。地没人种了，田园开始荒芜。

这时，管仲又以三倍的市价在衡山国周边的国家收购粮食。五个月后，大量的粮食被运到齐国囤积起来，市价被炒到了令人咋舌的地步。农时过后，齐国突然对外释放"和平"信号，宁肯将丰厚定金赔给衡山国，也要取消全部订单。多米诺骨牌效应马上产生，燕国、秦国也纷纷取消了订单。衡山国一下傻了，既没有赚到钱，又误了农时，爆发了极为严重的饥荒，不战而败，成了齐国的附庸。这就是著名的"衡山之谋"。

管仲首创"四民"之说，并将"士"放在了首位。春秋及以前是氏族贵族统治时期,诸侯国国君、卿、大夫们通过世袭掌握国家权力。管仲的改革,成为"士"阶层崛起的标志。此后,出现了大批因"贤"而举的"士"。墨子提出"尚贤",孟子要求"国人皆曰贤",荀子提出"尚贤使能",都是新兴"士"阶层的诉求和反映。墨子甚至还提出天子都应当由人民来选出。

通过农业、军事、行政等一系列改革,生产力极大发展,大批人才涌入,齐国自此走上称霸道路。齐桓公高扬"尊王攘夷"的大旗,威望越来越高,最终成为春秋第一霸主。这其中,管仲功不可没。后世誉管仲为"法家先驱""圣人之师""华夏第一相",孔子感叹:"桓公九合诸侯,不以兵车,管仲之力也,如其仁,如其仁!"

留遗言胸怀大义

公元前645年,为齐国鞠躬尽瘁的管仲走到了生命的尽头。临终之际,齐桓公请他推荐接替相位之人。

管仲说:"知臣莫如君。"桓公问:"易牙这人怎么样?"管仲答:"听说婴儿肉特别好吃,您没吃过,为巴结您,他就杀死儿子蒸熟了献给您。这样残忍的人,不能任用。"桓公问:"开方这人怎么样?"回说:"为奉承您,他抛弃卫太子之位追随您,父母去世也不回去奔丧。这种人一定有很大野心,不可接近。"桓公说:"竖刁这人怎么样?"回答说:"为迎合您,他阉割自己到宫里做太监,这种人不可亲近。"

齐桓公又问鲍叔牙能否接替相国之位。管仲说:"鲍叔牙的确是一个正人君子,疾恶如仇,但不会圆滑做人。如果让他为相,今后很容易激化矛盾,对朝廷的团结不利。"

很快,鲍叔牙就听说了此事。很多人为他抱不平,他的回答却出人意料:"这正是我荐管仲的理由——精于事、忠于国、不徇私情,使我为司寇尚可,但使我为相则不足。管仲可谓知我也!"鲍叔牙不存世俗之见,有知人之智、爱才之心,施恩于人却不图回报,可谓君子。正是这种君子之风成就了"管鲍之交",也成就了管仲。

管仲曾说："生养我的是父母,真正了解我的是鲍叔牙啊!"司马迁在《史记》中也说："天下人不多管仲之贤而多鲍叔能知人也。"

【延伸阅读】

齐桓公之死

管仲死后,齐桓公命隰朋为相,但他上任不到一个月就病死了。齐桓公又让鲍叔牙为相。鲍叔牙说："仲父曾经说过,我疾恶如仇。如果您要用我为相,请将易牙、竖刁、开方三个人赶出宫廷,我才敢奉命。"齐桓公无奈,只好将三人驱逐。鲍叔牙治理齐国,用的都是管仲的政策。

但齐桓公觉得三人不在身边连吃饭都没滋味,于是又千方百计把他们找了回来。公元前644年,鲍叔牙去世。易牙、竖刁、开方再次掌权,愈加肆意妄为。公元前643年,齐桓公生了重病,三人把守着宫门,不准人进去给他送饭送菜。就这样,一代霸主齐桓公竟被活活饿死。死时,齐桓公用袖子蒙面,以示无颜面对九泉之下的管仲。

此时,齐桓公诸子为争国君之位,斗得你死我活,根本没人关心父亲死活。可叹,齐桓公死后六十七天,尸臭传了数里,蛆虫爬到门外,才被人发现。公子无诡在易牙和竖刁的帮助下杀群吏而得君位后,齐桓公才被收殓入棺。内乱又持续十个月,一直到太子昭即齐孝公位,内乱平定,齐桓公才得以安葬。

三、千古一帝秦始皇

【题记】秦始皇十三岁登基,二十一岁主政,三十九岁一统天下。他"德兼三皇""功盖五帝",将中华民族前行的历史车轮推进到全新的轨道,也对世界产生了深远影响。这样一位立不世之功、创亘古伟业的帝王,为何却被千夫所指、背万世骂名呢?假如没有秦始皇,中国历史又会是什么样呢?

一统天下六国亡

战国中期,秦、齐、楚、赵、魏、韩、燕七国争雄,相互攻伐。至秦庄襄王时期,秦国已灭六国一百五十多万的军队,占有天下三分之一的土地,五分之三的财富。反观六国,政治腐败、经济凋敝、军力不振。

公元前247年,秦庄襄王薨,年仅十三岁的嬴政继位,由于年幼,宰相吕不韦掌握实权。公元前238年,嬴政平定长信侯嫪毐叛乱,之后又罢黜仲父吕不韦,开始独掌大权。他从谏如流,采纳李斯《谏逐客书》意见,并任其为廷尉,广罗人才,秦国一时人才济济,其中不乏从六国投奔而来或曾讥讽过他的人。嬴政重用韩国间谍郑国兴修郑国渠,使关中四万多顷盐卤地变成肥沃良田,为秦统一天下奠定了坚实的物质基础;采纳魏国军事理论家尉缭的建议,贿赂各国权臣、分化瓦解六国，牢牢把握住了战略主动权；采用韩非子的法家思想，注重法制，加强中央集权。

公元前230年，秦王嬴政发动了吞并六国的战争，当年灭韩。两年后，秦国攻下赵都邯郸。公元前225年，秦军围攻魏都大梁，王贲引大沟之水灌城，大梁城垣崩塌，魏王出降。紧接着，秦军剑指楚国。当时楚国仍为南方大国，实力雄厚。秦王先是派少壮将军李信率二十万大军攻楚，被楚军统帅项燕所败，复派老将王翦率六十万大军出击，终于攻破楚都，楚王熊负刍被俘，南方赫赫之强国楚，一年即被秦所灭。公元前222年，王贲奉命攻伐燕国在辽东的残余势力，俘获燕王喜，燕国彻底灭亡。公元前221年，秦王派王贲率军从燕国南下，攻入齐国国都临淄。尚有七十余座城邑的齐竟不战而降，最终齐王建饿死于松柏之间。

至此，嬴政结束了中国持续数百年的混战割据局面，中原大地上出现了第一个大一统的国家。他认为自己的功德超过"三皇五帝"，希望秦朝统治千秋万代，故自称"始皇帝"。

亘古伟业嬴政创

秦始皇统一六国及其之后的改革前无古人，影响深远。他所制定的王纲朝序一直被历朝历代所效仿和沿用，对中国政治、经济和文化的统一与发展起到了至关重要的作用。

创立中央集权政治制度。统一六国后，为了有效管理国家，也为了替子孙后代奠定基业，秦始皇吸取了以前的经验教训，规定国家的最高统治者称皇帝，军国大事全由皇帝裁决，主要官吏由皇帝任免；在中央设三公、九卿等官职辅佐皇帝。中央集权制度对维护统一稳定、促进经济发展起到了重要作用。

废除分封制，实行郡县制。分封制盛行于西周，但到西周末期，已严重威胁周王室安全。春秋争霸、战国血拼，就是分封制的产物。县制起源于春秋时期的楚国楚武王熊通；郡制起源于春秋时期秦国的秦穆公嬴任好。秦统一六国之初，廷尉李斯极力提倡实行郡县制，把全国划分为三十六郡，郡下设县，郡的长官叫"郡守"，县的长官叫"县令"，均由皇帝直接任免。在郡县制下，国家的行政管理模式为"朝廷—郡—县"，分散的权力层层集归中央，从而消除了分封割据带来的隐患。"秦亡而百代犹行秦法政"，秦始皇确立的郡县制，一直是中国古代国家治理的基石。

统一文字、货币、度量衡。针对当时"车途异轨、律令异法、衣冠异制、言语异声、文字异形"的情况，秦始皇规定以小篆作为全国通行文字，还允许使用比小篆容易书写的隶书；以圆形方孔的"半两钱"和黄金作为全国统一的货币；以商鞅规定的度量衡标准作为全国统一的标准；规定车轨的统一宽度为六尺，以保证车辆畅通无阻。这些举措，对于促进社会、经济、文化交流以及巩固统一起到了重要作用。

开拓疆域。为了防御北方匈奴的侵扰，秦始皇派大将蒙恬带兵攻打匈奴，在河套地区建筑城寨，将内地人迁去居住、生产，充实边防；派兵征服珠江流域，设置桂林、南海、象郡，迁移中原五十万人戍守；开通自今四川宜宾至云南曲靖的五尺道，将云贵高原纳入大秦版图。这些举措，对于我国古代统一多民族国家的形成，促进边远地区经济文化发展具有重大意义。至此，秦之疆域"东至海暨朝鲜，西至临洮、羌中，南至北向户，北据河为塞，并阴山至辽东"，总面积超过三百四十万平方公里，成为当时世界上最大的国家。

大兴土木。秦始皇兴建工程无数：为抵御匈奴，秦始皇将原来秦、赵、燕等国的长城连接起来，修造了西起陇西临洮（今甘肃岷县），东到辽东（今大同江一带），长达万里的长城。为加强对全国的管控，秦始皇下令拆除原来东方六国设立的关卡、要塞、堡垒，以咸阳为中心，修筑了通往东北、华北和东南地区的"驰道"。为加速征服岭南，他下令开凿灵渠，连接长江和珠江两大水系，建成遍布华东华南的水运网。

秦始皇完成了多项前无古人的改革和工程建设，可谓是一位具有雄才伟略的帝王。

焚书坑儒要商量

为中华民族做出丰功伟绩的秦始皇,并未赢得后世的颂扬,后人反而常用"焚书"和"坑儒"两件事来诟病他,痛骂他摧残中华文明。实际上,"焚书"事出有因,"坑儒"则是以讹传讹。

郡县制实行八年后,部分儒生还对以前的分封制念念不忘,总想恢复前朝遗志,实际是想重新洗牌以攫取更大的利益。丞相李斯认为"好古非今者,皆以史书为据",建议把六国所著史书以及《诗》《书》百家之语都烧掉,只保留医药、卜筮、种植类书籍,让这些儒生们不再妄发议论,秦始皇同意了。可见,他当年的焚书是有针对性的,目的是防止六国复辟、国家再度分裂。

"坑儒"发生在焚书的次年,即公元前212年。据《史记》记载,术士卢生炼丹不成逃跑,且诽谤秦始皇,秦始皇大怒之下捕杀江湖术士四百六十余人。西汉史籍并没有把秦始皇此举称为"坑儒",而是"坑术士","坑儒"之说是在历史发展过程中不断演变而成的。秦始皇虽倡导法家,但也没有刻意针对儒家。

纵观中外历史,出于稳固政权的目的,对思想文化领域进行专制控制,对统治者来讲是屡见不鲜的事。

比如孔子杀少正卯。少正卯是春秋时期鲁国人,少正是官职,卯是名。少正卯和孔子都开办私学,招收学生。少正卯的课堂多次吸引孔子的学生过去听讲,于是他成为鲁国的著名人物,被称为"闻人"。公元前496年,孔子任鲁国大司寇,上任仅七日就把少正卯杀死,曝尸三日。少正卯被杀的原因是他秉持法家思想,与孔子的思想格格不入,因此,手握大权的夫子位子尚未焐热,就诛卯曝尸。

汉武帝刘彻重用董仲舒,"罢黜百家,独尊儒术",淮南王刘安崇尚道家,国中聚集了很多道家及其他学者,汉武帝认为刘安谋反,刘安自尽,其后,汉武帝趁机杀死其国内官员及豪杰数千人,还大肆搜捕意见不同的学者,一大批文士因此被处死。

唐朝末年的黄巢,在长安一次性残杀唐朝官员三千余人,并全部挖眼倒挂于市。不久,有人题诗讽刺黄巢昏庸残暴,他竟把长安城中三千多无辜儒生全部砍了头。

明太祖朱元璋同样对思想文化实行高压政策,所惩治的对象更远远超出"不同政见者"的范畴。据统计,朱元璋统治时期,因文章个别字句犯了忌讳而被杀者几乎涵盖了当时社会的各阶层、各职业。

明末农民起义领袖张献忠,在四川以科举为名,大肆屠戮读书人,短短几日就有一万七千名学子被杀,其罪行令人发指。

清代也延续了极端的文化专制政策,乾隆皇帝借编纂《四库全书》之机,采取抽毁或篡改的手段,将不利其统治的图书彻底销毁,禁毁的书籍种类占当时所有书籍的一半。康乾时期"文字狱"极盛,一文人就因"清风不识字,何必乱翻书"而丢掉性命。据统计,仅乾隆朝,就有文字狱五十三起,几乎遍及全国各地。

清末太平天国运动对文化的戕害更是登峰造极,其领导人洪秀全欲灭绝儒学,代之以自己创立的"拜上帝教"。他宣布"四书五经"为"妖书邪说",凡私藏和阅读儒家"妖书"者即刻问罪。太平军所到之处焚烧孔庙,打杀儒生,诗书尽毁。

相比之下,秦始皇"焚《诗》《书》"和"坑术士"所承载的罪名实在是被夸大了。当我们摘下有色眼镜,用探索和研究的心态看待秦始皇时,就会发现历史对他有许多误解。连毛泽东都说:"劝君少骂秦始皇,焚坑事业要商量。"

辨析误读与诽谤

一提到暴君,人们往往首先想到的就是秦始皇,这位"千古一帝"俨然成了"千古一暴"。然而，与中国历史上另外一些残暴的统治者相比，他实在难副"千古一暴"之名。

秦始皇灭掉六国之后，并没有对原六国的王孙贵族赶尽杀绝，只是将他们迁到四川等地加以控制，甚至对曾经消灭二十万秦军的楚国大将项燕的后代项梁和项羽，都没有追杀，而是任其避居吴中。也正是这位被手下留情的项羽，先坑杀秦降卒二十万，又在进入咸阳后大肆屠城。据《史记》记载："项羽引兵西屠咸阳，杀秦降王子婴，烧秦宫室，火三月不灭。收其货宝妇女而东。"但项羽不仅没有落骂名，反而被当成英雄。统一蒙古的成吉思汗，横扫亚欧大陆，屠城无数，手段之残忍令人发指，却被称为"一代天骄"。布衣出身的明朝开国皇帝朱元璋，仅胡蓝党案，就先后株连杀戮四万五千余人，明朝开国勋臣几乎被诛杀殆尽。即便如此，他依然被认为是中国最杰出的帝王之一。

历史上的暴君何止几位，为何唯独秦始皇成了"代表"呢？鲁迅先生独具慧眼："秦始皇实在冤枉得很，他的吃亏是在二世而亡，一班帮闲们都替新主子去讲他的坏话了。"正如胡适所说"历史是任人打扮的小姑娘"，历史有时是服务于政治的。为秦始皇书写历史的是汉朝，而汉朝的开国皇帝刘邦是靠反秦发迹的。出于政治需要，汉代文人对秦始皇极尽批判之能，这既有以秦速亡为鉴的深刻总结，也有贬秦颂汉的感情色彩。其中最著名的是贾谊所作的《过秦论》，文中对于秦朝政治的批判奠定了汉儒评秦的主流论调。汉武帝时，著名思想家董仲舒站在"罢黜百家，独尊儒术"的立场上"颂儒批法"，作为法家思想推崇者的秦始皇自然饱受鞭挞。

两汉对秦始皇的恶评被后世大多数人所接受，甚至随着儒家学说渐受推崇，儒生对秦始皇批判的调子又有所提高。唐宋时期出现的"孟姜女哭长城"，原本出自《左传》。故事主角是春秋时期齐国大将杞梁之妻，早秦始皇三百多年。但是人们为了发泄对朝廷的不满，在文学作品中，逐渐将故事演化成秦始皇暴政修长城，"杞梁妻"成了"孟姜女"，"杞梁"成了"万喜良"，并增加了新婚、夫妻恩爱等情节，创造出全新的"孟姜女哭长城"。可见，秦始皇的"暴君"之名实在有些冤枉。

方家眼中多褒奖

两千多年来，没有人像秦始皇那样更具争议性："千古一帝"的称号，"万世暴君"的骂名，历朝历代，褒贬不一。但是，站在历史的高度俯瞰古今，洞若观火者亦大有人在。

司马迁认为："明法度，定律令，皆以始皇起。"西汉政论家主父偃认为："秦皇帝任战胜之威，蚕食天下，并吞战国，海内为一，功齐三代。"西汉名臣桑弘羊肯定秦始皇的功绩是"功如丘山，名传后世"。东汉史学家班固虽然批判秦始皇残暴，但仍然肯定了他的一些制度，认为"三十七年，兵无所不加，制作政令，施于后王。盖得圣人之威，河神授图，据狼、狐，蹈参、伐，佐政驱除，距之称始皇"。

唐太宗李世民说过："近代平一天下，拓定边方者，惟秦皇、汉武。"唐朝文学家、思想家柳宗元在《封建论》中指出，秦始皇废除分封制、建立郡县制，符合历史发展的客观必然趋势，所谓"秦之所以革之者，其为制，公之大者也；公天下之端自秦始"。

明代大思想家李贽在《藏书》中高度评价秦始皇："始皇帝，自是千古一帝也。始皇出世，李斯相之。天崩地坼，掀翻一个世界。是圣是魔，未可轻议。祖龙是千古英雄挣得一个天下。"清末民初思想家章太炎在1913年撰写的《秦政记》中也赞扬秦始皇："虽四三皇、六五帝，曾不足比隆也。"

现代著名史学家翦伯赞认为：秦始皇是中国封建统治阶级中的一个杰出人物。我这么说不是因为他是一个王朝的创立者，而是因为他不自觉地顺应了中国历史发展的倾向，充当了中国新兴地主阶级开辟道路的先锋，在中国历史上，消灭了封建领主制，开创了一个中央集权的封建专制主义的新的历史时代。

伟人毛泽东推崇秦始皇，主要着眼于其对中华民族统一事业所作出的伟大贡献。1964年6月24日，毛泽东在接见外宾时说：秦始皇比孔夫子伟大得多。

孔夫子是讲空话的。秦始皇是第一位把中国统一起来的人物。不但政治上统一中国，而且统一了中国的文字、各种制度，如度量衡，有些制度后来一直沿用下来。中国过去的封建君主还没有一个超过他的，可是被人骂了几千年。1973年，毛泽东读了柳宗元的《封建论》，即兴写下了一首诗《七律·读〈封建论〉呈郭老》，为秦始皇平反："劝君少骂秦始皇，焚坑事业要商量。祖龙魂死秦犹在，孔学名高实秕糠。百代都行秦政法，十批不是好文章。熟读唐人封建论，莫从子厚返文王。"

假如没有秦始皇

虽然历史不能假设，但好在思想是自由的，我们不妨大胆推论假如没有"暴君"秦始皇，历史最可能是什么模样。可能有今天统一之中国吗？

有人说秦始皇是幸运儿，奋六世之余烈，一统六国势在必得，他不过是在统一果实成熟之际来到了果园中。其实不然，统一六国并非水到渠成如此简单。首先，六国都有着悠久的历史和稳固的根基，如果六国能够一致对抗秦国的话，秦国也未必能占优势。其次，诸国并立早已成为人们的思维定式，若非有雄才大略的帝王，绝难有勇气去改变现状。要一统天下，需要的不仅仅是一个能持续提升综合国力的君主，更需要一个有着超凡眼光、勇于创造历史的帝王。所以，从某种意义上说，是秦始皇的个人能力与历史机遇的契合才创造出无可替代的丰功伟绩。从秦统一到清灭亡的两千两百年间，中国分裂的时期只出现了三次：魏晋南北朝、五代十国、南宋，时间都不长，而统一的时代有秦、西汉、新（王莽新朝）、东汉、西晋、隋、唐、北宋、元、明、清，合计十一朝。总的来说，这两千两百年的大部分时间，国家基本上是统一的，这在世界国家发展史上没有第二例。

与中国面积相差不大的欧洲在罗马帝国时期就有了统一的雏形，最后却分裂成了数百个国家。历史上虽有无数次谋求欧洲统一的行动，如被西方世界推崇备至的拿破仑就曾多次力图统一欧洲，却都最终失败。如今欧洲还并立着四十多个国家,其中一个很重要的原因就是欧洲缺少一位像秦始皇那样高瞻远瞩、深谋远虑的君主,将欧洲的文字、语言、货币等统一起来,更无法将欧洲多元的文化和思想融合在一起。所以,小到一个民族,大到一个国家,一体文化是最大的凝聚力和向心力,它的力量甚至高于地域性、血缘性。秦始皇采取的经济文化统一措施为形成有共同地域、共同语言文字、共同经济生活、共同心理特征的华夏民族奠定了基础,并在此基础上形成了稳定、博大精深的中华文化,一直传承至今。所以,不难想象,如果没有秦始皇,今日中国可能会是另一个欧洲。

而直到1993年,欧洲才成立了欧洲联盟,1999年才统一发行了欧元,这只不过在重复秦始皇两千多年前就已经做过的事情。"欧洲统合之父"莫讷曾经坦言,欧洲经济统合构想是"从秦始皇的统一度量衡中得到启发,度量衡不统一也就没有将来的政治统一"。时至今日,欧盟内部依然纷争不断,处处受美国制约,被喻为"经济上的巨人、政治上的矮子、军事上的侏儒"。反观两千多年前的秦始皇,他不仅以前无古人的大一统思想缔造了强盛的大秦帝国,而且为中国版图、中华民族的形成与绵延奠定了坚实基础。

"万里长城今犹在,不见当年秦始皇。"叱咤风云的秦始皇早已退出历史的舞台,虽然他存在诸多缺点和错误,但是,站在中华文明形成和发展的历史高度,无论是巍巍万里长城、泱泱中华大地,还是辉煌灿烂的中华文明,都无不证明他是一位伟大的帝王,是中华民族的大功臣。

【延伸阅读】

嬴政的两个"假父"

公元前247年,秦庄襄王驾崩,十三岁的嬴政被立为秦王,拜吕不韦为相邦,并尊为仲父。依秦制,君王要满二十一岁才可以亲政,因此,国政由吕不韦把持。吕不韦因曾经协助秦庄襄王登上王位,还把自己的爱姬赵姬送给了他，所以位非寻常，甚至有野史称，吕不韦是嬴政生父。

为了扩大威望，吕不韦招募食客三千人，极力培养个人势力。他还命手下的文人编写巨著《吕氏春秋》，该书后来成为杂家代表之作。吕不韦还安排了一个人去侍奉嬴政的母亲，此人名叫嫪毐。

嫪毐和嬴政母亲有两个私生子，因而加官晋爵。嫪毐以秦王假父自居，在太后的帮助下被封为长信侯，领有山阳、太原等地，广收党羽。嫪毐在雍城长年经营，形成了继吕不韦之后又一股强大的政治势力。

嫪毐小人得志，一次酒醉后斥责一大臣："我是秦王假父，你怎敢与我斗？"此语传到嬴政那里，他便命人暗中调查。嫪毐得知后慌了，知道事情一旦暴露便是死罪，欲先下手为强，准备叛乱。他盗用秦王与太后印玺，趁秦王到雍城蕲年宫之际发动叛乱。谁知，嬴政早已在蕲年宫布置好三千精兵，很快便将叛乱平息，并将嫪毐车裂，曝尸示众，诛灭三族，又把太后赵姬关进雍城的萯阳宫，摔死嫪毐与太后所生的两个私生子。公元前237年，嬴政免除了吕不韦的相职。次年，吕不韦因忧惧饮鸩酒自杀。

四、陈胜吴广的英雄末路

【题记】 陈胜吴广起义,是中国历史上第一个敲响亡秦丧钟的农民大起义,尤其是"王侯将相宁有种乎","苟富贵,无相忘",直接喊出了劳苦大众的心声。陈胜、吴广揭竿而起,应者如云,为何又很快从历史大舞台上销声匿迹,让刘邦与项羽成为争霸的主角?他们演绎了怎样一部英雄悲壮、杀伐征战、波澜壮阔的人间大剧?陈胜、吴广的结局又如何呢?

不满苛政揭竿起

陈胜,字涉,楚国阳城(今河南商水)人。吴广,字叔,阳夏(今河南太康)人。陈胜年轻时给地主种田时,心里就常想,我年轻力壮,为什么成年累月地给别人做牛做马呢?总有一天,我也要干点大事业。有一次在田埂上休息时,陈胜对伙伴们说:"苟富贵,无相忘!"大伙儿听了好笑,说:"若为庸耕,何富贵也?"陈胜叹口气道:"燕雀安知鸿鹄之志哉!"

秦始皇统治后期,为建造长城抵抗匈奴,发兵三十万,征集民夫几十万;为开发南方,征发军民三十万;为建造阿房宫,又动用囚犯七十万。建宫殿、造陵墓、筑长城、修驰道,耗费了大量的人力和财力,加之施行严刑酷法,人民怨声四起。北魏郦道元《水经注》卷三曰:"始皇三十三年,起自临洮,东暨辽海，西并阴山，筑长城及开南越地，昼警夜作，民劳怨苦，故杨泉《物理论》曰：秦始皇使蒙恬筑长城，死者相属，民歌曰：生男慎勿举，生女哺用脯，不见长城下，尸骸相支拄。其冤痛如此矣。"

公元前210年，秦始皇巡游病死沙丘宫，胡亥与赵高、李斯密谋，秘不发丧，并矫诏赐死公子扶苏，当上秦朝的二世皇帝。公子胡亥即位后，任用赵高为郎中令，诛杀蒙毅等大臣及秦宗室公子公主，杀死兄弟姐妹三十二人。恐为天下所轻，他也东出巡游，立碑刻石。为增强都城军备，胡亥征材士（强弩射手）五万人屯咸阳，又加供他游猎用的狗马禽兽，咸阳因而粮草不足，他复下令调各地粮食，咸阳周围三百里内所产粮谷，百姓不得擅自食用，以致民怨鼎沸。

公元前209年，朝廷大举征兵戍守渔阳，陈胜、吴广也在征发之列，并被任命为带队屯长。他们和九百名穷苦农民在秦吏押送下，日夜兼程赶往渔阳。行至蕲县大泽乡（今安徽宿州西寺坡乡）时，遇到连天大雨，道路被洪水阻断，无法通行。大伙儿眼看将误抵达渔阳的期限，急得像热锅上的蚂蚁。依秦律：失期，法皆斩。陈胜、吴广乃谋曰："今亡亦死，举大计亦死，等死，死国可乎？"

在生死存亡的危急关头，陈胜、吴广毅然决定起义。他们用朱砂在一块绸帕上写了"陈胜王"三个大字，塞到鱼肚子里。戍卒们买鱼回来吃，发现了鱼腹中的"丹书"，都觉得惊奇。同时，陈胜又让吴广潜伏到营地附近一座荒庙里，半夜在寺庙旁燃起篝火，模仿狐狸，大声呼喊："大楚兴，陈胜王！"睡梦中的戍卒们被惊醒，十分惊恐。

经过陈胜、吴广一番装神弄鬼，士卒们对陈胜另眼相看，奉若神明，两个押队的秦校尉也被闹得彻夜未眠。第二天生火造饭时，吴广故意数次扬言要带头逃跑，惹得校尉大怒，命令鞭笞吴广。吴广趁机破口大骂，激化矛盾。爆发冲突时，吴广上前夺下佩剑，将两名校尉斩首，其他秦兵也被迅速拿下，武器被缴。随后，混乱之中，陈胜和吴广召集众人，将计划和盘托出。同行的贫民们都不愿意去渔阳送死，愿意跟随陈胜、吴广举事反秦。

于是，九百多人以校尉的首级为祭品，在诸神的祭坛前，一起露出右臂，宣称秦公子扶苏和楚将军项燕是精神领袖，发誓复兴楚国、诛灭暴秦。他们斩木为兵,揭竿为旗,以"大楚"为号,陈胜自立为将军,吴广为都尉,在大泽乡点燃了中国历史上第一次大规模农民起义的熊熊烈火。

建立张楚谋大计

起义爆发后,陈胜作了四面出击、以西为主的军事部署。他以葛婴为将,统领部分军队向蕲县以东、以南地区发展,自己则和吴广统领主力向西进攻,陈胜以迅雷不及掩耳之势,在秦国的郡县反应过来之前大举进军,攻城拔寨。首先攻克蕲县西北的铚县(今安徽濉溪),再继续进入砀郡境内。随后,陈胜的军队攻占了酂(今河南永城西)、苦(今河南鹿邑)、柘(今河南柘城),再向东攻占谯(今安徽亳州),很快把起义火种带到中原大地的陈郡,乘势挥师南下向郡治陈县(今河南淮阳)进攻。此时,距离大泽乡起兵不过一个月左右。陈胜军如滚雪球一般,拥有六七百乘战车、一千多骑兵和数万步兵。

陈郡是楚军攻下的第一座大城,交通南北,贯通东西,连接黄河水系和淮河水系,地理位置十分重要。在楚地的划分中,这里属于西楚。此前,有末代韩王被秦人流放至此。魏国的张耳、陈余和韩国的张良等人都在此逗留过。三晋的流亡势力曾以此为中心活动。而陈郡郡守和陈县县令闻风丧胆、逃之夭夭,守丞统领秦军龟缩城内、负隅抵抗、兵败被杀,陈胜军浩浩荡荡进入县城。

起义军占领陈县后,陈胜召集掌管教化的三老和地方豪杰开会议事,众人都说:"将军被坚执锐,伐无道,诛暴秦,复立楚之社稷,功宜为王。"此时在社会上颇有名望的游士张耳、陈余也在陈县,陈胜征求他们的意见。

张耳、陈余说:"愿将军毋王,急引兵而西,遣人立六国后,自为树党,为秦益敌也。敌多则力分,与众则兵强。如此野无交兵,县无守城,诛暴秦,据咸阳以令诸侯。诸侯亡而得立,以德服之,如此则帝业成矣。今独王陈,恐天下解也。"但急于称王的陈胜,没有采纳张耳、陈余的意见,以陈县为都城,建立了中国历史上第一个农民政权,号"张楚",自立为"张楚王"。张楚即是将楚国发扬光大之意，表现了楚人不甘压迫、称雄天下的雄心。陈胜还制造了大量刻有扶苏名字的瓦当，作为自己合法性的象征。

随后，陈胜下令兵分三路伐秦。一路由"假王"吴广率领，西击荥阳；一路由武臣、张耳、陈余率领，北进赵地；一路由周文率领，攻打魏地。但各路军马都因准备不足相继失败。

亡于强秦众叛离

陈胜、吴广领导的农民起义军，在英勇奋斗六个月之后失败了。对于起义失败的原因，司马迁曾做过总结。毛泽东在读《史记·陈涉世家》的批注中也指出，陈胜、吴广有"二误"：一是违背"苟富贵，无相忘"的诺言，杀死旧时伙伴，导致众叛亲离；二是偏信朱房、胡武，赏罚失当，导致诸将不愿效力。

寡信失义。陈胜称王后，思想逐渐发生变化，与百姓的关系日益疏远。《史记·陈涉世家》记载，陈胜称王建都陈县后，一位以前和他一起干农活的伙伴闻讯来到陈胜的宫殿前，拍门大叫："我要见陈涉！"此时，陈胜正好乘车外出，听见叫声，便停车召见他，一起回到宫里，以故人之礼接待。这人经常出入宫中，但说话口无遮拦，经常说些陈胜为雇农时的不堪往事。有人对陈胜说："您的那位客人愚昧无知，胡说八道，有损您的威严。"陈胜听了大怒，下令把朋友杀了。陈胜对岳父也不敬，岳父来见他时，他"长揖不拜"，仅以一般宾客的礼仪对待。岳父怒道："怙乱僭号，而傲长者，不能久矣！"愤而不辞而去。

失道寡助。陈胜任命朱房为中正、胡武为司过，负责督察群臣。二人徇私枉法，公报私仇，擅自惩治官员，陈胜却对他们非常信任，以致"诸陈王故人皆自引去，由是无亲陈王者"。

各行其是。胜利滋长了骄傲情绪，导致陈胜听信谗言，诛杀故人，而他派往各地的将领也逐渐不听节制，甚至为争权夺利而互相残杀。如武臣到邯郸，自立为赵王，以陈余为大将军，张耳为丞相。陈胜命他率兵入关支持周文，他却抗命而派韩广掠取燕地。韩广在燕地旧贵族的怂恿下，也自立为燕王。齐国王族田儋自立为齐王。围攻荥阳的起义军将领田臧与吴广意见不合，竟假借陈胜之命杀死吴广。田臧杀了吴广后，陈胜不但没有惩罚他，还赐以楚令尹（相当于宰相），拜为上将军。

强秦反扑。对于农民起义的消息和农民军西进的壮举，秦二世开始不以为然。当听说周文率几十万大军进逼咸阳时，他才大梦初醒，惊恐万状，连忙采纳章邯的建议，释放修建骊山墓的刑徒和奴隶，编为军队。章邯率三十万大军向农民军猛扑，击败周文军队后，又向围困荥阳的农民军进攻。公元前209年12月，章邯率军向陈县反扑。此时，王离的边防军也奉调配合。

在秦军的疯狂反扑面前，起义军剩下的力量分散在各地，陈县一带只有很少兵力，再加上魏、赵等地军队各自为战，抗命不遵，拒不增援，陈胜虽率军奋力抵抗，但仍无望击退秦军，只好放弃陈县，且战且退。当退至下城父（今安徽亳州城父集）时，车夫庄贾把陈胜杀害。吕臣等人领导起义军坚持斗争，两度收复陈县，处决了叛徒庄贾。这支起义军后来与项羽、刘邦等人领导的起义军会合，继续同秦军战斗。公元前206年，秦王朝在农民起义军的沉重打击下灭亡了。

星星之火载史记

张楚政权虽然存在时间很短，但他点燃的反抗暴秦的熊熊烈火不但没有熄灭，反而越烧越旺。陈胜打下陈郡百日内，先后有秦嘉、朱鸡石起兵于淮北，项梁、项羽起兵于江东会稽郡，刘邦起兵于沛县，英布、吴芮起兵于番阳，陈婴起兵于东阳，他们皆以"张楚"为号，共同复楚反秦。

陈胜被杀后，项梁召集诸将商量反秦对策。年逾古稀的范增对项梁说："陈胜败，固当。夫秦灭六国，楚最无罪。故楚南公曰：'楚虽三户，亡秦必楚。'今陈胜首事，不立楚后而自立，其势不长。今君起江东，楚蜂起之将皆争附君者,以君世世楚将,为能复立楚之后也。"于是项梁顺从民意,立楚怀王熊怀之孙熊心为楚怀王,自号武信君,继续与秦军战斗。

后来,项梁在定陶败死,章邯率秦军渡河击赵,和秦将王离率领的大军包围了由张耳和赵王驻守的巨鹿城(今河北平乡)。楚怀王派上将军宋义、次将项羽救赵,派刘邦收陈胜、项梁散卒西进关中。

宋义北至安阳,见秦军兵强,逗留不进。项羽杀宋义,引兵渡河,破釜沉舟,每人只带三天的粮食,与秦军决战,结果九战九胜,大破秦军,解了巨鹿之围。项羽威名大振,被推为诸侯上将军。不久,章邯怕被赵高陷害,率二十万秦军投降项羽。

在秦军主力与项羽决战之际,乘虚西进的刘邦迂回进入武关,到达咸阳附近的灞上。此时秦二世已被赵高杀死,继立的子婴不敢称帝,称秦王,遂向刘邦投降。五年后,刘邦打败项羽,统一中国,建立大汉王朝。

对陈胜这位反秦先锋,刘邦始终念念不忘,即位后专门派三十户人家为陈胜守墓。司马迁在《史记》中专门为陈胜立传,并把《陈涉世家》列在汉初诸世家之前,以表达对陈胜历史功绩的充分肯定。

【延伸阅读】

陈胜故里

"陈胜者,阳城人也,字涉。吴广者,阳夏人也,字叔。"这是《史记·陈涉世家》的第一句。阳城在哪里?一曰今河南商水,一曰今河南登封,一曰今河南方城,一曰今安徽宿县。

史学界公认:如无出土文物予以反证,以《史记》为准。在《史记·陈涉世家》中,陈胜以楚人自居,起义之前就制造"大楚兴,陈胜王"的舆论。司马迁在《太史公自序》中也写道:"秦既暴虐,楚人发难。"《秦楚之际月表》也说:"初作难,发于陈涉。"《李斯列传》也称:"于是楚戍卒陈胜吴广乃作乱，起于山东。"陈胜是楚人，史学界是没有异议的。如此看来，"登封说"有点靠不住，因为按照战国时的地理位置，登封属于韩国。

同样在《史记》里，赵高污蔑李斯时曾说："楚盗陈胜等，皆是丞相傍县之子"。李斯是上蔡人，登封与上蔡之间隔了禹州、襄城等地，而方城和上蔡之间隔了遂平，也不能说是"傍县"，至于安徽宿县，隔得更远。和上蔡"傍县"的，也就是商水了。

另外，根据《史记》的描述，陈胜定都于陈郡（今河南淮阳）后，当年和他一起种地的很多老乡来看他。陈胜政权存续不过半年，势力范围有限，老乡不太可能成群结队穿过防区去看望陈胜。秦时，商水隶属于陈郡。陈胜攻占陈郡之后就迅速定都，这也比较符合楚人"富贵不还乡如衣锦夜行"的观念。

综合以上史料来看，陈胜故里阳城也就是今日的商水县。

五、西楚霸王何以败亡

【题记】 在历史长河中,英雄人物如恒河沙数,其中饱含悲情色彩者更容易被铭记,西楚霸王项羽便是其中一个。他虽非帝王,司马迁却在《史记》中将他列入"本纪";他是真英雄,宋代女词人李清照为他写下"生当作人杰,死亦为鬼雄"的著名诗句。

"羽之神勇,千古无二。"起兵三年即号令诸侯,一生大勇、大情、大成功的项羽,却缘何又迅速败于刘邦,落得个四面楚歌、霸王别姬、自刎乌江的结局呢?

英雄盖世踏秦关

项羽,名籍,字羽,秦末下相(今江苏宿迁)人,战国末年楚国名将项燕之孙。项氏家族世世代代在楚国为将,因封地在项地(今河南项城),故以项为姓。战国末年,秦王嬴政派大将王翦率倾国之军攻打楚国,项燕战死,楚国灭亡,项氏一族流散四方。项氏与秦,可谓国恨家仇,不共戴天。

项羽少年时,叔父项梁教他读书,但他刚认识一些字就不学了。项梁又教他学剑,但没过多久他又厌烦了。项梁很生气,斥责他学习不专注。项羽却说:"读书能识得人名就行了;学剑只能对付一个人。我要学能敌万人的本

五、西楚霸王何以败亡

事。"于是项梁便教他兵法。项羽成年后，身长八尺有余，力能扛鼎，吴中子弟都敬畏他。

公元前210年，秦始皇东游经过会稽，项梁与项羽前往观看。当始皇帝的仪仗队威风凛凛地经过时，所有人都俯身低首，诚惶诚恐，唯独项羽傲然道："彼可取而代也。"

公元前209年，陈胜、吴广在大泽乡揭竿而起，天下云集响应。项梁、项羽叔侄杀会稽郡守，聚兵八千，发动起义。项梁采纳范增的建议，在民间找到楚怀王的嫡孙熊心，立为"楚怀王"。刘邦闻讯，率军前来归附。项梁十分欣赏刘邦，命项羽与刘邦结拜为兄弟。此后，两人并肩作战，挺进中原。项羽连战连捷，在定陶斩杀秦将李由。

公元前208年，项梁因轻敌败亡于秦将章邯。章邯随后引军北上，大破赵国。赵王败走巨鹿，章邯率军四十万围攻巨鹿。赵国几次向楚求援。公元前207年，楚怀王以宋义为上将军，项羽为次将，范增为末将，北上渡漳河救赵。楚怀王令刘邦向西攻城略地，并与诸将约"先入关者王之"。宋义想等到秦军和赵军两败俱伤后再进攻，至安阳后四十六天按兵不动。项羽建议引兵渡河，和赵军内外夹攻击破秦军，宋义不听。其间，宋义派儿子去齐国为相，亲自送到无盐县，回来后大摆宴席。当时天气寒冷，大雨滂沱，士兵饥寒交迫，这引起项羽强烈不满。项羽进入宋义帐中将其斩杀，拎着他的头出来，声称宋义与齐国勾结谋反，他奉楚怀王密令杀之。随后，项羽率五万兵马渡过漳河，与秦军交战。他下令破釜沉舟，以示不胜则死之心。项羽身先士卒，冲锋陷阵，在他的带动下，楚军个个勇猛杀敌，九战皆捷，大破秦军三十余万。当时**各路诸侯援兵已到巨鹿城下，但都畏惧秦军不敢出战**，缩在营垒上观看。项羽大破秦军后，于辕门召见诸侯，诸侯无不跪行拜见，不敢仰视。于是，年仅二十六岁的项羽成为诸侯上将军，诸侯都归附于他。

巨鹿之战后，项羽又连续击败章邯。章邯怕被赵高陷害，率秦军主力二十万投降。项羽率领大军渡过黄河，然后西进，直指秦都咸阳。行至新安，因害怕秦卒反叛，项羽将二十万秦军一夜坑杀。

行至函谷关，项羽发现守关军队是刘邦部下，又听说刘邦已经攻破咸阳，大怒，遂攻破函谷关，率四十万大军进驻新丰鸿门。刘邦恐惧，亲自到项羽军中请罪，上演了著名的鸿门宴。据《史记》载，项羽不听范增之计，没有乘机杀掉刘邦。刘邦抓住机会偷偷溜出军营，让张良奉白璧一对献给项羽、玉斗一对送给范增，以示谢罪。项羽接过玉璧，放在座席上。范增接过玉斗，放在地上，拔剑一击而碎，说："唉！竖子不足与谋。夺项王天下者，必沛公也，吾属今为之虏矣。"也有学者猜测，刘邦献给项羽的是由和氏璧雕刻而成的传国玉玺。

项羽进入咸阳，下令屠城，杀秦亡国之君子婴，处死秦国王公贵族八百多人、各级官员四千多人，焚烧秦宫室，大火连烧三月不灭。楚军满载宝物美女，准备回江东。谋士韩生劝说项羽定都关中，成就霸业。项羽急于东归，便说："富贵不归故乡，如衣锦夜行，谁知之者！"韩生又说："人言楚人沐猴而冠耳，果然。"项羽大怒，把他烹了。

所向披靡难灭汉

公元前206年，项羽尊楚怀王为"义帝"，定都彭城，自立为西楚霸王，掌握军队最高统帅权。他划地分封了十八个诸侯。刘邦被封为汉王，辖地为偏远的巴蜀及汉中四十一县。项羽封章邯等三将为关中三王，以扼制刘邦，同时削减刘邦军队至三万人。刘邦忍气吞声，入汉中时，烧掉栈道，表示不再回中原，以此迷惑项羽。

项羽将义帝赶往长沙郴县，群臣颇有怨言，项羽便暗中派人于途中将义帝杀死。

当年，齐地反叛，项羽前去平叛。刘邦用韩信"明修栈道、暗度陈仓"之计，一举夺取关中。项羽大怒，欲回兵攻击刘邦。刘邦欺骗项羽说，自己得到关中已经十分满足，绝不会东进。项羽信以为真，在齐地继续平叛，却陷入战争泥潭不能自拔。

刘邦稳住项羽后，暗中联合五路诸侯，集结五十六万大军，打着为义帝报仇的旗号，一举攻克楚都彭城。项羽闻讯，率三万精骑闪电奔袭，杀死联军二十余万，俘虏了刘邦的妻子吕雉和他的父亲太公。彭城之战是中国历史上以少胜多的典范，也是闪电战的经典案例。

在此后的两年多时间里，楚汉展开了拉锯战，项羽所向披靡，战无不胜，但始终是孤军作战，地盘越打越小，亲信逐渐离他而去，连亚父范增也被他赶走。而刘邦屡败屡战，看似狼狈不堪，地盘却越打越大，盟友越来越多，逐渐取得了主动权。

公元前203年，项羽与刘邦对峙于广武，刘邦深沟高垒，坚守不战。为激刘邦出战，项羽做了个高腿的案板，把刘邦的父亲搁在上面，对刘邦说："如果你再不与我交战，我就要把你父亲熬汤喝了。"刘邦回答说："当年我与你结为兄弟，所以我爹就是你爹。如果你一定要把咱爹做汤喝，那么我希望分一碗尝尝。"项羽大怒，要杀太公，被项伯劝阻。

刘邦避而不战，彭越在背后又不断骚扰，项羽心情烦躁，向刘邦提出单挑："战乱已经持续好几年了，我想同你一决胜负，不要再让百姓受苦了。"刘邦笑答："我宁可与你斗智，也不与你斗力。"项羽命手下勇士出阵挑战，却被汉军里的楼烦神箭手连续射杀。项羽大怒，披甲持戟而出，楼烦人正要放箭，项羽双目圆睁，大喝一声，吓得楼烦人肝胆俱裂，转身逃回营中，再也不敢出来。项羽约刘邦在阵前相见，刘邦列举了项羽"十大罪状"，项羽大怒，施放暗箭射中刘邦胸部，刘邦却摸着脚趾说："这个小人竟射中了我的脚趾。"刘邦在营中养伤，汉军继续高挂免战牌。

此时，实施战略迂回的韩信攻破赵、齐等国，准备进攻楚国。项羽派大将龙且进攻韩信，却被韩信所杀，形势对项羽越发不利。无奈之下，他主动送还刘邦家眷，与刘邦签订盟约，以鸿沟为界平分天下。

乌江浴血暮色残

鸿沟议和后，项羽引兵东归，刘邦却撕毁盟约，追击项羽，想把项羽一举消灭。公元前202年9月,汉军追击楚军到阳夏(今河南太康)南,但和刘邦约定一起出兵的韩信和彭越却没有来。10月,汉军追击楚军至固陵(今河南鹿邑、淮阳、柘城、太康四县交汇处),项羽为摆脱汉军追击,引兵反击刘邦,大破汉军,史称"固陵之战"。

固陵之战失利后,刘邦以裂土封王为条件,说动韩信、彭越、英布出兵。齐军灌婴攻破彭城后,又攻下了砀郡谯县、陈郡的苦县。刘邦率领靳歙、樊哙、周勃等将领陆续与灌婴在陈下(今河南淮阳)会合,与项羽交战。刘邦亲率汉军从西北方来,灌婴从东方来,对楚军形成东西夹击合围之势,楚军大败,项羽被迫向垓下撤退。

11月,项羽率楚军十万,韩信率汉军三十万,在垓下展开对决。韩信中军失利后退,楚军乘胜进击,韩信令左右两翼包夹楚军,楚军抵挡不住,被迫后撤,韩信中军趁机反击,楚军大败,退到壁垒坚守,刘邦乘胜率大军将项羽重重包围。

楚军陷入重围,项羽愁眉不展。虞姬见他闷闷不乐,便陪他喝酒解愁。到了午夜,阵阵楚歌从汉营传来。项羽吃惊地说:"恐怕刘邦已经打下西楚了!不然汉营里怎么有那么多楚人呢?"项羽愁绪满怀,忍不住歌道:"力拔山兮气盖世,时不利兮骓不逝。骓不逝兮可奈何,虞兮虞兮奈若何?"

项王唱得非常动情伤神,数阕之后"泣数行下,左右皆泣,莫能仰视"。虞姬拔剑起舞,和道:"汉兵已略地,四面楚歌声。大王意气尽,贱妾何聊生!"歌毕,挥剑自刎,玉殒香消。

当天夜里,项羽带了八百骑兵突围。天亮后,汉军才发现,急令大将灌婴五千骑兵追赶。刘邦下令:"得项羽首级者,赏千金封万户侯。"项羽过淮河时,身边只剩下一百多人了。到达阴陵项羽迷了路,去问一个老农,老农见他形貌狼狈、目露凶光,便随手一指:"左。"项羽往左去,结果陷入了一片沼泽,被汉军追上。经过一场激战,项羽随从只剩下二十八骑。项羽自忖不能脱身,就对部下说:"我从起兵到现在已八年,经七十余战,抵挡我的人都被攻破,我进攻的人都表示臣服,未尝败北,遂称霸天下,现困于此,不是我不会打仗,而是天要亡我!今日是要决死战了,我要为诸君痛快地一战!我要三次冲击汉军，为诸君斩将、砍旗、击溃包围，让诸君知道，是天要亡我，非我不会打仗。"然后，项羽分骑兵为四队，对他们说："我为你们杀掉一将！"他命令骑兵们从四个方向向山下冲，在山的东面会合。项羽大呼驰下，斩杀一汉将。汉将杨喜追项羽，项羽大喝一声，杨喜人马俱惊，退后数里！项羽与骑兵汇合后又分为三队，汉军不知项羽在哪队，就也分三队包围。项羽飞驰而出，又斩一汉将，杀近百人，再会合骑兵，仅损失两骑，项羽问："怎么样？"骑兵们钦佩地回答："和大王说的一样。"

项羽逃到乌江边，遇见乌江亭长，亭长劝项羽先回江东以图东山再起，项羽以无颜见江东父老为由拒绝，并将自己座下乌骓马赐予亭长："我知道您是位忠厚长者，我骑着这匹马征战了五年，所向无敌，曾经日行千里，我不忍心让它也死在这里，就送给您吧。"言罢，项羽下马步战，一口气杀了汉兵几百人，自己也受了十几处伤。项羽浴血厮杀，猛地在汉军中看见了一个熟悉的面孔，正是叛楚降汉的吕马童，项羽便说："这不是我的老朋友吗？听说汉王赏千金封万户侯要我的人头，就把这份人情送你吧！"说完，自刎而死。汉军将士争先恐后争夺项羽的遗体，并相互砍杀，死者多达数十人。最终，王翳拿下项羽的头，杨喜、吕马童、吕胜、杨武各争得一部分肢体。

击筑悲歌探根源

西楚霸王项羽，勇冠寰宇，叱咤风云，但随着乌江渡口的那一道长剑血光，他的命运画上了句号。项羽何以败亡？究其原因主要有三条：

第一，刚愎自用弃英贤。刘邦夺得天下后，一次在洛阳南宫宴请群臣，问："我之所以能取得天下，原因是什么？项氏之所以失去天下，原因又是什么？"高起、王陵回答："陛下派人去攻城略地，能把所降服的地区封给他们，说明陛下能与天下人共享其利。而项羽妒贤嫉能，谁有功劳，就加害谁，谁有贤才，就猜疑谁。部下作战胜利，得不到封赏，自己得了土地，也不给别人一点利益。所以必然失去天下。"

刘邦说："看来，你们是只知其一，不知其二。运筹帷幄之中，决胜于千里之外，我不如张良；镇守国家，安抚百姓，供给军粮，畅通粮道，我不如萧何；连兵百万，战必胜，攻必克，我不如韩信。这三个人，都是人中俊杰，我能任用他们，这是我取得天下的原因。项羽有一个范增而不能重用，这是他被我擒杀的原因。"

因得不到项羽重用、后来成了刘邦大将的韩信曾说："项王勇猛无敌，就是千人也不是他的对手，但是他却不能任用贤能的将军们，因此只是匹夫之勇。"曾做过项羽的小吏、后成为刘邦丞相的陈平一语点中要害："项王不能信人，其所任爱，非诸项即妻子昆弟，虽有奇士不能用。"结果，替项羽打天下的先锋英布被刘邦挖了墙角；彭越等人因得不到重用而转投刘邦的阵营，成为置项羽于死地的重要力量；即使是经验丰富、足智多谋且又忠心耿耿的亚父范增，也因不姓项而最终被项羽猜忌疏远。人才的归属，直接影响到楚汉相争的走向和最后结局。

第二，杀人如麻人心寒。秦朝之所以灭亡，是施行暴政，而项羽的残暴和暴秦比起来，有过之而无不及。会稽起兵时，太守殷通欲用项梁为将反秦，项梁却让项羽杀死殷通，项羽连杀一百多人，血腥夺取了起义领导权。后来，项羽擅杀宋义，坑杀降卒，屠城咸阳，谋弑义帝，失尽天下人心。齐地平叛时，项羽屠城，妇孺亦不放过，驱之北海，杀戮无遗。"得人心者得天下，失人心者失天下。"项羽的所作所为，引发了天下百姓的怨恨和反抗，也失去了诸侯的支持。项羽在反秦斗争中实行复仇主义，虽痛快一时，却是自取败亡。

相比之下，对手刘邦却广布仁义。刘邦面对金碧辉煌的咸阳宫，经受住了强烈的诱惑，把金银珠宝全部封存，安抚百姓和降将，"与父老约法三章耳：杀人者死，伤人及盗抵罪。"言简意赅，切中要害。秦末之所以天下大乱，苛政酷法是主要原因。刘邦的高明就在于他知道百姓最关心什么、最需要什么，顺应民意，赢得了人心。

第三，妇人之仁眼光浅。鸿门宴上项羽的表现，可谓十足的妇人之仁和政治幼稚。项羽在军力占据绝对优势，士气高涨、气势如虹，随时能够消灭刘邦，独霸天下的有利局面下，由于政治不成熟，完全没有看出可能出现的楚汉之争。

对局势洞若观火的范增虽一再示意,但项羽优柔寡断,不仅没杀刘邦,反而把曹无伤这个情报人员也给出卖了,错失一举定天下的最佳时机,留下致命祸根。

在灭秦之后,项羽本该定都关中,掌握天下,却小成即满,急于归乡炫耀丰功伟绩。表面上是江东子弟人心思归,项羽顺应了大家的心愿,实则暴露了他在战略思维上的短视。如果项羽亲自坐镇关中,刘邦又怎能从蜀中杀出?

项羽的妇人之仁还表现在舍大就小上。韩信说:"我与项王相处的时候,发现他待人恭敬慈爱,说话礼貌和善,当部下有病,他会心痛流泪,把自己的饭菜端给他们吃;可是当人家立了功该封爵时,他却把印攥在手里,棱角都磨圆了也舍不得给人家。所以他的仁只是妇人之仁。"项羽这样做的结果,虽然在感情上拢住了人心,却在制度上失去了人心,因小失大,得不偿失。而刘邦的做法则相反,关键时刻懂得取舍,敢于封王许愿,终于组成了强大的反楚联盟,一举夺得天下。

项羽精通兵法,无坚不摧,一生中所经大小战役无数,除了最后一战,几乎从无败绩。他是军事上的巨人,却是政治上的侏儒,正如毛泽东所言:"项王不是政治家。"

项羽是一个具有多重性格的历史人物,是一个长处与短处都很突出的人。项羽所取得的胜利与其性格有关,与刘邦争天下失败,仍与其性格有着密不可分的联系。唐代杜牧曾在《题乌江亭》中写道:"胜败兵家事不期,包羞忍耻是男儿。江东子弟多才俊,卷土重来未可知。"在他看来,胜败乃兵家常事,能忍辱含垢、卷土重来,才是真正的男子汉。而宋代王安石则认为:"百战疲劳壮士哀,中原一败势难回。江东子弟今虽在,肯与君王卷土来?"他站在政治家的高度深刻总结了项羽失败的原因——将士疲衰,人心已去。

【延伸阅读】

虞姬葬于何处

虞姬自刎后葬在何处,学术界一直有争议。

一说葬于安徽省灵璧县。清灵璧地方志记载：在灵璧城东三十里有虞姬墓。至今尚有一块清代墓碑，上面刻有"巾帼英雄"四字。

二说葬于安徽定远县。灵璧的清代墓碑上刻了这么一段文字："定远之南有一姬墓，彼葬姬首，此葬姬身。"因此有了虞姬"身葬灵璧，首葬定远"之说。有人认为虞姬是在灵璧自刎的，项羽因舍不得虞姬，带着她的头颅撤到了定远，就地埋在此处。

三说葬于河南鹿邑县。唐朝张守节《史记正义》注：垓下是高冈绝岩，今犹高三四丈，其聚邑对堤在垓下之侧，今在亳州真源县东十里（唐称鹿邑为真源县，隶属亳州府），与老君庙相接。范文澜《中国通史》说：刘邦得秦民拥护，又联诸侯王，与项籍苦战四五年，屡败屡起。垓下（在河南鹿邑县境，一说在安徽灵璧县。按当时军事形势，应以在鹿邑县境为是）决战，项籍败。在清《鹿邑县志》的城区图中，明确标注了虞姬墓的位置。该墓在今县城东北二里处小洪洼村，墓园约六十亩，包括虞姬墓、庙宇、庙地三部分，后在文革期间被毁。据文物专家考证，其砖券墓室型制为汉墓。

虞姬死后究竟葬在何处，与"垓下"在何处密切相关。目前学术界从史料记载角度，更多认可垓下在安徽灵璧；但通过对《史记》垓下之战分析，垓下在鹿邑却又更合乎实际。

六、王莽新政何以失败

【题记】 两千多年前,中国历史上出了王莽这个奇葩皇帝。他谦恭、孝敬、俭朴、仁爱、胸怀天下,兵不血刃取得了大汉江山,登上皇帝宝座。他视周朝典章为正统,进行了一系列"社会主义式"改革:推行王田制,平均分配土地;废除奴婢买卖,还其自由身;实行五均六筦,开办国家银行;改革官制,推行浮动官薪。然而,新政最终失败,王莽身死国灭,这是为什么呢?

名门寒家出贵姑

王莽的发迹离不开其姑母王政君。王政君的父亲叫王禁,当过廷尉史。王政君是王禁的嫡妻李亲所生。据传,李亲当初怀王政君时,梦见一轮明月入怀,这可是生贵女的好兆头。然而,王政君在少女时期却连遭变故,死过两任未婚夫。第一位是平民百姓,刚与王政君订婚就死了。第二位是汉室宗亲东平王,刚下了聘礼,也一命呜呼了。这两次变故吓得王禁寝食难安,心想:"我这个女儿命硬呀!将来万一再克夫怎么办?"于是他找算命先生为女儿相面,得到的回答却是:"当大贵,不可言!"

不管算命先生是不是信口开河,但这句话对王禁和王政君却是莫大的鼓舞，或者说是强烈的心理暗示。打那时起，王禁开始对女儿实行"素质教育"，让其学习儒家经典，提高文化修养，音乐舞蹈全面发展。

辛勤努力终于有了回报。公元前54年，十八岁的王政君被王禁献入宫中，"入掖庭为家人子"，进入候补嫔妃行列。只要能接近皇上，就有机会跃龙门。哪知王政君入宫一年多，皇上并没有多看她一眼，更别提受宠幸了。

就在王政君意气消沉时，命运将她推到了太子妃的位置上。原来，皇太子刘奭的爱妾司马良娣病重，死前对太子说："我命不该死，是被你的那些娣妾良人诅咒而死的。"司马良娣死后，太子悲痛过度，大病一场。他迁怒于那些娣妾，谁也不再亲近。汉宣帝无奈，要皇后在后宫家人子中选取几位淑女侍奉太子。皇后选取了王政君等五人。这一天，太子来朝，皇后令王政君等待坐一侧，当长御问太子喜欢哪一个时，太子一个也没有看上，碍于皇后的面子，随口答道："其中一人可以。"当时王政君离太子最近，又独穿绛色大掖衣，长御以为太子中意的就是她。于是王政君被送入太子宫中，很快便有了身孕，生了个儿子取名为"骜"。

公元前49年，汉宣帝驾崩，太子刘奭即位，是为汉元帝，立年仅三岁的长子刘骜为太子，王政君母以子贵，当上了皇后。一人得道，鸡犬升天，她的父亲和同母兄弟王凤、王崇也纷纷加官晋爵，王家由此踏上了显赫之路。公元前33年，汉元帝病逝，刘骜即位，即汉成帝，王政君由皇后升为皇太后，王家随之进入鼎盛时期。公元前27年，王政君的几个同父异母兄弟——王谭、王商、王立、王根、王逢时同日封侯，被世人称为"五侯"。

朝乾夕惕成通儒

王莽十三岁时，伯父王凤官至大司马，王氏族人封侯获爵者已十余人，他的堂兄弟们倚仗父辈权势，过着锦衣玉食、骄奢淫逸的生活，相互间攀比车马、声色、游乐。王莽因父亲王曼去世较早，没有享受到封侯任官的富贵荣华。少年时代的王莽，在叔伯兄弟煊赫的声势与自己孤苦寂寞的巨大反差中长大。

　　王莽怎么也忘不了那年到伯父王凤家的情形。严冬腊月，北风呼啸，王莽提着竹篮到王凤家送年礼。那篮子里，装有一坛宛酒和几块腊肉，虽然不多，却也是王莽母子花费了许多心思凑来的。大门开了一个缝儿，王莽立即钻了进去，要求见伯父。门卫拦着他，他急切地说："大司马是我伯父，我是他的侄儿。"门卫看看他的装束，鄙夷地将他推出门外，坛子里的酒洒了一地。

　　贫困因为对比而放大，伤害因为敏感而更深。王莽经历的伤害不少，但这次伤害留给他的印象最深。深刻的屈辱体验化作了他向上攀登的强大动力。从此，王莽为人更谦恭礼让，他拜名儒陈参为师学习"礼经"，"勤身博学，被服如儒生"。在家中，他"事母及寡嫂，养孤兄子，行甚敕备"；在外面，他广交志向远大的朋友；在家族中，他恭敬地侍奉叔伯长辈，做事细致入微，彬彬有礼。

　　公元前22年，王凤病重，偏瘫在床，王莽侍疾。"亲尝药，乱首垢面，不解衣带连月"，尽心竭力，孝心远超王凤的儿子。异常虚弱和无助的王凤，没想到这个平时未受关照的侄子却给了他最需要的亲情，而自己平日里提携备至的子侄，好不容易来探望一次也待不一会儿就匆匆离去。相比之下，王凤对自己早逝的兄弟王曼充满了愧疚，觉得自己没有照顾好这个品行良好、至诚至孝的侄子。弥留之际，王凤把王莽托付给了妹妹王政君和外甥汉成帝，于是，时年二十四岁的王莽被任命为黄门郎，不久又升为射声校尉。

　　真正为王莽赢得声誉的，是他既精熟典籍又日益适应政治生活的"通儒"形象。王莽不仅赢得了儒生的尊重，也使得家族内部对他刮目相看。他的叔父成都侯王商向汉成帝上书，表示愿意将自己的封邑分出一部分，用以加封王莽。汉成帝更认为王莽贤能，对之愈加关注。公元前16年，刚刚进入而立之年的王莽被封为新都侯，封地南阳郡新野县新都乡，领一千五百户。不久王莽被提拔为骑都尉、光禄大夫侍中。

　　之后，王莽对自己要求更加严格，行为更加谨慎，为人更为谦恭。王莽将车马衣服都拿出来救济宾客，收留、供养在社会上声望卓著的名士，以致家无余财。在朝中，王莽广泛结交卿相士大夫。朝中官员对王莽赞不绝口，经常举荐他。王莽的声誉已经超越几位叔伯。

长子王宇比侄子王光年龄大些,但王莽要他们同一天娶妻,以示尊兄敬嫂,主子继嗣。娶媳的那天,王莽母亲得了病,王莽立即侍奉服药,等到宾客散去时,他已起身离席了好多次。在外人看来这是在大庭广众面前公开表演的"孝悌秀",但对王莽而言,这一举一动都是在遵循圣人的教诲,是发自内心的孝顺。

王莽的声誉与日俱增,但他也遇到了一个强大的竞争对手,他的姑表兄弟淳于长。淳于长是王政君的外甥,与王莽同时做黄门郎,后来官位和权势超过了王莽。汉成帝的许皇后因为没有子嗣,受到汉成帝冷落,为此,她和姐姐许谒搞起巫蛊之术。东窗事发后,王政君大发雷霆,处死许谒,废许皇后并将其打入冷宫。汉成帝宠爱妃子赵飞燕,欲立为后,王政君因赵飞燕出身卑微而没有答应。淳于长便在王政君面前游说,终于使赵飞燕如愿以偿。汉成帝感念淳于长的斡旋之功,赐其关内侯,不久又封为定陵侯。淳于长得意忘形,开始贪赃枉法,胡作非为,甚至打起了废后的主意。许皇后还有一个姐姐叫许嬷,国色天香,婚后没多久就守了寡。一次偶然的机会,淳于长与许嬷相遇,便将她纳入府中。许皇后与淳于长攀上了亲戚,一直想寻找机会翻身。于是,她倾其所有,一次次贿赂淳于长。狂妄自大的淳于长说已经在皇帝那里吹过风,准备立她为左皇后。这些被王莽一一掌握后,他将淳于长贪赃枉法、接受许皇后财物等行为告到了王政君及汉成帝那儿,汉成帝大怒,淳于长被剥职下狱,毙死狱中。击败了这个竞争对手后,三十八岁的王莽成为王家的第五位大司马。

遭贬隐居亦如故

作为百臣之首,王莽有了实现理想的政治舞台。看到大汉江山一片末世衰败的景象,他决心让流离失所的百姓重新过上安居乐业的生活,他相信自己已经掌握了圣人之学,决心用《周礼》和《论语》治理天下,他希望奄奄一息的汉王朝在自己的手里中兴。

于是，王莽开始积极实施改革计划。他"克己不倦，聘诸贤良以为掾吏"，"赏赐邑钱以享士，愈为俭约"，希望以自己为表率，扭转社会颓势，刹住奢靡之风。王莽母亲生病的消息传出后，朝中官员纷纷遣妻子前往探视，王莽的妻子短衣布裙接待宾客，穿着打扮十分简朴，众人皆以为她是奴婢。王莽下朝坐的车马、穿的衣服都极尽俭朴，这很快在长安城中传遍，引起了轰动效应，奢侈之风果然大减。王莽的第二步是推行"限田令"，禁止豪强大户过多占有土地。他以太后王政君的名义，宣布把王家除了坟茔之外的土地全部分给贫民，以此带头推动"限田令"的实施。

这几把火烧得漂亮，一时间王莽获得了极高的支持率，整个下层社会欢欣鼓舞，以为天下大治的时候终于到了。然而，天有不测风云，公元前7年，汉成帝驾崩，因其无子，定陶恭王刘康之子刘欣继承帝位，是为汉哀帝。汉哀帝上台后违背礼制，尊祖母傅氏为恭皇太后。一次，宫中举行宴会，内者令为傅太后安排座位，与太皇太后王政君座位并列。王莽看到后，指责内者令说："定陶太后，藩妾，何以得与至尊并！"下令撤去，另在侧旁设一座位。傅太后听说后，大怒，不肯前去赴宴。不久，王莽因此事被免职，回到封地南阳赋闲，进入了政治生涯的低谷。

汉哀帝喜欢一个叫董贤的英俊随从，不到一个月就将其晋升为驸马都尉侍中，两人朝夕相处，"出则参乘，入御左右，每月间赏赐累钜万，贵震朝廷"。一天，董贤与汉哀帝同床而眠，无意中压住了汉哀帝的袖子。汉哀帝睡醒后，为了不惊动董贤，于是挥剑断袖。"断袖"就成了同性恋的代名词。不久，汉哀帝又任命二十二岁的董贤为大司马，甚至想把皇位让给他。

闲居的日子里，王莽时刻关注着时局变化，不动声色地观察着朝廷里一幕幕光怪陆离的闹剧，读书养性，韬光养晦，同时结交官员，广建人脉，积累资源。这时，次子王获因一时之怒打死了一个奴婢，这种事情在当时贵族或富豪之家经常发生，因为奴婢在当时是可以买卖的，社会地位很低，失手打死了，官府罚几个钱就是了。但王莽不顾家人反对，让儿子自杀赎罪。王莽大义灭亲，让社会上的有识之士大为激赏，也使普通百姓特别是奴婢阶层对他充满景仰与感佩。

南阳太守给王莽推荐了儒家名士孔休做新都相,他对孔休毕恭毕敬。有一次,王莽生病,孔休前去探视,王莽拿出一把名贵的玉具宝剑赠给他说:"我看到你面上有瘢痕,就想到美玉可以消去它。这剑的剑鼻是美玉做的,正好可给你消去瘢痕。"孔休断然不要,王莽说:"你不是嫌它珍贵吗,我把它摔碎!"然后王莽把摔碎的玉剑鼻包好送给了孔休。这件事很快在儒士们中传开。在那个纲纪崩坏的时代,人们最痛恨上流社会裙带成风、穷奢极欲,而王莽恰恰恭俭勤政、大义灭亲、礼贤下士。

东山再起天下孚

公元前2年,发生了日食。在众人看来,这是上天的警告,汉哀帝惊恐不已,下诏让大臣们献策。压抑已久的大臣们纷纷上书说这是上天对王莽遭遇不公的警示。鉴于舆论压力,汉哀帝只好以侍候王政君的名义让王莽重返京师。

公元前1年,二十五岁的汉哀帝突然去世。在汉哀帝胡作非为的时候,王政君默默独居深宫韬光养晦。此时,这位资深的女政治家,像醒狮一样以迅雷不及掩耳之势采取了行动。汉哀帝去世当天,她就驾临未央宫,召见了大司马、皇帝的情人董贤,收回了传国玉玺,询问如何办理皇帝的后事。董贤在王政君面前噤若寒蝉,吓得一句话也说不出来。王政君命王莽进宫料理后事,主持朝政。王莽又一次成了大汉的大司马、大将军。

王莽东山再起后做的第一件事就是清算董贤余党,二是立中山孝王之子为汉平帝,但鉴于汉哀帝时外戚当政的教训,王莽命令汉平帝的亲属不得进京。三是把傅、丁两后的外戚及其亲族全部赶出京城。三件事情做完,朝野大震。

西汉末年人们对天人感应十分崇信,前百余年间全国灾异屡现,朝野议论纷纷,人心惶惶。王莽执政后,异端消失,大家都认为灾难已经过去,光明已经来临。天下大治,人心舒畅,上天就会降下"祥瑞"。

公元1年,西南少数民族首领以越裳氏名义以白稚、黑稚为"祥瑞",向朝廷献白稚一只、黑稚两只。朝臣们纷纷向王政君上书，称颂王莽的巍巍功德，应该像成王封周公一样封王莽为"安汉公"，以便"上应古制，下准行事，以顺天心"。王莽一再辞让，群臣又群起上言，于是王政君下诏"以莽为太傅，干四辅之事"，号"安汉公"，封赏两万八千户，这在西汉历史上绝无仅有。王莽只接受"安汉公"的封号，让还益封的户邑，说只有平民百姓都丰衣足食了，才考虑接受封户的赏赐。

王莽获封"安汉公"后，不搞裙带关系，不封王姓子孙。按照《周礼》精神，封宣帝子孙三十六人为列侯，平反冤假错案，封赏一批皇族后裔，得到皇族拥护。他带头捐地三十顷，献钱百万，用来救助贫民，同时号召官员们勤俭节约，与百姓共患难。每逢水旱灾害，王莽就吃素，与民同甘苦。他劝科农桑，赈济贫民，加封周公、孔子等圣贤的子孙，以示不忘先圣。王莽因此赢得了朝野和黎民百姓的拥戴。

4年，太保王舜上书请求授予王莽"宰衡"（兼采伊尹"阿衡"、周公"太宰"的称号），位居三公（大司马、大司徒、大司空）之上。于是，太后王政君亲封王莽为宰衡太傅大司马。

顺势而为代汉笃

王莽当上宰衡后，大兴教育，扩大太学招生，拓宽知识分子入仕的渠道。这些措施惠及了从王公贵族到平民百姓的各个阶层，全国上下要求加封王莽的吏民上书累计达四十八万人。朝臣们总结王莽的政绩，说他的德行、功业，应该加"九锡"。5年，王政君亲临未央宫前殿，为王莽举行了加九锡的大典。这次封赏，从服饰、冠冕、甲胄等九方面都一一更换，王莽有了接近皇帝的气派，其权势之大和声望之高，都达到了无以复加的地步。

从公元5年汉平帝去世，到公元6年孺子婴被立为皇太子，王莽据位摄政，成了"假（代理）皇帝"。广饶侯刘京上书说，齐郡临淄县昌兴亭长辛当一夜数次做梦，有人对他说："我是天公的使者。天公使我告诉亭长：摄皇帝应做真皇帝。如不相信，这个亭中当有新井为证。"亭长早晨起来察看，亭中果然出现一口新井，井深约百尺。同时，巴郡发现石牛，扶风雍发现刻有文字的石头，皆运来未央宫的前殿。刘京与王舜前去探视，忽然刮起大风，灰尘遮天蔽日，不久，风停了，石前出现了铜符帛图，上面的文字是"天告帝符，献者封侯。承天命，用神令"。奇迹出现了，上天发话了，朝野上下人心振奋。这时候，王莽才觉得自己对做皇帝的渴望是那样的强烈。如果天意属于自己，又有什么不对呢？

恰在此时，在长安太学读书的梓潼（今属四川）人哀章，看见王莽做了摄皇帝后，把符瑞奉若神明，就决心来一次政治大冒险。他偷偷地做了两检铜匮，一检上写着"天帝行玺金匮图"，另一检上写着"赤帝行玺传予皇帝金策书"。《金策书》中说，高皇帝刘邦令西汉皇室将帝位传给王莽，太皇太后应该尊承天命将帝位授予王莽。哀章听说齐井、石牛的符瑞上奏之后，认为时机已经成熟，就在当日黄昏，身着黄衣，跑到高帝刘邦的祀庙，把两检铜匮交给了仆射。仆射立即向王莽报告。第二天早晨，王莽郑重其事地来到高帝庙，朝拜了陈放铜匮的神坛。来到未央宫前殿，王莽在众人欢呼声中登上了龙座，宣布了即天子位的诏书。他望着脚下的文武百官说："昔周公代成王摄政，最终成王归位。如今我为天命所迫，不能按自己的心意行事，此刻心中的滋味，一言难尽！"

王莽做皇帝后，想得到由卞和献出的美玉雕琢而成、经历代帝王相传的传国玉玺，于是派堂弟王舜去强行索取。这个时候，年逾八十岁的老姑母王政君才如梦初醒，边痛哭边斥责，愤然将玉玺摔到地上，悲愤地说，"我反正是快要入土的人了，但你们兄弟将来一定会遭到灭族的大祸。"王舜将传国玺奉上，王莽欢喜欲狂。

托古改制满盘输

王莽新皇朝是在公元9年正式开张的，也就是在这一年，经过缜密思考，他出台了一系列新政。

进行土地改革，实行王田制，均分天下土地。王莽认为，只有改革土地政策，才能实现长治久安。上古时代，人们之所以安居乐业，是因为土地均等。王莽规定，人均土地一百亩，不管是富豪还是普通百姓，必须无条件交出多余土地，分给贫民，土地不许私自买卖抵押。

禁止买卖奴婢。"天地之性人为贵"，人的生命是天地间最尊贵的。买卖人口是"悖天心，逆人伦"的罪恶行径，必须立即停止。原有的奴婢，一律恢复自由身份。一道诏命，四百四十万奴婢得到自由身。

推行赊贷、五均六筦等经济政策。老百姓想自己创业、做买卖，可以申请国家贷款。推行这一政策的目的是杜绝高利贷对民间的盘剥，解决贫困百姓日常生活中的急难。五均是在长安和全国五大城市设立"五均司市师"，其职责是平抑物价，保证城市百姓生活安定。六筦则是朝廷垄断经营盐、酒、铁和铸钱，统一物价，防止富商操纵市场，勒索百姓。

改革官制，设置了四辅、四将、三公、九卿和六监，把全国分为九州一百二十五郡。从皇帝到百官，都实行浮动工资制。如果天下丰收，皇帝就享受全额生活费；如果出现天灾或治理不当，就按比例减扣，百官的工资也相应浮动。此外，还有税制改革、币制改革、度量衡改革等。

这些改革无不体现了王莽对理想政治的追求，但新朝为何仅存十五年就灰飞烟灭了？

一是改革生搬硬套。理想很丰满，现实很骨感。王莽是个儒家巨子，崇尚儒家经典所描述的典章制度，认为复兴了古制，就可以实现天下太平。但他用一成不变的书本来裁割千变万化的现实，把错综复杂的现实生活硬生生地装进几百年前诞生的儒家经典的条条框框里面，而没有认识到，改革必须与社会现状相适应，不能生搬硬套。这些复古改革本来是为了抑制兼并、打击豪强、改善民生，但由于改革不当，执行不力，结果适得其反，让本就饥寒交迫的老百姓处境更加艰难。过于激进的改革反而加重了人民的负担，使得民不聊生，流民四起。

二是世族反叛。豪强地主、世家大族、宗室诸侯是西汉和新朝时期举足轻重的政治力量,可以决定时局的走向和王朝的兴衰,足以颠覆政权。王莽的改革,剥夺他们的土地与人口,抑制兼并,缩小贫富差距,无疑触及了他们的切身利益,招致强烈怨恨和疯狂反击。

三是天灾人祸。天不遂人愿,王莽推行新政的时候天灾连连。9年冬,河北真定、常山郡遭遇严重暴雨和冰雹灾害;22年夏天,蝗虫自东向西席卷而来,接连不断的自然灾害加剧了王朝的社会危机。当时全国范围内发生了大面积的起义,主要的起义军队伍有两支,一支是南方的绿林军,一支是北方的赤眉军。王莽仰首苍天,号啕哭喊:"皇天既命授臣莽,何不殄灭众贼?既令臣莽非是,愿下雷霆诛臣莽!"23年10月,绿林军攻入了长安,王莽死于乱军之中,身首异处,其头颅被历代皇室珍藏了二百七十余年。

王莽建立新朝的十余年间,的确没有把国家治理好,是一个失败的统治者。但我们在评价历史人物时,不能以成败论英雄,不能把改制的失败作为全盘否定王莽的理由。他真心实意地按照儒家的标准来要求自己,赢得了天下人的拥戴,得到了攫取最高权力的资本,然后按图索骥地遵照书本上的记载施政,试图在全国建立一个理想的道德社会。但是"尽信书则不如无书",他忘却了古人早就说过的"世易时移,变法宜矣",最终导致天下大乱,自己则成为一个"窃国大盗"。

【延伸阅读】

汉高祖醉斩蟒蛇

汉高祖刘邦做泗水亭长的时候,押送一批农民去骊山修陵,途中大部分人都逃走了。刘邦思量,即使到了骊山也会论罪被杀,于是走到丰县西的涧泽停了下来。他饮酒大醉,夜里把剩下的农民都放了,还剩十多个农民愿意跟随。刘邦让一个农民去前面探路。这人回来说:"前面有一条大蛇挡路,我们还是回去吧。"刘邦趁着酒劲说:"大丈夫独步天下有什么害怕的!"刘邦要杀蛇,蛇说你斩头我闹你头，斩尾我闹你尾。刘邦毅然将蛇拦腰斩断。走了几里地，刘邦醉得倒下睡着了。后面的人来到斩蛇的地方，看见一个老太太啼哭，就问她为什么这样伤心，她说："我儿子是白帝子，变成蛇横在路上，被赤帝子杀了，我很伤心。"人们以为她胡说八道、散布谣言，想打她，这个老太太突然不见了。

蟒即莽，后来相传王莽就是这条蛇转生的，因为它被腰斩，所以就闹了汉朝的中间，在两汉间横插一个为时十五年的新朝。即刘邦斩蟒蛇，一刀两断，王莽斩汉朝，一朝一边。

七、真实的关羽

【题记】关羽,字云长,河东解县(今山西运城)人,东汉末年著名将领。《三国演义》中,关羽被美化为青龙偃月势挟风雷、美髯飘动绝伦逸群的"关公"形象;又经历代朝廷褒封,被神话为"关圣大帝""武圣"等,成为民间祭祀的对象。那么,真实的关羽到底是怎样的呢?

三国演义造化神

《三国演义》这部小说着力将关羽塑造成一个完美的忠义英雄形象。他义重如山,挂印封金,至死忠于刘备;他勇猛无比,所向无敌,于千军万马之中取敌将首级如探囊取物;他意志刚强,智勇双全,运筹帷幄之中,决胜千里之外。小说中的他被不断地美化和神化。

且从他的出场看:"身长九尺,髯长二尺,面如重枣,唇若涂脂;丹凤眼、卧蚕眉,相貌堂堂,威风凛凛。"入眼的关羽自是一副威武忠诚之面目,先叫人好感顿生三分。紧接着桃园三结义,又是一番誓言:"虽然异姓,既结为兄弟,则同心协力、救困扶危,上报国家、下安黎庶,不求同年同月同日生,只愿同年同月同日死。皇天后土,实鉴此心。背义忘恩,天人共戮!"刘、关、张桃园三结义,秉持肝胆相照初心,又叫人感叹五分。随后,初出江湖,"英雄露颖在今朝,一试矛兮一试刀。初出便将威力展,三分好把姓名标。"更被世人称赞其真威实勇,再得佩服七分。

再看关羽首次大显身手,"温酒斩华雄"这一段,"众诸侯听得关外鼓声大振,喊声大举,如天摧地塌,岳撼山崩,众皆失惊。正欲探听,鸾铃响处,马到中军,云长提华雄之头,掷于地上,其酒尚温"。何其震撼!何其神勇!作者并没有直接描写关羽如何奋勇厮杀,但通过气氛的渲染、背景的烘托使关羽勇冠三军的英武神威跃然纸上,收到了更为传神的效果。骁勇善战、武艺绝伦、光明磊落,如此一位铮铮铁汉,岂不是可得九分!在《三国演义》全书一百二十回中,大约有十八回着重写关羽出生入死、纵横恣睢的戎马生涯:斩颜良,诛文丑,温酒斩华雄,千里走单骑,过五关斩六将,单刀赴会,刮骨疗毒,水淹七军,直至大意失荆州,败走麦城。大部分内容并没有直接描写惊险曲折的打斗,而是运用"神似"的手法,以精炼的笔墨渲染人物的精神威力。

关羽被吕蒙杀害后,罗贯中出于剧情发展需要,让关羽不断显灵,大发"神"威。书中道,关羽被杀后,英魂不散,常骑赤兔马在空中行走,并大声呼喊"还我头来"。一日,关羽的魂魄途径玉泉山时,被普净法师点化,遂成正果,被尊为神,立庙供奉。

关羽的魂魄还曾附身吕蒙,在酒席宴上发狂,当着文武百官的面辱骂孙权。骂完后,吕蒙七窍流血而死。后来,关羽的魂魄又在"诸葛亮乘雪破羌兵"情节中"神"灵再现。

不只是《三国演义》,还有一件事让关羽"神"威再现。清末太平天国的北伐军,经过河南省城开封没有攻城,即向西进军。清朝官员却捏造说是关帝显灵,高立城头,手执大刀,指挥兵将,飞下城来,把太平军惊走的。咸丰皇帝还专门下诏说:"仰赖神威助佑,转危为安。"

作为艺术形象,关羽在《三国演义》的众多人物里立意是最高的。正是由于罗贯中极力渲染,关羽才成为忠贯日月、义薄云天的忠义化身,深入人们的心灵深处。

重重包装渐失真

刘备称帝后,张飞被封为西乡侯。关羽的"汉寿亭侯"则是拜曹操所赐。作为结拜兄弟,生前并没有被刘备封侯,死后才被蜀后主刘禅追谥为"壮缪侯"。武而不遂曰壮,名与实爽曰缪。此时,关羽在民间的影响并不算太大,之所以能进入国家祀典,实是沾了姜太公的光。武则天当政时开设武举,731年,唐玄宗下诏在两京设立姜太公庙,张良配享,没关羽什么事。760年,在安史之乱中煎熬的唐肃宗追封姜太公为武成王,祭祀规模与文宣王孔子等同,张良、韩信、白起、孙武、诸葛亮等人作为"亚圣十哲"陪坐,没有关羽。此时的孔庙已相当完备,配享有"亚圣十哲"和"七十二子",阵容强大。相较之下,姜太公的排场着实有些寒酸。782年,朝廷为姜太公"招兵买马",以孙膑、卫青、霍去病、关羽、张飞等六十四名将为弟子从祀,关羽此时才入祀,称号是"蜀前将军汉寿亭侯"。但是,姜太公和"十哲"面前有酒有肉,关羽只有站在旁边干看的份。直到五代后唐时期,关羽等六十四人的画像前才有了祭品。

北宋初期,宋廷以"为仇国所擒"为由,一度把关羽和张飞从祀典中开除,关羽的"冥神"道路遭遇重大挫折。北宋在军事上势弱,国情与蜀汉有相似之处,民间对武力强人的呼唤与日俱增,边境将士就极为崇拜关羽,百姓们对蜀汉开始给予更多的同情。苏轼就记载了时人听书时"闻刘玄德败,频蹙眉,有出涕者;闻曹操败,即喜唱快"的情形。这一民间思潮终于影响到高层,宋神宗曾自比刘备,完成了由"拥曹"到"尊刘"的转变,而这一变化的最大受益者是关羽。1102年,宋徽宗加封关羽为"忠惠公",关羽当了近九百年的侯爵后,终于晋爵为公。此外,徽宗自称教主道君皇帝,还加送一个"崇宁真君"的封号,使关羽成为张天师麾下的一员护法,这是关羽进入道教之始。又过了六年,宋徽宗加封关羽为"武安王",这是关羽封王之始。到了1123年,宋徽宗又把关羽的封号变成"义勇武安王",同时,关羽重回武成王庙，位置虽然无太大变化，封号则远高于同列诸人，直逼姜太公。关羽迎来了神化的第一个高潮。

北宋末年，一些文人对关羽"忠义"这一儒家特征进行了挖掘。靖康之变后，关羽身上的勇武和忠义与当时社会上高扬的民族气节高度契合。因宋儒褒扬《春秋》，关羽喜读《春秋》的特征便大得士子们的好感，再加上朱熹批曹、孙二家为"汉贼"，为关羽进入儒教扫清了"名不正言不顺"的障碍。南宋对关羽加封两次，元代文宗加封关羽一次，但相对于庙堂上的冷清，关羽凭借戏曲小说的广泛流传在江湖上赢得了大量拥趸。元代杂剧中，三国故事杂剧共三十七种，标题中有"关羽"两字的就占十一种，蜀汉戏中关羽无不登场，在元剧里，关羽的戏比任何一个三国人物都要多。

到了明朝，朱元璋受不了关羽头顶上越来越长的溢美之词，便把此前宋元帝王所赐关羽封号全部革去。但实际上朱元璋对关羽还是不薄的。1394年，明廷在南京鸡鸣山为关羽立庙，规定国家每年祭祀六次，祭品为一猪一羊，规格不可谓不高。更重要的是，关羽在国家祀典中终于自立门户，有了自己的专属场所，不用寄人篱下，而姜太公的武成王庙，则被朱元璋从国家祀典中删除。

明中叶起，关羽开始在科场频频"显灵"，有考前给举子开小灶讲《春秋》的，有托梦给考生漏题的，还有考场着火救学子的……种种神异，不一而足，儒家加入关羽崇拜的大军，使得全民性的关羽崇拜终于确立。1590年，明神宗封关羽为"协天护国忠义大帝"，成为中国历史上唯一一位晋升为"帝"的臣子。相比较之下，孔子再怎么加封，也始终是个"王"。1614年，在道士的游说下，明神宗封关羽为"三界伏魔大帝、神威远震天尊、关圣大帝真君"，其不知名姓的夫人被封为皇后，关平、关兴自然是王爷，连周仓都当上了公爵。

努尔哈赤和皇太极都是通过《三国演义》了解关羽的，马背上的民族对武功盖世的猛将产生了崇敬之心，他们向明朝请赐关帝神像，加以崇拜，称关羽为"关玛法"，"玛法"意为"祖"。

1644年，甫一入关的清廷就重修关帝庙。1652年，关羽被封为"忠义神武关圣大帝",冲淡了万历封号的道教色彩,突出"忠义"这一儒家伦理,从此,关羽便被称为"武圣",关庙也被称为"武庙",并与文圣孔子一样,武圣关羽被列为少数圣人之一,享受国家级正式的祭祀。清朝后期,天理教起义、太平天国起义、捻军起义接踵而至。每当此时,关羽题材就被热炒,皇帝就要给关羽的封号加两个字,以求关圣保佑迅速平乱。到了1879年,关羽的封号为"忠义神武灵佑仁勇威显护国保民精诚绥靖诩赞宣德关圣大帝",长达二十六字,仅比努尔哈赤少一个字。清宫上演关羽戏时,要在后台设关老爷神位,焚香供奉。关帝庙更是遍布天下,据统计,清中期仅北京城内就有关帝庙百余处,远远超出了孔庙的数量。

宗教也是关羽成神的一个因素。无论儒释道,纷纷用关羽来争夺香火,争取老百姓的支持。关羽经历政治和宗教的双重塑身后,直接飞升,登临至尊!庙里捋髯端坐,手捧《春秋》眯眼观瞧,象征着"文";一旁周仓擎着青龙偃月刀,象征着"武";对面关平举着"汉寿亭侯"的大印,象征着"权位",可谓文武双全、位高权重。

此外,关羽年轻时的经商经历也是其成神的重要原因。关羽的老家山西解州为世界三大盐池之一,据《左传》记载,春秋时期,这里就以产盐闻名。关羽曾经商,擅长算数记账,曾设簿记法,并发明日清簿,即为现今的流水账。关公所用的青龙偃月刀,十分锋"利",与生意上求"利"同音,求之获"利"。做生意最重义气和信用,关羽信义俱全,在晋商的推波助澜下,关羽被后世商人尊为守护神。

在政治、宗教、经济等多重因素共同"发酵"下,关羽最终从一名普通武将被美化成为人人信仰的"神"了。

单刀赴会误人深

《三国演义》中,有一个关羽"单刀赴会"的故事。关羽为荆州之事只身过江,与鲁肃会面。酒过三巡,菜过五味,鲁肃迫不及待地直奔主题,索还荆州。关羽开始时以饮酒莫谈国事为由将话题岔开,哪料鲁肃步步紧逼,关羽乃以刘备继承汉室土地为由,拒绝归还。一旁的周仓且使刀铃铮铮直响,插话道:"天下土地,惟有德者居之,岂独是汝东吴当有耶?"抵赖之言,毫不掩饰。关羽于是变色而起,从周仓手中夺过大刀,假装怒叱道:"这是国家大事,休得多嘴,快快给我退出!"明叱周仓,实在鲁肃!接着,关羽推醉,右手提刀,左手挽住鲁肃手,亲热之中又带有几分杀气:"今天饮酒,我已经醉了,莫要再提荆州之事,担心我这刀伤了故旧之情。改日我再请你到荆州赴会,再作商议。"鲁肃挣脱不得,早已吓得魂不附体,暗藏的刀斧手投鼠忌器,束手无策。到了船边,关羽才放了鲁肃,拱手道谢而别。鲁肃如梦初醒,半晌才缓过气来。

其实,历史上单刀赴会的并不是关羽,而是鲁肃。215 年,刘备取益州,孙权令诸葛瑾找刘备索要荆州。刘备不答应,孙权极为恼恨,便派吕蒙率军取长沙、零陵、桂阳三郡。长沙、桂阳蜀将当即投降。刘备得知后,亲自从成都赶到公安,派大将关羽率兵迎敌。孙权也随即进驻陆口,派鲁肃屯兵益阳,抵挡关羽。双方剑拔弩张,孙刘联盟面临破裂。紧要关头,鲁肃为了维护孙刘联盟,不给曹操可乘之机,决定和关羽当面商谈。"肃邀羽相见,各驻兵马百步上,但诸将军单刀俱会"。双方经过会谈,缓和了紧张局势。随后,孙权与刘备商定"割湘水为界,于是罢军",孙刘联盟因此继续维持。

这次"单刀会",经戏剧家、小说家篡改,关羽成了英雄,鲁肃反成了骨软胆怯的反面角色。这是艺术创作,并非史实。

有血有肉普通人

历史上,真实的关羽是什么样的呢?

论造型,凤目美髯骑赤兔。我们常讲"红脸的关公,白脸的曹操",红和白是戏曲里对忠与奸的一种具象表现,为什么会将关羽描写成红脸呢?民俗专家分析,从远古时代起,红色便在巫术文化里有避邪的功能,表示对神灵的敬畏。此后红色更是忠心、忠诚的象征，正所谓"赤胆忠心"。关羽身穿的绿锦战袍应该也是后人衬托他红脸的一种搭配。此外，在古代，卧蚕眉、丹凤眼、长胡须皆是美男子的重要标志。

资料显示，东汉末年的"一尺"约等于今天的23.5厘米。也就是说，关羽"身高九尺"折算后应在2.11米左右。我们熟知的篮球明星姚明2.26米，易建联身高2.13米，大家可以凭此想象出关羽的威武程度。

《三国志·吕布张邈臧洪传》中写道："布有良马曰赤兔。"《三国演义》中，赤兔成了关羽的坐骑，亦被夸张成了日行千里、渡水登山如履平地的宝马。关羽死后，赤兔马也在东吴"数日不食草料而死"，成为义驹，这更强化了人们对关羽的崇敬。在《三国演义》中，赤兔马从189年董卓入朝一直勤勤恳恳服役到220年关羽死后，前后服役近三十一年。事实上，马的平均寿命一般为三十至三十五岁，使役期一般为三至十五年，最多二十年。赤兔马作为战马使用那么久，实际上是一种艺术夸张。

说兵器，青龙偃月实虚无。《三国演义》中关羽为蜀汉五虎上将之首，留下了"单刀赴宴"和"温酒斩华雄"等美谈。青龙偃月刀则是关羽专属的武器，"刀长九尺五寸，重八十二斤，刀身上镶有蟠龙奔月的图画"，名为"冷艳锯"。这种武器的制作也充满了神秘色彩。相传，天下第一铁匠只在月圆之夜打造它，完工时，俄然风起云涌，空中滴下一千七百八十滴鲜血，术士分析是青龙的血，所以得"青龙偃月刀"之名。后来，果然有一千七百八十人丧生于这把刀下。

可是，历史上的关羽所用武器并非青龙偃月刀，因为三国时期还没有青龙偃月刀这样的阔头大刀，当时战场上主要武器为环首刀。依据考古发现，直到宋代偃月刀才出现，也叫"掩月刀"，偃月，即半月的意思。宋代《武经总要》描述，三国时的刀窄而直，长度在一米左右，有坚厚的刀背和单侧刃，不再有锐利尖锋，并且一般都有环首，环首上的布条缠在手腕上，能够防止格杀时刀从手中掉落。

后人在小说里为关羽选择了青龙偃月刀，应该是为了强化关羽的武神形象。从此青龙偃月刀这种威武、冷艳的武器，成为与英豪合二为一的圣器。

七、真实的关羽

玩颠覆，不近女色爱小杜。在传说和演义中，关羽都是一个不近女色的大丈夫、真英雄。事实上，对关羽感情史的"探究"近年来越发引人关注。尹韵公教授就曾指出"关羽不但喜欢美女，并且曾和曹操争过美女"。《三国志》的《蜀书》和《魏书》都记载了这样一件事：曹操与刘备带领大军在下邳围攻吕布，吕布派出秦宜禄出城向河内太守张杨求救。关羽听说秦宜禄长相美貌的妻子杜氏还留在下邳城内，便多次请求曹操："妻无子，下城，乞纳宜禄妻。"谁料曹操也爱美色，他见关羽迫不及待的样子，就猜测杜氏貌美如仙。待攻陷城池，曹操亲自召见杜氏，见她果然是国色天香，"乃自纳之"。之后，曹操精心挑选了十个美女给关羽作为补偿，但关羽原封不动将她们又还给了曹操。

述战功，过关斩将属虚构。《三国演义》第二十七回描述，关羽挂印封金，辞别曹操后，护送甘、糜两位夫人往河北投奔刘备，先后通过五个关隘，迫不得已斩杀六名曹将。事实上，历史上没有"过五关斩六将"之事，这只是罗贯中的艺术虚构。据《三国志·蜀书·先主传》记载，在关羽离开曹操之前，刘备已奉袁绍之命到了许都南面的汝南郡，与刘辟等领兵攻打许都附近地区，扰乱曹操的后方。关羽得到刘备的消息后，自然只能由许都南下以归故主，而绝不可能北上河北去寻找刘备。因此，他根本不会去"过五关"，也就不会"斩六将"了。

道功绩，是非功过谁评述。《三国演义》是经过艺术加工的小说，带有很大的虚构成分，而《三国志》是史书，内容真实，比较准确。陈寿对关羽有中肯客观的评价，首先肯定他作战的勇猛，也明确地指出他骄傲自大的性格弱点，且剖析了关羽失荆州的原因：性格弱点和缺乏军事才能。作为封建时代的英雄，关羽难免有局限性。随着地位的提高，他的缺点逐渐显露出来。他骁勇善战，也因此居功自傲，刚愎自用，最终因小失大，给蜀汉政权造成不利影响。

在《三国演义》里，"大意失荆州"是大家都熟知的故事。关羽丢荆州是有大意的成分，但更主要的还是他的错误所致。关羽对荆州之失负有不可推卸的责任，不仅致使自己身首异处，也使《隆中对》确定的联吴抗曹战略失败。

先是张飞为关羽报仇心切，逼得手下走投无路刺杀了他，并拎着张飞的头颅去东吴邀功。随后刘备一意孤行，被火烧连营，刘备郁郁而终，蜀国从此国势大衰。因此，暂不论关羽之功劳，就其过失之重，应该是蜀国灭亡的重要起因。如果说当年关羽放走曹操情有可原的话，失荆州并导致一系列恶果，罪莫大焉。

《三国志》里更是表达了这个论点：在荆州，关羽未能协调与刘表原有势力之间的矛盾，又对曹操挑起樊城之战。他不理解刘备、诸葛亮联吴抗曹的战略意图，在与孙吴争夺荆州的斗争中，坚定有余，灵活不足。孙权为巩固孙刘联盟，曾主动提出与关羽联姻。在封建贵族中，联姻是常用的政治手段。关羽不懂得这一点，断然拒绝倒也罢了，还出言不逊，骂孙权儿子是"种瓜之孙"，并说："虎女岂能配犬子"，因此惹怒了孙权，加深了孙刘的裂痕，破坏了虚弱的联盟关系。关羽也陷入了曹操、孙权两军夹击之中，最后兵败惨死。

居功自傲，待人骄横也是造成关羽悲剧的一个原因。关羽是"善待士卒而骄于士大夫"，更加之"护前"，即容不得别人超过他，所以在太守位上同部属、同僚的关系十分紧张。南郡太守糜芳身份特殊，他既是刘备的大舅哥，又是排位在诸葛亮之前的糜竺的弟弟，在建安元年就被曹操任命为彭城相，想来此人并非平庸。然而关羽督战荆州时，却瞧不起糜芳与将军傅士仁，从而结下怨恨。襄阳争夺战吃紧时，糜芳、傅士仁只出军资，但不肯出兵。此时关羽尚不自责，反而威胁说："等我回去收拾他们！"这无异于为渊驱鱼、为林逐雀。畏惧不安中，二人率南郡将士投降了孙权，把关羽侧翼暴露在吴军面前。刘封、孟达同样如此，当关羽求救时，他们均以西三郡初附、人心难测、无力发兵为由婉拒了。这样一来，本应遥相呼应、互为犄角的组合被拆散，关羽只能跳独脚舞。以关羽孤旅，即使是作战有方，也难以支持旷日持久的攻坚战。关羽一生确曾打败过许多名将，仅史书记载的就有：斩颜良解白马之围，水淹七军擒于禁，斩庞德等。后世尽力渲染其个人战功，使他成为中国的战神，但其只能是个人英雄主义的典型，注定是悲剧式的、希腊神话式的英雄。

此外，关羽还刚愎自用，他作为荆州统帅出兵襄阳之际，谋士王甫认为他用人不当,关羽固执己见,结果败走麦城。连他自己都表示出对错误用人的后悔,追悔莫及道:"吾悔昔日不用公言!今日危急,将复何如?"

【延伸阅读】

关羽葬于何处

219年冬,关羽失荆州。据《三国志》记载,关羽败走麦城,被东吴都督吕蒙擒获并斩首,"权送羽首于曹公",企图嫁祸给曹操。

曹操收到关羽首级后,令人制作了假身,以王侯之礼,将关羽首级葬在洛阳关林。关羽后来被历朝历代君王册封,最终在清朝被封为关圣大帝。关林有明代的石雕、木雕以及乾隆的御笔"声灵于铄"。

曹操将关羽厚葬之后,孙权自然也不敢怠慢,将关羽的身体以王侯之礼安葬当阳县,为汉义勇武安王祠,1536年,被扩建成为园陵建筑群,将其命名为"关陵"。

因此民间盛传:关羽头枕洛阳,身卧当阳,魂归山西。

八、旷世才子杨修的悲剧

【题记】 杨修,三国时期声名显赫的世家子弟,出身显贵,才华横溢。杨修之死,通常被认为与"鸡肋"有关,是他自作聪明,以致招来杀身之祸。杨修被杀悲剧的背后,究竟隐藏着怎样莫测的政治风云呢?

四世三公声望起

杨氏发迹是在楚汉争霸时期。垓下之战中,项羽中了韩信的十面埋伏,在四面楚歌之中败亡乌江。当时刘邦有令,若能取得项羽首级赏千金,封万户侯。项羽自刎后,汉军将士争先恐后争夺项羽遗体。最终,郎中骑杨喜抢得了项羽的一条腿。战争结束后,杨喜被封为赤泉侯,食邑一千九百户。与其他同被封侯的武夫不同,杨氏特别注重子女教育。从汉高祖到汉武帝,不少侯爷因犯罪被剥夺爵位,而杨氏家族却因家教好、行事低调,一直保持着富贵。

汉朝建立百年后,杨氏一族终于出了第一位宰相——杨敞。杨敞是杨喜的曾孙,司马迁的女婿,曾任大司农、御史大夫、丞相,支持霍光废昌邑王刘贺,立刘询为帝。此时的弘农杨氏位在列卿,爵为通侯,乘朱轮者十人,史称"西汉十轮"。后来,杨敞次子杨恽因怨怼被刘询诛杀,杨氏逐渐没落。

西汉末年,杨敞曾孙杨宝作为弘农杨氏的第一个大儒,为弘农杨氏奠定了坚实的家学基础。杨宝之子杨震自幼秉承家学，跟随太常桓郁学习《欧阳尚书》，通晓经术，博览群书，几十年不出仕，只专心探究经学。当时的儒生称其为"关西孔子杨伯起"，可见杨震学识之富、声望之高。

杨震在当时之所以有如此美名，还有一个原因：为官清廉。"四知"的典故，就源于这位"清白吏"。《后汉书·杨震传》记载，杨震前往郡里，路过昌邑时，他从前推举的荆州茂才王密正任昌邑县令。晚上，王密去看望杨震，送上金十斤。杨震说："作为老朋友我了解你，而你为什么不了解我呢？"王密说："现在是深夜，没有人会知道。"杨震说："天知、神知、我知、你知，怎么说没有人知道呢？"王密惭愧地离开了。

东汉中后期，社会矛盾激化，外戚宦官专权，官场日益黑暗。深受儒家思想浸淫的士大夫以澄清天下为己任，标榜节气，以名节自立。杨震作为弘农杨氏第一个太尉，一身正气、刚正不阿、忠于朝廷，坚决同外戚、宦官势力进行斗争，不甘忍受屈辱，饮鸩而死。杨震虽死，但赢得了朝野、士人的普遍赞颂。正是借助杨震的名望，弘农杨氏扬名天下，进入鼎盛时期。

杨震之子杨秉、孙子杨赐、重孙杨彪，都继承了震公遗风，官至太尉，是为东汉"四世三公"。

在东汉中晚期及曹魏时代，弘农杨氏与汝南袁氏，是政治上最为成功的两个世家大族。而且，两家世代联姻。杨修作为杨彪之子、袁术的亲外甥，彼时被看作是"天字第一号"的世家子弟。

士族子弟知心意

在汉末动荡不安的年代，即便是"四世三公"的顶级豪门也只能任人宰割。袁绍、袁术兄弟相继割据一方，称王称帝，若是成功，姻亲关系加上崇高的名望，杨修连带杨氏家族一起飞黄腾达是顺理成章的事情。然而天不遂人愿，袁术、袁绍最终被曹操所灭。

杨修自幼聪明好学，才智出众。一次，孔融来拜访杨修的父亲，杨修给孔融准备了一个果盘，孔融指着其中的杨梅开玩笑说："此君之家果耶？"杨修立刻就顶了回去："未闻孔雀是夫子之家禽。"这一年，杨修刚九岁。连狂生祢衡都夸赞："大儿孔文举，小儿杨德祖。其余的人都碌碌无才，不算什么。"在祢衡看来，人才济济的许都，除了孔融、杨修和他自己，其他诸如荀彧、郭嘉之流，连"人物"都算不上。

曹操执政前期，对士族豪门还能保持礼敬谦和的态度，赤壁之战后，曹操对于士族门阀越来越没有容忍度，二者关系剑拔弩张，一触即发。或许是为了缓和矛盾，或许是为了保全家族，杨彪没有反对儿子杨修为曹操效力。

杨修举孝廉后，被任命为郎中，还没上任，就被曹操任命为军中主簿。杨修博览群书，善于辩论和论道，曾做过月旦评的主讲，为曹操选拔天下仕子，招募有志青年。他办事干练，善于揣度曹操心意，一度深得信任。据记载："是时，军国多事，修总知外内，事皆称意。自魏太子已下，并争与交好。"

此时的杨修才思飞扬，关于他的故事广为流传。

竹片之用。曹操要讨伐袁绍，准备行装时还剩下几十桶竹片，都有几寸长，大家觉得没什么用，要烧掉。曹操觉得很可惜，想到可以用来做竹盾牌，但没有立刻把这个想法说出来，而是派人去问杨修。杨修应声回答，与曹操所想一样。

阔字拆门。汉献帝拜曹操为相后，命工匠们盖一座相府。初具规模后，工匠们请曹操查看。曹操看罢，也不言语，提笔在大门上写了个"活"字，拂袖而去。工匠们如坠五里雾中，不知所措，请杨修指点迷津。杨修只看了一眼，便指着大门上的"活"字说："门里带个'活'，分明是个'阔'字，丞相一定是嫌这扇门太宽了。"工匠们恍然大悟，立刻拆掉重建了一扇门，这才合了曹操的心意。

一盒酥。一次，有人送曹操一盒酥。曹操只吃了一口，因为有事便在盒子上写了"一合酥"后匆匆离去了。杨修看到字，开心地笑笑，便拿起这盒酥，给侍从分吃。曹操回来后，看到一盒酥全部被分吃，追问是何人所为，杨修淡定自若地说："主公赏给下人吃食，为何如此惊讶啊？"曹操不解，杨修指着盒子，"一人一口酥正是您的意思啊！"曹操露出笑容，赞道："德祖果然才思敏捷，聪明过人啊！"

绝妙好辞。有一次，杨修跟从曹操路过曹娥碑。曹操看到碑的背面题写着"黄绢幼妇，外孙齑臼"八个字，对杨修说："你明白它的意思吗？"杨修回答："我明白。"曹操说："你先别说，待我想想。"走出去三十多里，曹操才说："我也知道答案了。"他让杨修写下答案，杨修写道："黄绢，是有颜色的丝，合在一起是'绝'字；幼妇，是少女，合在一起是'妙'字；外孙，是女儿的孩子，合在一起是'好'字；齑臼，是盛辛辣的器物，合在一起是'辤'（辞的异体字），连在一起就是'绝妙好辞'啊。"曹操也写了下来，和杨修的一样，他感叹道："我的才华和你差了三十里啊！"

深陷夺嫡惹杀机

赤壁之战后，曹操、刘备、孙权逐渐形成三分天下的局面，东汉政权已名存实亡。213 年，曹操被封为魏公，216 年被封为魏王，成为北方的实际统治者。立谁为世子，成为众所关注的问题。

据统计，曹操有二十五个儿子。在这些儿子当中，原本有希望接班的是长子曹昂。197 年，曹操征张绣，在贾诩的劝说下，张绣投降了曹操。曹操听说张绣寡居的婶婶很漂亮，便将其纳入行宫。张绣怒发冲冠，杀向曹操。曹操措手不及，狼狈逃窜。曹昂为保护父亲，把战马让与曹操，结果被张绣所杀。曹操还有一个非常喜欢的儿子曹冲，因病早亡。曹冲死后，曹操略带讥讽地对安慰自己的曹丕说："此我之不幸，而汝曹之幸也。""汝曹"中，嫡子曹丕、曹彰和曹植三人最有希望接班。

曹彰性格刚猛，善于作战，为曹操扫平四方立下汗马功劳，但他只想当一名将军。曹操很清楚他要选的接班人是政治家，而不只是军事家。于是，世子人选范围就缩小到了曹植和曹丕之间。

曹植文采飞扬，深得曹操喜爱。210 年，曹操大宴铜雀台，曹植挥笔立就《铜雀台赋》，曹操大为赞赏，从此有了立曹植为嗣的心思。但作为嫡子，曹丕年长于曹植，具有成为世子的先天优势。可以说二人各有千秋，不相上下。

夺嫡之争，一开始曹植风头极盛。曹操征讨孙权，留曹植镇守后方的邺城。临行之际，曹操意味深长地告诫他："吾昔为顿丘令，年二十三。思此时所行，无悔于今。今汝年亦二十三矣，可不勉欤！"言辞之间对曹植寄予厚望。

作为曹植智囊集团的中坚力量，丁仪、丁廙、杨修等人起了不小的作用。丁仪、丁廙兄弟与曹丕素有私怨，起因是曹操有感于丁仪父亲劝自己迎汉献帝的功德，想把女儿嫁给丁仪，因曹丕劝阻说丁仪眼睛不好而作罢，所以丁氏兄弟便怀恨在心，主动站在曹植一边。也许因为杨修是名闻天下的才子，在性情上跟曹植更为合拍，而曹植这个时候"特见宠爱"又主动示好，经过权衡，杨修遂顺水推舟加入曹植一方。

更具文人气质的杨修、曹植所面对的，是一群资深政客。曹丕的智囊是被称为"四友"的司马懿、陈群、吴质、朱铄。其中，吴质为曹丕规划了两条路以完成夺嫡大业："输诚"和"设疑"。

有一次曹操远征，大家都去送行，曹植写了一篇歌功颂德、文采华丽、表达依依不舍之情的文章当众朗诵。大家都很感动，曹操也很欣慰。曹丕一时间怅然若失，这时候吴质悄声对他说："哭就可以了。哭吧！"曹丕马上明白过来，"啪"地跪在地上，痛哭流涕，感动得曹操也流下眼泪。就这样，大家把曹植的锦绣文章忘得一干二净，众人"皆以植辞多华，而诚心不及（曹丕）也"。

吴质如此厉害，自然成了曹植集团重点盯防对象。曹操一向反对皇子私交大臣。有一次，曹丕把吴质装进竹簏用车子偷偷运进府，密谋对付曹植。杨修发现这件事后，向曹操进行了汇报，但此时已经来不及查了。曹丕很害怕，问吴质怎么办，吴质叫他将计就计。第二天，曹丕又让车子载着破竹簏进府，杨修又赶忙向曹操汇报，曹操令人查验，结果发现簏里只是装了些丝绸而已，并没有藏人。曹丕平安度过了危机，而曹操却因此怀疑曹植、杨修陷害曹丕，对杨修的信任大打折扣。

曹操虽然重才，却更重情，所以吴质要曹丕"输诚"；曹操虽然聪明，却更多疑，所以吴质要曹丕"设疑"。相较之下，吴质和杨修高下立见。

杨修善于揣度曹操心思，曾根据曹操近期关注点，替曹植预先想好很多问题，并一一写好答案，让曹植熟记下来。每当曹操询问，曹植都应答如流，希望能在父亲那儿留下"才思敏捷"的好印象。曹操由此起了疑心，心想曹植再聪明也不至于如此，于是派人去查，真相很快大白。由此，曹操对曹植的态度一落千丈，对杨修也厌恶至极。

杨修对曹操心理的揣测失误越来越多。有一次，曹操命曹丕、曹植出城办事，又密令门卫不得放行。杨修猜中曹操必有此安排，便告诉曹植：如果门卫不放行，你身负王命，可以杀了他。结果，曹植出了城，曹丕没出去。但此次曹操的安排，其实是对两兄弟的综合考察，既考察其才能，更考察其德行。表面上，曹植赢、曹丕输，实际上，却在曹操心中留下了曹丕仁厚、曹植残忍的印象。杨修知其一，不知其二，曹植再输一城。

文人和政客的较量很快就落下帷幕。217年，曹操诏令曹丕为世子。其后，有次在曹操出征期间，曹植喝得酩酊大醉，不顾法度，私开司马门，乘车于魏国邺城的驰道中狂奔。司马门是皇宫的外门，为出入宫中的必经途径；驰道，是曹操作为魏王的专用道路。曹植的醉酒与放浪形骸令曹操大怒，结果是"公车令坐死。由是重诸侯科禁，而植宠日衰"。杨修也是司马门事件的参与者之一。当夜曹植饮醉，杨修是陪酒者。曹操认为杨修未能劝诫曹植，罪不可赦。219年，曹植受命救援被关羽围困的曹仁，临行却被曹丕设计灌醉，难以按时出发。在储嗣之争中"败北"之后，曹植永久地失去了"建永世之业，流金石之功"的机会。

鸡肋为由剪羽翼

为彻底消除曹丕继位之后的政治隐患，曹操开始为曹丕布局，诛杀曹植的亲信。

剪除曹植羽翼的过程很有意思。仅仅三个人而已，却动用父子两代的屠刀。杨修死于曹操之手，丁仪兄弟则死于曹丕之手。这中间当然也是有原因的。

196年，献帝新迁许县，大会百官公卿，时为大将军的曹操上殿拜见献帝之时，看见杨彪脸色不悦，竟然不等宴会开始，就托言如厕、逃之夭夭。一代枭雄曹操面对杨彪之时竟然如此狼狈，杨彪气场可见一斑。197年，袁术在淮南称帝，曹操借杨彪和袁术有姻亲关系，罢免了杨彪并将其关进监狱。幸亏孔融、满宠、荀彧等人求情，杨彪总算没有遭到毒手。199年，杨彪被任命为太常，但在205年又被罢免。206年，杨彪的封爵被曹操以"恩泽为侯者皆夺封"为由废除。自此，杨彪认识到曹操代汉是大势所趋，便以健康为由辞官养老。

尽管迫于舆论压力，曹操最后释杨彪而不杀，但从此与弘农杨氏结下深隙。杨修为人聪慧机敏，又有着为曹操所忌讳的家族背景，他陷入丕、植之争中，全身而退几不可能。

219年，曹操亲领大军与刘备战于汉中。曹操生性多疑，一直害怕遭人暗害，常吩咐侍卫们说："我梦中好杀人，我睡着的时候，你们切勿靠近我！"有一次，曹操在帐中睡觉，被子落到了地上，近侍慌忙取被为他覆盖。曹操立即跳起来拔剑把他杀了，然后继续上床睡觉。起来时，他假装吃惊地问："是谁杀了我的侍卫？"大家以实相告。曹操痛哭，命人厚葬。人们都以为曹操真的会梦中杀人，唯有杨修知道他的意图，在侍卫下葬时说："不是丞相在梦中，是你在梦中呀！"曹操听到后更加厌恶杨修。

时值曹操损兵折将、进退维谷，正碰上厨师进鸡汤。曹操见碗中有鸡肋，心中有感，恰逢夏侯惇入帐，禀请夜间口令，便随口答道："鸡肋！鸡肋！"夏侯惇传令众官。

杨修听传"鸡肋"二字，便让随行士兵收拾行装，准备撤兵。有人报告给夏侯惇。夏侯惇大吃一惊，请杨修至帐中问道："您为何收拾行装？"杨修说："从今夜的号令来看，可知魏王不久便要退兵。鸡肋，食之无味，弃之可惜。如今进兵不能胜利，退兵让人耻笑，在这里没有益处，不如早日回去，来日魏王必然班师还朝。因此先行收拾行装，免得临走时慌乱。"夏侯惇感慨道："先生真是明白魏王的心思啊！"于是军营中的诸位将领，纷纷准备打道回府。当天晚上，曹操心烦意乱，不能入睡，独自巡营。看见夏侯惇营内的士兵都在准备行装，曹操大惊，急忙召夏侯惇询问原因。夏侯惇据实以告，曹操大怒。

219年秋，曹操以"泄露言教，交关诸侯"的罪名诛杀杨修。临终之际，杨修感叹："我固自以死之晚矣"，时年四十五岁。

曹操杀了杨修后，见到杨修的父亲杨彪，问他为何看起来如此消瘦。杨彪绵里藏针地回答："我没有金日磾的先见之明，现在还有着老牛舐犊之心啊。"金日磾是汉武帝的宠臣。史书记载，汉武帝爱屋及乌，将金日磾的儿子养在宫中，十分喜爱。但其子不知礼法，用手拥汉武帝的脖子，毫无尊卑之分，长大后又在宫中与宫女嬉戏。这些让金日磾大忌，便杀了儿子，亲自向汉武帝请罪。曹操听后羞愧难当，"为之改容谢之"。

南北朝时期，弘农杨氏弃文从武。其中，在北朝的西魏，杨氏的一支成为"关陇世族"的核心，最后，杨氏后人杨坚夺取皇位，建立隋朝。虽然隋朝国祚短暂，但与"关陇世族"关系密切的李渊（杨坚的妻甥）起兵，建立唐朝。朝廷与"关陇世族"合作，采取联姻等多种方式，继续巩固杨氏家族的地位，如杨玉环就是出自弘农杨氏。唐朝的科举制度虽然打破了门阀士族对于仕途的垄断，但杨氏家族还是先后有十一人拜相、近九十人登科，因此也被称为"十一宰相"世家。

【延伸阅读】

七步成诗

曹操薨，曹丕即位，文武百官都前去吊唁，唯缺临淄侯曹植、萧怀侯曹熊。曹丕得知后大怒，欲加罪于两位弟弟。曹熊闻讯自缢身死，唯曹植受擒。

曹丕母卞氏听说曹植被擒，忙到曹丕处求情，希望他能放过弟弟。曹丕就对曹植说："吾与汝情虽兄弟，义属君臣，汝安敢恃才蔑礼？昔先君在日，汝常以文章夸示于人，吾深疑汝必用他人代笔。"于是命曹植行七步赋诗一首，若果能，则免一死；若不能，则从重治罪，决不姑恕！

曹植当下应允，又乞题目。曹丕便说以兄弟为题，但不许出现"兄弟"字样。曹植当下口占一绝："煮豆燃豆萁，豆在釜中泣，本是同根生，相煎何太急！"曹丕被诗意感动，潸然泪下，便放过了曹植，只将他迁为安乡侯。

九、谁开凿了京杭大运河

【题记】京杭大运河全长一千七百一十公里，是世界上最长、最古老的运河。它与长城齐名，是我国古代最伟大的工程之一，2014年被列入《世界遗产名录》。它地跨六省市，连接五大水系，是古代中国南北交通的大动脉。时至今日，京杭大运河仍发挥着重要作用。那么，是谁开凿了大运河？它为什么与封建王朝的兴衰休戚相关呢？

运河史诗阖闾先

运河，是人工挖成的可以通航的河流。世界上现存开凿最早的运河，是中国的胥河（又称胥江），开凿于公元前506年。胥河相比于欧洲最早的运河——1832年瑞典开凿的果达河，要早两千多年。据清光绪《高淳县志》记载："胥河，吴王阖闾伐楚，伍员开之。"伍员就是伍子胥，此河因他而得名。

公元前522年，楚平王听信谗言，冤杀了太傅伍奢和他的大儿子伍尚。伍奢的小儿子伍子胥逃往吴国，发誓报仇。当时吴楚为敌，伍子胥劝说吴王僚出兵伐楚，遭到拒绝。吴王僚的堂弟阖闾找到伍子胥说："如果你能帮我登上吴国王位，我就帮你报仇。"于是伍子胥向阖闾推荐了刺客专诸。公元前515年的一天，阖闾宴请堂兄僚，专诸把一柄短剑藏在鱼腹内，趁上菜之机刺杀了僚，阖闾随后当上了吴王。这就是历史上著名的"专诸刺王僚"。

吴王阖闾雄才伟略，早就有打败楚国、称霸中原的志向，他立即兑现承诺，命伍子胥着手准备伐楚。为方便运兵，公元前506年，伍子胥开凿胥河，沟通了太湖与长江，全长约三十一公里，大大缩减了吴国经由长江进入楚地的距离。同年，楚国攻打蔡国，阖闾以救蔡为名，和伍子胥、孙武率三万吴军乘船出胥河入长江，经巢湖溯淮水而上。快到蔡国时，吴军突然弃舟登岸，突入楚国腹地，十余天内五战五捷，击溃二十万楚军，一举攻克郢都，楚昭王逃走。伍子胥把楚平王的尸体从坟墓里挖出来，鞭尸三百，并砍下他的头，报了父兄之仇。经此一战，吴军威震天下，运河巨大的军事价值显露无遗。

阖闾死后，夫差继位，图谋中原。吴国的优势是水师，但都驻扎在长江，要想称霸中原，战船必须进入黄河。要达到这一目的，必须沟通长江与黄河。

公元前486年，夫差下令开凿邗沟以通江淮。吴国的工程师们巧妙利用江淮之间湖泊密布的自然条件，把沿途湖泊连接起来，大大节省了工程量。邗沟开通后，吴军战船从长江出发，顺邗沟下淮河，再沿淮河支流泗水北上，可直达逐鹿中原的桥头堡彭城。

公元前484年，夫差率吴鲁联军在艾陵（今山东莱芜东南）全歼十万齐军，震惊中原。他下令开凿菏水，沟通泗水和黄河的支流济水。在夫差的雄心下，长江和黄河这两条中华民族的母亲河，首次实现了沟通。

公元前482年，夫差率三万士气正旺的精锐吴军乘船溯济水，直抵中原腹地黄池（今河南封丘），与晋定公会盟。会盟尚未开始，越王勾践趁吴国空虚攻入姑苏，杀死太子友。夫差担心消息泄露，连杀七名报信的吴兵。为震慑会盟诸侯，争得"霸主"之位，夫差把三万精兵列成三个方阵，中间的方阵白盔白甲白旗，"望之如荼"；左边的方阵红盔红甲红旗，"望之如火"；右边的方阵黑衣黑甲黑旗，深不可测，成语"如火如荼"由此而来。晋定公被吴军的气势所慑，承认了吴国的盟主地位，夫差如愿以偿。

但连年的征战透支了吴国的国力，公元前473年，吴王夫差被曾经的手下败将勾践打败，落了个身死国灭的下场。

功过是非烽火湮

胥河、邗沟的成功开凿，使运河巨大的经济、军事价值被各诸侯国所认可，他们纷纷仿效，开凿了大量运河，其中最著名的是鸿沟和灵渠。鸿沟是魏惠王于公元前361年开凿的，北起黄河，过郑州、开封，从淮阳入淮河支流颍水，形成覆盖黄淮平原的水运交通网。鸿沟开凿后，魏国国力迅速增强。

公元前221年，秦始皇吞并六国，将目光投向岭南百越。他开凿灵渠，沟通长江支流湘江和珠江支流漓江，从此黄、淮、江、珠四大水系皆有运河相连。有了灵渠，军粮得以源源不断地运入岭南，五十万秦军携扫灭六国之威，一举征服今福建、广东、广西，以及今越南北部等地，"百越之君挽首系颈，委命下吏"，大秦帝国的版图因此扩大了一倍。

秦末，汉高祖刘邦打败楚霸王项羽，建都长安，史称西汉。从此，"河渭漕挽天下，西给京师"。由于渭水流浅沙多，河多曲折，船行不便，公元前129年，汉武帝发卒数十万开关中漕渠，岁运四百万石粮以上，京师因此足食，人口过百万，成为当时世界上最繁华的大都市。

东汉定都洛阳，汉光武帝刘秀开阳渠，使山东漕船由黄入济，直抵洛阳。到汉明帝刘庄时，黄河、汴渠自西汉时期决坏，水患已持续了六十余年。汉明帝派王景治河，又开浚仪渠，成为沟通黄淮的骨干水道，此后，黄河八百年不曾改道。

三国时期，曹操在华北平原开凿了六条运河，其中最有名的白沟，沟通了淇水和洹水。204年，曹操率大军北上伐袁，顺洹水直抵袁氏都城邺城之下，围城六月而破之，俘虏袁绍的妻子和一代美女甄宓。曹操把邺城作为都城，凿利漕渠连通白沟与漳水，继续向北辐射，为统一北方迈进了一大步。南方的孙权如法炮制，开江南运河，沟通了长江和钱塘江，从而能更好地调动江南物资，以便和曹魏抗衡。两个一生死敌可能都想不到，他们正在齐心协力做着同一件事情：为隋唐大运河奠基。

584年，隋文帝杨坚下令重开漕渠。587年，为南下伐陈，杨坚又下令重开已完全淤塞的邗沟（当时叫山阳渎）。589年，隋军大举南下，灭掉陈朝，统一了中国，结束了自东汉末年以来长达四百年的分裂局面。

604年，隋炀帝杨广即位，迁都洛阳。隋炀帝是个风流才子，写得一手好诗文，又精通音乐，以放纵奢靡闻名。他好大喜功，一心想开创前无古人的宏伟基业，便决定在秦皇汉武、光武魏武所开运河的基础上，开凿一条贯通南北的大运河。

605年，隋炀帝"发河南诸郡男女百余万"开挖通济渠，即大运河洛阳至淮安段，长约两千里。通济渠充分利用了旧有运河和自然河道，但因要通行体型巨大的龙舟，需挖得很深，因此比起历史上的所有运河，工程都空前浩大而艰巨。杨广要求的工期却极短，三月动工，八月就全部竣工了，创造了人类开凿运河的奇迹。然而，这一奇迹的背后，却是数十万河工的累累尸骨。监督挖河的官吏害怕误期，无不严酷暴虐，"役丁死者什四五"，运载尸体的车辆，"东至城皋，北至河阳，相望于道"。

通济渠开通后，隋炀帝立刻从洛阳登舟，南巡扬州，随行人员多达二十万，各类船只五千多艘。绵延二百余里的船队在八万名士兵的牵引下，由西苑经过谷水、洛水入黄河，再转入汴水，经泗水入淮水，再经邗沟至扬州。为方便隋炀帝中途歇息玩乐，运河两岸修筑了宽阔的御道，种上柳树，一路建行宫四十多处。隋炀帝乘坐的龙舟长二百尺，宽四十五尺，高四十五尺，共有四层：上层是正殿、内殿与东西朝堂；中间两层是百官办公的场所；下层供宦官居住。整座龙舟金碧辉煌，就是一座水上宫殿。陪同南游的萧皇后的坐船虽然比龙舟小些，但装饰得与龙舟一样豪华气派。另外还有九艘名叫"浮景"的大船，高三层，分置花鸟虫鱼，供隋炀帝和后宫嫔妃观赏，是名副其实"浮动的风景"。庞大的船队华光异彩，蔚为壮观。到了晚上，船上灯火辉煌，从远处看灿若星河。河两岸还有众多护驾的骑兵，旌旗飘扬，布满原野，场面之大，实属罕见。

隋炀帝令沿河五百里以内的州县供应食物，献食丰饶者，加官晋爵；怠慢圣驾者，问罪杀头。于是沿途州县莫不穷极供给，竞相进献美味佳肴，有的州县进献的食物装满上百辆大车。食物太多吃不完，便就地埋掉。隋炀帝一路悠悠行进，纵情享乐，历时三个月，终于在冬天到达扬州。次年春，隋炀帝才自扬州返回洛阳。

隋炀帝开凿大运河，当然不仅是为了游玩。他一直"慨然慕秦皇汉武之事"，即位之初就西巡河右，攻破吐谷浑，拓地数千里。随后，他又把目标锁定东北割据政权高句丽。608年，隋炀帝诏发河北诸郡男女百余万开永济渠，即大运河洛阳至北京段，渠宽一百七十尺，深二丈四尺，长约两千里，当年即成。至此，大运河全线贯通，以洛阳为中心，南起杭州，北达北京，呈"V"字形，全长四千余里。611年，隋炀帝乘龙舟自扬州沿运河北上，仅用了五十多天就抵达北京，可见大运河航运之便捷。

612年至614年，隋炀帝举全国之力三次征伐高句丽，但损失惨重，寸土未得。其中仅第一次征高句丽就投入士兵一百一十三万，民夫约三百万，士兵损失数十万。常年征战加上开凿大运河、修筑长城死去的民工，全国壮丁锐减数百万，大量土地荒芜，社会经济受到严重破坏，百姓被逼到了死亡的边缘，最终引发了隋末农民大起义。

但是，隋炀帝的荒淫腐朽却日甚一日。他嫌晚上挑灯夜游太没情趣，于是叫人捕捉萤火虫，夜里游山时放出来，亮如白昼。不过，他也知道当时民怨沸腾，心里充满了恐惧。一天，大业殿起火，隋炀帝以为有人造反，赶忙逃往西苑，藏在草丛中，直到火灭了才回来。夜里睡觉，也时常惊醒，必须由几个宫女摇抚才能入睡。

616年，中原大地已经烽火遍地，隋炀帝决定到南方避一避，于是坐上龙舟开始了第三次扬州之行。有人上表劝谏，隋炀帝盛怒之下，把他们都杀了。到了扬州，他命扬州总管王世充选江淮美女送到宫中，每日纵情声色。一天，隋炀帝对着镜子说："这么好的一个脑袋，不知谁会把他砍下来。"萧皇后听了脸色大变，忙问："为什么说这样不吉利的话？"隋炀帝笑道："贵贱苦乐，互相更替，这有什么可伤感的！"

618年4月11日，右屯卫将军宇文化及发动兵变，用绸布将隋炀帝勒死，其儿孙无一幸免。

大唐盛世倚河安

隋炀帝开凿的大运河虽然没有给隋朝开辟万世基业，却给后世带去了绵绵福祉。隋亡之后，中国迎来了封建社会的盛世——唐朝。

唐朝的疆域最广时约为一千二百三十万平方公里。当时世界上，只有阿拉伯帝国能与之匹敌。这些成就，主要依靠大唐的强大国力。而大唐的经济实力，得益于大运河。

贯通南北的大运河，以其强大的通行和辐射能力极大地降低了国家的运行成本，增强了唐朝的国力。国力的增强，使唐朝能够拿出更多的财力投入运河建设。唐朝四疏汴渠，五浚邗沟，三治江南运河，二凿丹灞水道，三治褒斜道，疏浚嘉陵江，整修灵渠，治理汾水。全国各地的联结因此更为紧密，商品流通更加便利，经济社会更加繁荣稳定，缔造了大唐帝国贞观至开元持续长达一百多年的盛世。杜甫在《忆昔》中颂道："忆昔开元全盛日，小邑犹藏万家室。稻米流脂粟米白，公私仓廪俱丰实。九州道路无豺虎，远行不劳吉日出。齐纨鲁缟车班班，男耕女桑不相失。宫中圣人奏云门，天下朋友皆胶漆。百馀年间未灾变，叔孙礼乐萧何律。"

随着关中和长安人口的急剧增加，粮食和物资供应的压力与日俱增。当时，作为隋唐大运河西部终点的洛阳，是关中粮食物资的总供应站。从洛阳到长安有三百七十多公里，由于黄河三门峡段水流湍急，这段距离中有大约一百五十公里需要陆上周转。虽然相比于杭州到洛阳的一千公里水路距离不值一提，但费用却占了全部运输费用的一半以上。这也使长安的生活成本居高不下，以至于著名诗人顾况见到初入京师的白居易时，开起了"米价方贵，居亦不易"的玩笑。

米贵尚可容忍，经常断供才是大问题。唐高宗和武则天执政时期，两人经常带着文武百官和后宫眷属前往洛阳"就食"，原因就是从洛阳到长安这段的陆路运输能力始终难以满足长安的需要。为了吃饱饭，皇帝大臣只能去洛阳

"化缘"。武则天执政后，索性定都洛阳，直接免去了三天两头断粮的烦恼。

因为粮食供应问题，唐玄宗在开元五年后的二十年间，带着文武百官在洛阳和长安之间来回迁都十次，平均每两年就要折腾一次。后来，宰相裴耀卿想出了"逐站转运法"，才解决了长安的供应问题。天宝年间，洛阳储存的粮食占到了全国一半，这些粮食都是用船运来的。

755 年，"安史之乱"爆发。不少文士纷纷逃到江浙一带避乱。一个秋天的夜晚，诗人张继泊舟苏州城外的枫桥。大运河两岸秋夜的景色，给诗人平添几分愁绪。他写下了意境幽远的《枫桥夜泊》："月落乌啼霜满天，江枫渔火对愁眠。姑苏城外寒山寺，夜半钟声到客船。"一千多年后，相同的景色又引发了台湾诗人余光中的乡愁："长大后，乡愁是一张窄窄的船票，我在这头，新娘在那头。后来啊，乡愁是一方矮矮的坟墓，我在外头，母亲在里头。"余光中的家乡正在运河边的常州。

"安史之乱"后的唐王朝，民生凋敝，关中仓廪已空，甚至皇室也无隔夜之粮。786 年，长安存粮已尽，南方漕粮未至，朝野一片恐慌。身处皇宫的唐德宗像热锅上的蚂蚁——他也饿着肚子。禁军甚至放出话来，吃不上饭就要哗变，急得皇帝和太子相拥而泣。山穷水尽之际，皇帝接到奏报：东南漕粮三万斛到了陕州。皇帝欣喜若狂，竟然抛开仪仗，一溜烟跑到东宫对太子大呼："米已至陕，吾父子得生矣！"六军将士得知这一情况，"皆呼万岁"。史载，那一年新麦成熟后，有余粮可以酿酒，街头出现醉酒之人居然被当成祥瑞。

这种状况终究不能持久。因国力衰落，无力重修河道，开元年间疏浚的众多漕渠，到了唐末尽成污泽。大唐盛世如同运河的风光，一去不返。

截弯取直泽千年

汴京地处平原，无险可守，历来不是王霸之地。大宋开国皇帝赵匡胤之所以选择此地而不是声名赫赫的洛阳作为国都，一个重要原因就是通济渠汴京至洛阳段严重淤塞，物资供应难以西行。

北宋的疆域约二百八十万平方公里，只及盛唐的四分之一，但凭着发达的生产力和半条运河之利，同样创造了世人瞩目的繁华。著名的《清明上河图》描绘的就是汴河两岸的盛景，被誉为千古名作。

然而，和荒淫的隋炀帝一样，宋徽宗也充分发掘了通济渠的享乐功能。随着一船船花石纲从江南送到东京，民怨沸腾，终于爆发了方腊起义，为北宋王朝敲响了丧钟。1127年，宋徽宗、宋钦宗父子在"靖康之耻"中黯然系颈北去。宋高宗赵构则偏安东南继续苟且，淮河以北，尽为金人所有，大运河除了江南的一小段，几乎都被金人控制。为防止金兵乘船南下，宋军南撤时将通济渠上的各种设施一应毁坏。

1194年，黄河在阳武（今河南原阳）决口，夺泗入淮，进而夺淮入海。金统治者听任黄河泛滥，以贻祸南宋，通济渠逐渐淤塞为陆地。南宋政权仿效当年割据江东的吴国，加强了江南运河的建设，从而得以集东南之力，与北方强悍的游牧民族对峙百年，其中仅对抗横扫欧亚大陆的蒙古铁骑就长达四十二年。

这一时期，南宋对外贸易突飞猛进，贸易量远超以往。海运而不是古老的内陆河运，首次成为同外界联系的主要途径。

元朝定都大都后，南粮北运、南货北输成为迫切需要。然而隋唐大运河经过的中原地区，由于多年战乱，早已残破不堪，运河也已严重淤塞。于是，元朝花了十年时间，在隋唐大运河的基础上截弯取直，由淮安经徐州北上，穿过山东、天津直达大都，不再绕道洛阳，比原来缩短了近八百公里。这就是如今的"京杭大运河"。

大运河取直后，最后的"瓶颈"就是通州到大都。在当时，堪称世界级难题，多年未能解决。北运的粮食只能在通州卸货，沿陆路运到大都，如遇雨季，道路泥泞，"驴畜死者不可胜计"，运输成本飙升且损耗极大。

1292年，著名水利专家郭守敬经过二十年的反复勘察测量，终于找到了解决的办法。他创造性地提出了"海拔"的概念，通过一系列科学的设计，提出了开河方案。忽必烈对此极为重视，命丞相以下的朝臣全体"亲操畚锸"，到开河工地举行盛大典礼，并钦赐河名"通惠河"。第二年，通惠河通航,从此,漕船可由杭州直达今北京城内的积水潭。由于郭守敬决定性的贡献,他被称为"京杭大运河总设计师"。其对"海拔"的认识,比德国数学家高斯要早五百六十年。

京杭大运河的贯通,奠定了北京此后七百多年中国政治中心的地位,也带动了临清、德州、沧州、天津等运河沿岸城市的崛起。与此同时,随着通济渠和永济渠的永久废弃,西安、洛阳和开封这些历史上最著名的古都,再也不复往日的辉煌。

见证历史兴亡伴

元朝时,大都成为世界上最繁华的都市,酒肆、茶楼、妓寮林立,灯红酒绿,夜夜笙歌。伴随着大运河的漕运,大运河沿岸兴起了二十二座繁华都市。元代黄文仲曾写过《大都赋》形容当时大都商业之盛:"华区锦市,聚四海之珍异,歌棚舞榭,造九州之秾芬。"元朝的繁荣景象,随着《马可·波罗游记》传入欧洲,引起巨大的轰动。东方的中国,成为当时无数欧洲商人和探险家们向往的天堂。

然而,元朝统治者的贪婪和残暴,使大运河变成了一根插在人民身上巨大的吸血管,敲骨吸髓的统治让人民奄奄一息,注定了元朝的繁华只是昙花一现。1344年5月,黄河暴溢,元朝当局竟在长达七年的时间内任其泛滥。沿河州郡遭遇水灾后,又遭旱灾、瘟疫,百姓死者过半。随着韩山童、刘福通的振臂一呼,元朝的腐朽统治很快就被淹没在红巾军起义的滚滚洪流中。

1400年,燕王朱棣率军在今北京东南的子牙河、潞水、卫水交汇处渡水南下,与侄儿朱允炆争夺天下。朱棣登基后,此处便被称为"天子渡津处"。1404年,朱棣下令在此地筑城浚池,赐名"天津"。后又在天津设了三个卫,始称"天津卫"。明朝正德年间,这片曾经的荒凉草泽之乡,雁栖狼行之地,已发展成繁忙的河运海港重镇。"粮艘商舶,鱼贯而进,殆无虚日"。城内店铺林立,货积如山,商贸兴旺。

1411年，朱棣下令重新开挖长期淤塞的会通河，使京杭大运河再次实现全线贯通，为迁都北京做准备。1421年的大年初一，大明王朝正式迁都北京。此后，明朝财政收入的半壁江山都仰赖这条运河，"京师控天下，上游朝祭之需、官之禄、主之廪、兵之饷，咸于漕平取给"。

1452年，黄河决堤，朝廷先后派出多位官员前去治理，均无功而返。大臣一致举荐前朝内阁首辅、水利专家、"土木堡之变"时力主迁都的徐有贞。明代宗任命徐有贞为左佥都御史，命他治理黄河。徐有贞挖广济渠，建立水闸等，平定了水祸，解决了漕船过黄难题。明代宗对他大加赞赏，升他为左副都御史。

到了清代，大运河的作用更加突出，粮食和物资运量一度占到全国的四分之三以上。位于板闸镇的淮安榷关，常关税居全国首位，有"天下第一关"之誉。康熙六次南巡，五次都与治河有关；乾隆六下江南，每次都要经过京杭大运河。清朝用于运河、黄河治理和漕运管理的费用，高达财政收入的十分之一。巨大的投入换来巨大的回报，清王朝因此有了长达一百多年的康乾盛世。

1793年，跟随马戛尔尼使团来到中国的英国外交官约翰·巴罗，面对大运河发出慨叹："大运河，是世界历史上绝无仅有的内陆大航道！我可以肯定，论大小，我们英国最长的内陆航道与这条横越中国的大干线相比较，犹如花园鱼池之于威南德麦尔大湖。"

在侵略者看来，被清政府视为命脉的大运河同时也是最大的软肋。第一次鸦片战争期间，英军炮轰广州，攻陷定海、宁波，此时，清政府尚能坚持抵抗，但当英军攻陷镇江，阻断大运河漕运后，清政府如同被扼住咽喉一般顿时瘫软下来，慌不迭地停战妥协。英国驻上海领事阿礼国曾在书信里写道："我们开一支小小的舰队到运河口去就可以达到目的了。这种要挟手段比毁灭二十个沿海或边疆上的城市还要有效。"

1853年3月，太平军攻占南京，截断了漕运。清政府不得不同意曾国藩、左宗棠、李鸿章等汉臣组建地方武装对付太平军，清廷对全国的统治开始分崩离析。1855年，黄河在河南决口，在山东境内夺大清河入海，大运河全线断航。积贫积弱的清政府直到灭亡也没能进行疏浚。

1869年秋，随着一声汽笛长鸣，左宗棠旗下福州船政局建造的第一艘国产轮船"万年清号"，从福州抵达天津港，宣布了中国海运时代的到来。1904年，清政府取消了漕运总督，漕运历史就此终结。1911年，津浦铁路通车，宣告了中国铁路时代的到来。

回顾中国历史，大运河的兴衰总是与王朝的命运休戚与共。毛泽东说："中国统一，为河与外族进攻二事。"自隋唐大运河开通后，中国再也没有像在汉朝崩溃后那样，经历长达数世纪的分裂与混乱。即便在唐、宋之际曾经出现五代十国，也仅仅持续了几十年，国家便重新走向了统一。

唐朝诗人皮日休曾作《汴河怀古》评价大运河的作用："尽道隋亡为此河，至今千里赖通波。若无水殿龙舟事，共禹论功不较多。"这首诗放到一千多年后看，仍堪称卓识鸿议。

新中国成立前，全国只有二十多座大中型水库。新中国成立后，中国共产党领导全国人民大搞水利建设，截止到2017年，全国建成各类水库九万多座，总库容量九千多亿立方米，均居世界第一。中国人民有效治理了长江、黄河、淮河和海河，重新疏通了大运河，使这条千年国脉重新焕发出勃勃生机。2018年，大运河货运量六亿吨，是东部沿海最繁忙的铁路——京沪铁路货运量的十三倍，仍然是名副其实的黄金水道。同时，作为南水北调东线工程的主要输水线路，大运河将继续造福沿岸百姓。

2014年6月22日，京杭大运河申遗成功，成为中国第四十六个世界遗产项目。正如申遗文本陈述的那样："今天的运河沉静而平稳，让人难以想象历史上的惊心动魄，然而每一股细流都无声诉说着中国古人世代的勇气、决心、智慧与牺牲。"

【延伸阅读】

郑国渠

公元前246年，嬴政登基，各国都派使臣来贺。韩国的使团中，有一位叫郑国的水利专家。郑国见到了秦国当时的主政者吕不韦，向他游说在泾水和洛水间穿凿一条大型灌溉渠道，有利于发展农业。吕不韦希望做几件大事来彰显治国才能，巩固政治地位，于是同意了这项建议。

谁知修筑期间，密探来报说，修筑水渠乃韩为了延缓秦的进攻而使的"疲秦之计"。秦王听了大怒，要杀郑国，并驱逐秦地居住的六国人士。危急中，郑国对秦王说："当初韩王的确是让我来当间谍的，但水渠修成不过为韩延数岁之命，为秦却建万世之功……"秦王被其说服，不计前嫌，"卒使就渠"，并允诺："水渠一旦修好，就以你郑国的名字命名。"

郑国渠修好后，有效灌溉盐碱地四万多顷，并大幅提高了单产，使得关中一带愈加富饶，郑国渠被称为"天下第一渠"。当初的"疲秦之计"变成"强秦之策"。郑国渠建成十五年后，秦灭六国，实现统一。郑国渠首开引泾灌溉之先河，对后世产生了深远影响。2016年11月8日，郑国渠被列入世界灌溉工程遗产名录。

十、白居易何以成为背锅侠

【题记】 白居易是唐代伟大诗人,有"诗王"之称。他的诗歌题材广泛,形式多样,语言通俗易懂,对后世影响颇深,尤其是《长恨歌》《琵琶行》等流传甚广。世人皆知白居易是名震文坛的大家,殊不知他还是个天生的痴情种,也是个爱好风花雪月的风流情圣!

蜚声中外有大成

白居易自幼聪颖,颇具天才特质。他半岁左右时,乳母指着"之"和"无"两个字逗他玩,他竟然就此记住。以后,每逢有人拿这两个字来考还不会说话的白居易,他都能认出来。白居易不仅天赋异禀,而且后天异常勤奋,经常白天作赋,晚上练字,中间还抽空写诗。

白居易的天赋和勤奋获得了丰厚的回报。十六岁时,他已经写出不少传世佳作,其中最有名的是五言律诗《赋得古原草送别》,从题目"赋得"二字看,这是一首应试时的随笔之作,由此可见白居易才思敏捷。二十七岁那年,白居易初到长安,拿着诗去拜见文坛大咖顾况。顾况看着他的名字,便开玩笑说:"居易,居易,长安米贵,居之不易啊。"言外之意,年轻人啊,想要在长安生存可是不容易啊!但当读到"野火烧不尽,春风吹又生"时,顾况颇为震惊,大声叫好:"有句如此,居天下亦不难。"得到顾况的认可,白居易声名鹊起。

二十九岁那年,白居易以第四名高中进士,在同时考中的十七人中最为年轻。金榜题名、意气风发的白居易,随即在大雁塔上写下:"慈恩塔下题名处,十七人中最少年。"真是少年得志,文采飞扬!

白居易一生诗作颇丰,广为传诵。唐朝流行文身,一个超级"粉丝"竟然身上文满白居易的诗句,经常在街头袒胸露臂,放声高歌,简直就是一方行走的白居易诗贴。连歌妓也以会诵白诗为傲,抬高出场费且理直气壮:"吾诵得白居士《长恨歌》,岂同他妓哉?"可见白居易的诗多么受民众欢迎!

白居易的诗歌不仅在国内享有盛名,在新罗(又称鸡林国)和日本等国也颇有影响。据说,新罗宰相以每首诗一百两银子的高价向商人收购白居易的诗篇,商人普遍感叹拉一船货还不如带一本白居易诗卷!"诗入鸡林"即源于此,成为赞誉作品流传广泛、价值高昂的代名词。白居易的诗一经传入日本,立即刮起了一阵"白氏旋风"。当时在日本凡谈及汉诗文者,言必称白氏文集。和白居易同时代的嵯峨天皇考查臣子学问的方法就是故意把白居易的诗念错,若臣子能加以纠正就证明他学问好。

白居易的诗作之所以能够在国内外如此流行,是因为他懂得走"群众路线",正所谓得群众者得天下!据说,他在诗成之后会先读给身边不识字的老妇人听,如果有不理解或者听不懂的地方,便会仔细修改,直到老妇人都能理解为止。白居易去世后,唐宣宗李忱写诗悼念:"缀玉联珠六十年,谁教冥路作诗仙?浮云不系名居易,造化无为字乐天。童子解吟长恨曲,胡儿能唱琵琶篇。文章已满行人耳,一度思卿一怆然。"

棒打鸳鸯初恋空

十一岁那年,白居易跟随母亲移居符离。在这里,他认识了一个小四岁名叫湘灵的女孩。此后,两人朝夕相处,一同成长。待到情窦初开时,两人自然开始了初恋。"娉娉十五胜天仙,白日姮娥早地莲。何处闲教鹦鹉语,碧纱窗下绣床前。"这首《邻女》就是白居易写给十五岁湘灵的情书。

可惜,他们之间感情发生变化的那一刻,也意味着一段悲剧的开启。唐代非常看重门第,婚姻讲究门当户对,超越门第和身份的爱情大都会被阻挡在婚姻的大门之外。白居易出身书香门第的官宦之家,而湘灵的父亲只是一个算命先生。爱一个人是藏不住的,白居易的母亲很快就觉察出了异样,有着很深门户之见的白母开始棒打鸳鸯。

793年,白母心生一计,将白居易送到在襄阳任职的白父那里。与湘灵青梅竹马的感情,让白居易依依不舍。离开符离后,白居易写过多首思念湘灵的诗,尤其是"愿作深山木,枝枝连理生"充满对恋人深深的相思之情,也流露出对未来的美好期许。

一年后,白父卒于襄阳任上,白居易回到符离守丧三年。别后相见,这对恋人感情更笃,以为白母之所以横加阻拦,只是因为担心白居易沉湎于儿女情长,误了科举功名。于是,白居易废寝忘食,疯狂苦读,以期金榜题名时亦能迎来洞房花烛夜。

功夫不负有心人。798年,二十七岁的白居易前往长安,两年后高中进士。白居易专程回到符离,向母亲表达了娶湘灵为妻的意愿。而白母则认为,此时的白居易已是进士,怎能娶一个村姑呢?

然而,白居易并没有死心。三十三岁时,白居易任秘书省校书郎,需迁家长安。他回家再次请求母亲允许他和湘灵结婚,一起前往京城。但门户观念大于一切的白母并没有因为儿子已是大龄单身男而松口,不但再次无情地拒绝了他,更是在离别时都不允许他们见一面。

母命难违,白居易很伤心,他用此生不再结婚来反抗母亲。后来他又写过多首思念湘灵的诗,这些诗与之前的不同,更多的是绝望之情,是再不能相见的怅惘和落寞。若非白母,也许我们看到的会是另外一个白居易。但或许正是这段亲身经历,才为他创作《长恨歌》奠定了基础。

直到三十七岁,在母亲以死相逼下,白居易才娶了同僚的妹妹。三年后,白母辞世,阻断白居易和湘灵的那堵墙终于消失了,但他们再也回不到从前了。据说，白居易四十四岁被贬江州时，偶遇正在漂泊的湘灵父女，彼时白居易身边已有妻子，而四十岁的湘灵尚未嫁人。曾经两地相思，后来相忘江湖，今日故人相逢，自然满心悲痛，物是人非事事休，欲语泪先流。白居易有感而发写下了《逢旧》："我梳白发添新恨，君扫青蛾减旧容。应被傍人怪惆怅，少年离别老相逢。"由此可见，白居易从未忘记初恋，心中永远有她的位置！

白居易在诗里再次用了"恨"字，他在恨什么呢？是恨造化弄人，让相爱却不能在一起的他们相逢？还是恨母亲的门户之见，拆散了本该属于他们的好姻缘？或许只有白居易自己知道了。

长恨歌出天下名

806 年，时值深秋，露重霜浓。盩厔（今陕西周至）县衙旁的一幢民居内，县尉白居易正在昏黄摇曳的烛光下品读李杜诗作。李杜诗作留给大唐的是一座座难以逾越的高峰，后人唯有高山仰止。白居易是个有追求的人，每次翻阅李杜诗作，心中总有一个声音在回响：浪漫主义早被李白写尽，现实主义杜甫也已封神，自己怎样才能写出超越李杜的诗呢？

翌日，白居易照常去上班。尽管他人在县衙，心却还在诗海，一直冥思苦想到底什么样的诗歌能够一鸣惊人？一筹莫展之际，好友陈鸿发出邀请："明天去仙游寺否？"白居易心想出去走走也好，说不定还能激发点创作灵感。

次日，天高云淡，秋风飒爽。文人诗友聚在一起，除了游山玩水，当然就是畅谈古今了。聊着聊着，话题就转到了五十年前的安史之乱以及唐玄宗和杨贵妃的爱情故事。这并非偶然，因为盩厔离贵妃喋血的马嵬坡只有五十里，当地有诸多唐玄宗和杨贵妃的爱情传说……

唏嘘感慨间，同行好友王质夫激动地说："哎呀，这是个多好的题材啊！白兄你诗技超群，又是个痴情种子，这个题材很适合你啊！你还是写写吧，如无大手笔加工润色，这个爱情故事就会随着时间的推移而湮没了。"

闻听此语，一瞬间，白居易如梦初醒："对啊，李白写张扬自我的浪漫诗篇，杜甫写忧国忧民的现实力作，那我就写荡气回肠的爱情颂歌！"

千古名作《长恨歌》就此诞生。它曲折婉转，缠绵悱恻，讲述了一个动人的爱情故事：既有对唐玄宗荒淫好色、疏于治国的含蓄批判；也有对杨贵妃天生丽质、倾国倾城的经典刻画；而占篇幅最多的，自然是二人那刻骨铭心、超越生死的惊世爱恋。诗作的最后，白居易更是借他们的遭遇道出了普天下所有痴男怨女的共同心声："在天愿作比翼鸟，在地愿为连理枝。天长地久有时尽，此恨绵绵无绝期！"

这首诗注定要火，因为伟大的哲学家柏拉图早就说过，谁会讲故事，谁就拥有世界。果不其然，此诗甫一问世，便广为流传，以迅雷不及掩耳之势红遍大江南北，"天才""神作"等赞誉之声不绝于耳……

至此，唐诗江湖，后继有人！李白、杜甫、白居易三人各有所专：李白，浪漫气质，秀个人绚丽才艺；杜甫，现实主义，抒时代家国情怀；白居易，情感路线，叙爱情真挚浪漫。三十五岁谱就传世名篇《长恨歌》的白居易，到达人生第一个高峰，也迎来了其政治生涯的黄金期。

不朽绝唱琵琶行

815年，白居易有点沮丧。因为越职言事，他被从京城下放到地方，做了江州司马这一闲职。被贬江州是白居易一生中最大的挫折，但好在江州风土人情不恶，且司马一职待遇还算不错，养家糊口不成问题。既然任了闲职，与其百无聊赖，不如吟诗作赋，享受生活情趣。

转眼到了第二年，一个深秋之夜，白居易去浔阳江码头送友人。别离总是伤感的，两人在船头闷头对饮，不忍分别，直到孤月西沉、江水寒彻。刚送走朋友，正在黯然惆怅间，白居易忽然听到对面船上飘来一阵美妙的琵琶声，那是长安流行的曲子，听起来是如此亲切！喜爱音律的白居易抑制不住内心的激动，寻着美妙的声乐而去，邀请弹琵琶的歌女重新开宴。

有酒有歌有美女，此情此景此时，怎能少得了诗？这是一个可以载入文学史册的夜晚：一次偶然的相遇，一曲深情的演奏，两个沦落天涯的失意人，激发出一首被誉为"千古第一音乐诗"的《琵琶行》！

这个"千呼万唤始出来，犹抱琵琶半遮面"的歌女哪里知道，眼前这位江州司马，不仅是个有钱有地位的父母官，还是个名震江湖的大诗人。她一边"低眉信手续续弹"，一边"说尽心中无限事"：我原本家住京城，十三岁就弹得一手好琵琶。教坊乐团第一梯队中有我的名字，曲子弹好后连技艺高超的乐师也很佩服。我梳妆打扮好后常被貌美歌女嫉妒，京城富少也都争先恐后向我献彩，弹奏一曲得到的丝绸不计其数。后来家道败落，我也渐渐年老色衰，门前车马减少，光顾者稀稀落落，只能嫁给商人为妻。但是商人经常外出做生意，把我留在江口孤守空船，只有秋月做伴。每每想起以前的风光，我便会从梦中哭醒……

看着眼前这个能把琵琶弹得"大珠小珠落玉盘"，却被商人夫冷落的流浪歌女，白居易想到自己的遭遇，不由发出"同是天涯沦落人，相逢何必曾相识"的感慨……

《琵琶行》在艺术难度上全面超越《长恨歌》，放眼整个古诗词圈，比这两首文采好的没这两首长，比这两首长的没这两首文采好。从此，白居易"双璧"在手，诗坛封王，名垂青史，顿成定局。

素口蛮腰显性情

白居易的人生以四十四岁为分水岭，早年积极立业用世，后期消极纸醉金迷。由于酗酒，白居易得了眼疾，双眼如见黑花。医生提醒白居易患的是"酒弱视症"，再三劝他戒酒，但他执意不肯。

晚年的白居易不仅嗜酒为乐，而且蓄养家姬。按规定，白居易只能蓄养女乐三人，但他家专事吹拉弹唱的家姬就有上百人。白居易还亲自指点她们学习乐舞，"菱角执笙簧，谷儿抹琵琶。红绡信手舞，紫绡随意歌……左顾短红袖，右命小青娥。"

诸多家姬中，最有名的是樊素和小蛮。樊素是歌姬，生得靓丽，天生一副好歌喉；小蛮是舞姬，生得娇小，天生一副好身段。两人之所以出名，是因为白居易有诗曰："樱桃樊素口，杨柳小蛮腰。"也就是说，樊素的嘴小巧鲜艳，美妙好看，如同樱桃；小蛮的腰十分纤细，轻柔灵活，如同杨柳。现代人形容美女樱桃嘴、小蛮腰或杨柳腰，就是从这里来的。每当樊素开口唱歌时，小蛮就会合着节拍轻盈地舞动腰身，白居易陶醉其中。

美好时光总是短暂的。后来，白居易想到樊素和小蛮若是继续陪在自己身边，年龄大了就寻不到人家了，便命人将家中值钱的东西打包，并准备卖掉他最珍爱的那匹好马，将得来的钱财送给樊素和小蛮，让她们尽快离开。但当马贩子来买马的时候，那匹马频频回头冲着白居易悲声嘶鸣，就是不肯离去。樊素看到这一幕也伤感流泪，她和小蛮对视了一眼，一起拜伏在地对白居易说："多年来，承蒙主人抬爱，我们二人备受照顾。如今，我们虽姿容渐失，但还是愿意像这匹马一样继续服侍主人。"白居易听后心中难过万分，毕竟相处这么多年，彼此之间是很有感情的。但他还是不愿耽误樊素和小蛮，一边作歌高吟，一边挥手让她们离去。

或许，白居易以诗酒姬乐放纵自娱是为了抒发自己不得志的人生。白居易的一生，有退缩，有消沉，但掩盖不了的仍是他作为诗人的光彩。在历史激流中，其盖世才华和不朽诗篇才是永恒的光环和荣耀。

缘何背锅负骂名

说起白居易，我们不能忘记元稹。两人私交甚笃，又同为著名诗人，加之共同倡导"新乐府运动"，时称两人"元白"。他们"倾心交往三十载，相互唱和九百章"，可谓极一时之盛。

809年春，元稹以监察御史奉命巡查东川，三十岁刚出头的他第一眼看到四十多岁的歌伎薛涛，便惊为天人。薛涛原本出身名门，只因父亲过早撒手人寰而不幸沦为歌伎。她对元稹也一见钟情，"金风玉露一相逢，便胜却人间无数"。两人开始了一场轰轰烈烈的姐弟恋，赋诗酬唱，共同谱写了一段爱情佳话。薛涛把元稹当成真爱，还为此写了一首《池上双鸟》，表达了想跟元稹长相厮守的急切心情。可元稹是个感情渣男，只是逢场作戏而已。三个月后，他离开东川，把薛涛抛在脑后。薛涛不断给元稹写信，一直痴痴等待与他重逢。

823年，白居易写了一首《与薛涛》："峨眉山势接云霓，欲逐刘郎此路迷。若似剡中容易到，春风犹隔武陵溪。"有人认为这首诗反映了白居易对薛涛的狎亵之情，是朋友妻"不客气"，想要挖朋友的墙角。

白居易的诗向来以直白见长，很少有看不懂的，但这首寄给薛涛的诗却一反其常，言辞较为晦涩。这首诗确实是话中有话，但并不是所谓的求欢之意。

当时，元稹被贬任浙东观察使兼越州刺史，白居易任杭州刺史，是元稹的直接下属。元白交谊深厚，白居易担心薛涛旧情不忘，事情闹大会影响元稹的名声和前途，便写信给薛涛，用东汉刘晨在天台山遇仙女这一著名典故，暗喻薛涛对元稹念念不忘是仙女"逐刘郎"，劝她放下这段感情："你和元稹有过一段难忘的感情。但这段缘分就像刘郎遇仙一样，固然难以割舍，却已经永远过去了。如果你身在剡溪，要去找元稹还比较容易。但你在东川，中间隔着湖南，路远山长，无法相见。说句实在话，你和元稹的过去，就像桃花源一样，再也回不去了。你就放下吧！"薛涛看到白居易这首诗，便斩断情缘，不再给元稹写信了。

人红是非多，白居易背锅还不止这件事，流传最广、影响最大的当属"诗笔曾是杀人刀"的故事了。兵部尚书张愔辞世后，爱妾关盼盼发誓不再嫁，一人独守张尚书的旧居徐州燕子楼。白居易听说此事后，作诗《感故张仆射诸妓》："黄金不惜买蛾眉，拣得如花三四枝。歌舞教成心力尽，一朝身去不相随。"讥讽关盼盼不随张尚书而死。关盼盼读懂了诗中的隐含意味，给白居易复诗一首后开始绝食，十天后香消玉殒。

其实，《感故张仆射诸妓》一诗并非写给关盼盼的，也非写给张愔的，而是写给张愔之父右仆射张建封的，而且时间要早得多，后人故意张冠李戴，关盼盼的复诗也是伪造。所谓白居易逼死关盼盼一说纯属捏造，始作俑者是北宋无良文人计有功。

白居易之所以屡次成为背锅侠,或许是因为其诗词多走情感路线,亦或许是因为他晚年以诗酒姬乐自娱。2014 年,徐州云龙公园知春岛燕子楼东侧,新立一块石碑,公然镶着铜制的《感故张仆射诸妓》。如果白居易泉下有知,不知道会不会从坟墓里跳出来。

【延伸阅读】

香山居士

香山寺是河南洛阳龙门十寺之一,白居易归洛后,酷爱香山寺的清幽,常常乘轿入山,穿白衣曳长杖,徘徊寺中,甚至把家酿美酒和满架之书移至香山寺中。他遍交文人雅士,与洛阳遗老李元爽、如满等人结成"香山九老会",经常集会于香山寺饮酒赋诗。

看到香山寺年久失修,楼阁破损,白居易便有重修之意。831 年,他将为好友元稹写墓志铭而得的酬劳七十余万钱全部捐出来,修缮香山寺。他又出资重修了藏经堂,并把回到洛阳后所写的八百首诗合为十卷,取名《白氏洛中集》,存放于此。

白居易对香山寺情有独钟:"洛都四郊,山水之胜,龙门首焉。龙门十寺,观游之胜,香山首焉。"他自号"香山居士",常居香山,乐于香山,卒于香山,最后又葬于香山。香山寺亦因白居易而声名远扬。

十一、黄巢起义的始末

【题记】黄巢起义是发生在唐末历时最久、遍及最广、影响最深远的一次农民起义。黄巢率众几十万,转战十几省,持续十年,猛烈冲击了封建制度,标志着农民战争发展到一个新阶段。然而,令人发指的是,黄巢军大肆虐杀平民,不分男女老幼,全部推入巨舂,惨绝人寰,亘古未有。

宦官专权黄巢反

唐朝后期,朝廷衰微,宦官专权。各地藩镇势力兴起,形成不同政治派别,相互倾轧,加深了人民的痛苦。

唐僖宗即位时年仅十二岁,有些愚傻,被大宦官田令孜玩弄于股掌之间。田令孜令皇帝身边的宦官们变着法子逗皇帝玩乐,自己则大权独揽。田令孜每见唐僖宗,都准备几样果品,两人相对而坐,全无君臣之礼,唐僖宗开口闭口竟称田令孜为"阿父"。翰林学士刘允章曾上书直谏,说"国有九破"和"民有八苦",揭露了权豪奢僭、贿赂公行、长吏残暴、赋役不均等弊政,指出了农民在官吏苛政、赋税繁多的残酷剥削下,"冻无衣,饥无食","号哭于道路,逃窜于山泽,夫妻不相活,父子不相救"的悲惨处境。这时的唐王朝已是百孔千疮,风雨飘摇。

劳苦大众挣扎在死亡线上，最终揭竿而起。859 年，袭甫在浙东起义；868 年，庞勋在桂林起义。这两次起义虽然被朝廷镇压下去，但鼓舞了人民的斗志，为唐末农民起义拉开了序幕。874 年初，王仙芝在长垣揭竿而起，几天之内，竟有千人响应。黄巢闻讯，惊喜万分，立即带领私盐贩子和兄弟子侄黄揆、黄恩邺等在菏泽起兵响应，十几天就发展到几千人，与王仙芝在曹州会师后，兵力达到万人之众。

重整旗鼓拥兵犯

黄巢，曹州冤句人（今山东菏泽西南），出身盐商世家，善骑射，少有诗才。黄巢五岁时，祖父让他为菊花诗连句，黄巢稍加思索，应曰："堪与百花为总首，自然天赐赭黄衣。"巢父怪罪他狂妄，欲击打。祖父却说："孙能诗，但未知轻重，可令再赋一篇。"黄巢不假思索，出口成章："飒飒西风满院栽，蕊寒香冷蝶难来。他年我若为青帝，报与桃花一处开。"后黄巢赴京赶考，虽抱负远大，才华横溢，但因朝廷腐败和科场黑暗，终名落孙山。此时，他深感自己像开不逢时的菊花，又写一首咏菊诗："待到秋来九月八，我花开后百花杀。冲天香阵透长安，满城尽带黄金甲。"诗中，黄巢把"杀"这一幻想中的血腥快意，尽数掩藏在"冲天香阵"的浪漫诗意之中，营造了"满城尽带黄金甲"这"一花独放，百花皆杀"的意象。

黄巢不仅志向远大，而且颇有军事才能。起义后，黄巢军最初东攻临沂不克，转攻河南，克禹州、郏县等八县，进逼汝州，直指洛阳。王仙芝部属捉住了汝州刺史王镣。王镣是宰相王铎堂弟，蕲州刺史裴偓是王铎的门生。王镣为王仙芝写信给裴偓，表示王仙芝愿意接受"招安"。裴偓据以上奏朝廷，宰相王铎眼见堂弟在农民军手中，力排众议，固请"招安"，终于说服唐僖宗。876 年底，唐僖宗便任命王仙芝为左神策军押牙兼监察御史，但一同前往的黄巢却没有被封职。黄巢闻之大骂王仙芝："始吾与汝共立大誓，横行天下。今汝独取官而去，使此五千余众何所归乎？"随后又杖击王仙芝，致其头破血流，其众哗然。王仙芝迫于压力，只得拒绝招安，继续反唐。

878年初，王仙芝在湖北黄梅县兵败被杀，余部奔安徽亳州投靠黄巢，推其为黄王。黄巢号称"冲天大将军"，转战南北。后来，黄巢军进攻开封、商丘，遭东南面行营招讨使张自勉所阻，转攻滑县、叶县、禹州等地，朝廷调兵三千人守卫东都附近的伊阙（今河南洛阳南）、武牢等地。黄巢率军渡江南下，与旧部王重隐相呼应，攻下江西波阳、信州等地，而后进入福州，转战广东。

879年，黄巢军攻克广州，活捉节度使李迢，劫掠财货，屠杀伊斯兰教徒、基督教徒、犹太人及平民共二十万人，制造屠城血案。

黄巢为什么要屠杀外国商人呢？当时广州聚集了大量的阿拉伯商人，他们从事海外贸易，把中国的瓷器、丝绸贩卖到西亚和欧洲，再把欧洲、西亚、东南亚等地的奢侈品、珍玩卖到中国，赚得盆钵满盈。《资治通鉴》记载：安史之乱后，大食、波斯兵围州城，刺史韦利见弃城而逃，两国兵遂入城大掠仓库，焚烧房舍，然后乘船浮海而去。居住在广州的阿拉伯人贪恋财富，曾血洗广州，百姓死伤者不计其数。于是，黄巢把这些外国商人当成了他的目标。再加上黄巢军是流动作战，辗转多地到广州后，急需补充军饷和物资，所以这些外国人就遭了殃。阿拉伯学者马素第的《黄金草原》记载：死于兵器或水难的穆斯林、基督徒、犹太人和袄教徒共达二十万人。黄巢不仅杀了阿拉伯商人，而且还把广州附近的桑树和其他树木全部砍光了。因为做丝绸贸易必须养蚕，没有了桑叶，阿拉伯人的丝绸贸易就做不成了。

880年，黄巢本想占据广州，称霸一方，但好景不长，岭南暴发瘟疫，黄巢队伍损失惨重，"死者十三四"。面对唐军追剿，为保存实力，黄巢佯降，贿赂唐廷大将高骈，恳求手下留情。高骈上奏朝廷，声称黄巢军"不日当平，不烦诸道兵，请悉遣归"。宰相卢携以朝廷名义，遣散诸道唐兵。黄巢得知唐军已北渡淮河，立即与高骈绝交，于6月北上，乘胜攻占了睦州（今浙江建德）、婺州（今浙江金华）。之后，又攻克宣州等地，强渡长江，兵势甚盛。随后，黄巢军渡过淮河，淮北相继告急。高骈慑于其威势，坐守扬州，保存实力，各州县望风而降。不久后，黄巢攻陷申州（今河南信阳），入颍州（今安徽阜阳）、宋州（今河南商丘）、徐州（今江苏徐州）、兖州（今山东兖州）。11月，黄巢军至汝州，而后攻下东都洛阳，留守刘允章率百官迎接；十多天后从洛阳挥兵西进，攻下潼关（今陕西潼关东北）、华州（今陕西华县），后抵灞上。881年，唐僖宗仓皇逃奔蜀地。

建政大齐帝长安

攻下潼关后，黄巢军未受到任何抵抗，顺利进入长安城。唐金吾大将军张直方，率文武官员数十人至灞上迎接浩浩荡荡的起义大军。义军将士皆披发，束以红绫，身穿锦袍，手执兵器，簇拥黄巢而行。黄巢则乘坐黄金肩舆，威风凛凛地招摇过市，"甲骑如流，辎重塞涂，千里络绎不绝"。对唐末酷政已忍无可忍的长安百姓夹道欢迎黄巢，黄巢也被当时的气氛感动得涕泪纵横。黄巢的副将尚让一再告谕百姓说："黄王起兵，本为百姓，非如李氏不爱汝曹，汝曹但安居无恐。"义军将士在街道上每遇到贫民，"往往施与之"，很有几分"黄巢来了不纳粮"的意味，民间甚至编出"正月十五挂红灯"和"端午时节插艾草"的故事来褒颂黄巢及其队伍。

881年1月，黄巢在含元殿登上皇帝宝座，国号"大齐"。黄巢几乎全盘接受了唐末的政治制度和生活方式，封其妻为皇后，尚让为太尉兼中书令，赵璋为侍中，郑汉璋为御史中丞，皮日休为翰林学士，孟楷、盖洪为尚书左、右仆射兼军容使，并下令：唐官三品以上全部停任，四品以下则官复原职。黄巢以为天下已定，大功告成。然而现实情况是，黄巢政权的控制范围，西不过周至，北止于大荔，东至华州，南限蓝田，如同进入口袋之中，陷入极其危险的境地。

3月，唐廷命唐弘夫屯渭北、王重荣屯沙苑、王处存屯渭桥、拓跋思恭屯武功，逐渐完成合围。黄巢一面派朱温东下邓州，遥控荆襄，一面派尚让西进凤翔，结果尚让轻敌大败。回到长安后，黄巢怒杀唐朝官员三千余人，全部挖眼倒挂于市。不久，有人题诗讥讽黄巢当了皇帝后变得昏庸残暴，黄巢立刻派人去查找作者，但是无果，索性把长安城中三千多无辜的儒生砍了头。

4月，王处存进攻长安，黄巢仓皇逃离。唐军入城后大掠府库，市民惊扰。黄巢知情后，整军反攻长安，破城后纵兵屠杀，死者近九万人。此时，唐军在邓州与黄巢大将朱温交战，后者不敌退入关中。之后，黄巢军与唐军多有交战，互有胜负，但是唐军稳步推进，包围圈越来越小。黄巢坐困孤城，粮草匮乏，士气低落。

882年，黄巢手下的大将朱温投降唐朝，被授予同华节度使、右金吾大将军之职。10月，唐廷诏山西北部凶悍的沙陀部首领李克用为雁门节度使，命其率军入关中。朱温的叛变，不仅削弱了黄巢的实力，还立刻变为讨伐黄巢的先锋。李克用本来割据代北，藐视唐廷，结果借此机会转身一变，成为封疆大吏。北魏的尔朱荣、唐末的李克用，皆从山西北部出发，镇压农民军，成为决定局势的关键人物。尔朱荣手下大将高欢、宇文泰等后来争雄天下，成为搅动南北朝的风云人物。李克用及其沙陀一系中有李存勖、李嗣源、石敬瑭、刘知远先后称帝，成为五代十国中的后唐、后晋、后汉皇帝。

883年1月，沙陀军为前锋，会同诸军进攻黄巢。黄巢命尚让率十五万大军出战，结果大败而回，黄巢军元气大伤。与此同时，李克用派兵渭南华州，击败黄巢军，封死了黄巢撤回河南的路线。4月，李克用进逼长安，黄巢遣军在渭桥三战唐军皆败，不得已退出长安，从蓝田入商山，退入河南。黄巢逃出长安之时，下令纵火。这座当时世界上最大的百万人口城市，一炬成灰，从此再与首都无缘。

兵围陈州绝人寰

883年5月，黄巢派左军中尉孟楷为先锋进攻蔡州，唐节度使秦宗权战败后投降，孟楷随即转攻陈州。

陈州刺史赵犨是唐朝的著名将领，颇具战略眼光，多次参加围剿黄巢的战斗，是黄巢军队的宿敌。赵犨担任陈州刺史后，曾对部下说："黄巢若不死在长安，必定向东走，陈州是他必经之路，不可不防。"看得出，他刚上任就已预见到黄巢的失败，并进行了相应的部署。孟楷刚入陈州境内，赵犨趁其不备，果断出击，齐军大败，孟楷被俘。赵犨为表示与黄巢绝不妥协的决心，将孟楷斩首。孟楷是最早追随黄巢起义的重要将领，素为黄巢宠信，黄巢异常悲愤，立即与秦宗权合军将陈州团团围住，并"掘堑五重，百道攻之"，大有不拿下陈州决不罢休之势。

赵犨任刺史之初，就积极修筑城堑，积蓄粮草，缮治兵器，坚壁清野，将方圆六十里内的农民迁入城中，同时募集大批勇士，由其弟和儿子分头统领，加固城防。赵犨对陈州保卫战的准备工作做得非常细致和到位，因此，黄巢攻打陈州受挫。黄巢带着十几万大军，却连小小的陈州都攻不下来，非常生气，干脆在溵水下扎起营寨，建起"八仙营"，并"立宫室百司，为持久之计"。黄巢围困陈州近一年，却始终没能攻破陈州。而唐廷却不断调动军队，开始了对黄巢的围剿。

黄巢在陈州遇到的最大问题不是来自唐军的进攻，而是没有粮食。十几万大军每天都要消耗大量的粮草。他们吃什么呢？黄巢解决这个问题的办法很简单，那就是吃人。《旧唐书》载："贼围陈郡百日，关东仍岁无耕稼，人饿倚墙壁间，贼俘人而食，日杀数千。贼有舂磨砦，为巨碓数百，生纳人于臼碎之，合骨而食，其流毒若是。""人大饥，倚死城堑，贼俘以食，日数千人，乃办列百巨碓，糜骨皮于臼，并啖之。"

12月，赵犨遣人突围，求救于邻道，东北面都招讨使朱全忠，东面兵马都统时溥、许州节度使周岌，引兵驰援。朱全忠战胜黄巢军于真源县（今河南鹿邑），黄巢军损兵两千余人，朱全忠进攻亳州。884年，黄巢兵力尚强，周岌、时溥、朱全忠等招架不住，共同求救河东节度使李克用。李克用率蕃、汉兵五万出天井关，自蒲州、陕州渡过黄河前来陈州。随后，朱全忠攻占黄巢军瓦子寨，将领李唐宾、王虔裕投降。这时，李克用会合许、汴、徐、兖诸道军向黄巢军发动全面攻势，攻占尚让屯军的太康，接着进攻西华，黄思邺败走。黄巢闻讯，遂退军故阳里（今河南淮阳北），陈州之围解除。

覆巢之下无完卵

黄巢穷途末路，开始向山东一带奔窜。884年5月，李克用军在汴州以西、中牟以北的王满渡追上黄巢军，斩杀万余人，尚让及一大批将领叛齐降唐。6月，黄巢逃到泰山，身边只剩下寥寥数人，其中包括他的几个兄弟、外甥等亲信。全盛时六十万众、攻潼关时让唐将张承范胆战心惊的黄巢队伍，至此众叛亲离，只剩下顶着诸王空头衔的自己一家人。

6月，黄巢在莱芜狼虎谷与唐将时溥决战，兵败自刎。在自杀前，黄巢命外甥林言可将自己的首级献给唐帝，以换荣华富贵。黄巢死后，林言杀了黄巢的妻子和几个兄弟，欲持黄巢等人首级向武宁节度使时溥献功，但却遇到了沙陀军。黄巢等人首级被沙陀军抢走送给时溥，林言也被杀。时溥携黄巢等人首级，同数十名姬妾一并送成都邀功。唐僖宗忘记了流亡皇帝的身份，亲临成都大玄楼接受进献，并对着黄巢姬妾一顿辱骂。一名姬妾自知将要赴死，就冲着唐僖宗喊道："狂贼凶逆，国家以百万之众，失守宗祧，播迁巴、蜀；今陛下以不能拒贼责一女子，置公卿将帅于何地乎！"面对黄巢姬妾的质问，唐僖宗竟哑口无言，说不出话来。史载"上不复问，皆戮之于市"。

关于黄巢的结局，千年来众说纷纭，仅正史中就有截然不同的两种说法，一说他自刎而死，另一说是被他人所杀。《新唐书·黄巢传》记载：黄巢兵败狼虎谷时对外甥林言说，你拿我的首级献给唐廷，不但能保命，还可以求得富贵！林言不忍心下手，于是黄巢自刎。《旧唐书·黄巢传》对于黄巢之死有如下记载："巢将林言斩巢及二弟邺、揆等七人首，并妻子皆送徐州。"不仅如此，《资治通鉴》《桂苑笔耕录》《北梦琐言》等也都有类似记载。

敦煌文书《肃州报告黄巢战败等情况残卷》中写道：其草贼黄巢被尚让杀死，于西川进头。有人推测，投降后的尚让很可能在混战之中将黄巢杀死。但关于尚让杀黄巢的说法，在迄今发现的史料中只有这一处记载，属于孤证。宋朝邵博的《河南邵氏闻见后录》曾经提到，若说杀黄巢于狼虎谷，献首于徐州，两地相距约五六百华里，快马也要三天路程，而徐州至成都马不停蹄，日夜兼程，也需二十天。当时又值盛暑，"函首"恐怕早已腐臭不堪了，更何况黄巢兄弟六七人，难言其中就没有与黄巢状貌类似者。

还有说黄巢出家为僧的。宋人刘是之的《刘氏杂志》记载：五代时洛阳南禅寺有一个高僧，法号翠微禅师，这个人就是黄巢。张端义在《贵耳集》中记载："黄巢后为缁徒，曾主大刹，禅道为丛林推重，临入寂时，指脚下有黄巢两字。"王明清在《挥麈后录》卷五中说："张全义为西京留守，识黄巢于群僧中。"

相较而言，黄巢在狼虎谷被杀死的说法比较贴近史实。狼虎谷在今莱芜圣井乡祥沟村附近，祥沟谐音"降寇"。祥沟村前箭河对岸的石壁上刻有"黄巢落马处"，落款中有"中和"字样，"中和"是唐僖宗时的年号。民间也有许多传说可以印证，祥沟村有唐时古槐"将军树"，据说黄巢即死于此树下，村前尚有黄巢遗迹"一步三眼井"等。

【延伸阅读】

黄巢的文字狱

说起文字狱，大家可能认为最严重的是在清朝时期，毕竟以"清风不识字，何必乱翻书"为例的各类文字狱实在太多，受到牵扯的读书人范围极广。但历史上最惨的文字狱，还不在清朝，而在黄巢。881年，黄巢在长安称帝，国号大齐。黄巢称帝后，渐渐荒淫无度，治下不严，百姓生活每况愈下。后来就有人写了三首打油诗，贴在大街上。

其一：走了奢侈帝，来了荒淫君。换汤不换药，皇上没好人。其二：唐家天子击球门，大齐荒草埋死人。可怜黎庶万民苦，缓歌漫舞宫苑闻。其三：当年虽苦尚可活，新皇登基死万民。虎狼纵横繁华无，西天热闹皆熟人。

这三首诗明斥暗讽，黄巢听后勃然大怒，命人查办，找出作者。查了好几天都没找到,黄巢不耐烦了。他觉得能写诗的一定是读书人,于是就命人四处抓捕书生,据传一共抓了三千人,也不审问,全部杀掉。抓了书生,黄巢还不放心,竟然将会写字的普通百姓也都抓起来,几万无辜百姓死于非命。

如此倒行逆施,滥杀无辜,也难怪黄巢会最终兵败身死了。

十二、杯酒释兵权的苦果

【题记】大宋王朝开辟了海上丝绸之路,发明了世界上最早的纸币,"唐宋八大家"中宋独占六席。经济、文化、科技、艺术如此发达的大宋,军力却异常孱弱,以致徽、钦二帝同时被俘,大宋王朝从中腰斩,疆域领土一减再减,这一切祸乱的根源,恐怕还要从赵匡胤的"杯酒释兵权"说起。

赵匡胤本是后周禁军统帅,通过"陈桥兵变"黄袍加身,兵不血刃夺得皇位。为避免历史重演,他想出了"杯酒释兵权"的妙计,轻而易举地解决了让历代帝王都寝食难安的君弱臣强难题,巩固了集权统治。但"杯酒释兵权"真是一剂良方吗?

黄袍加身忧心忡

960 年,后周禁军统帅赵匡胤在陈桥驿(今河南封丘)发动兵变,黄袍加身,是为宋太祖。随后,他率军回师开封,胁迫周恭帝禅位,改国号为"宋",史称北宋。

大宋初创,赵匡胤遇到了与多数开国皇帝同样的难题——如何管束那些手握重兵的将领。为此,他与宰相赵普商量对策。赵普这个以"半部《论语》治天下"闻名的智囊,一语中的:"唐季以来,战斗不息,国家不安者,其故非他，节镇太重，君弱臣强而已矣。今所以治之，无他奇巧也，惟稍夺其权，制其钱谷，收其精兵，天下自安矣。"赵匡胤恍然大悟。

当时，能够威胁皇权的主要有两拨人，一是赵匡胤曾经扮演过的角色——手握禁军统领大权的殿前都点检，二是掌握地方军政大权的节度使。

殿前都点检由后周世宗柴荣创设。柴荣觉得以往的禁军不足以确保皇权，便在禁军中挑选武艺高强者，到自己身边担任殿前侍卫，组成地位高于禁军的殿前军，首领名曰"殿前都点检"。"陈桥兵变"时，赵匡胤担任的正是此职。而节度使，实为地方最高军政长官，起势于唐，本来是替天子守藩镇的，时间长了，尾大不掉，成了土皇帝，最终爆发"安史之乱"，唐朝迅速走向衰败。历史和现实的经验教训告诉赵匡胤，对这两拨人必须严加防范。

赵匡胤刚开始采取的措施是将重要军职频繁换人，并趁机排除异己，安插石守信等心腹和亲信担任禁军首领。可赵普认为这么做并不能从根本上解决问题，当断不断，反受其乱，与其扬汤止沸，不如釜底抽薪，彻底解除石守信等禁军将领的兵权。

赵匡胤不愿落一个"凉薄寡恩，过河拆桥"的名声，在他看来，石守信、王审琦是自己多年的朋友，彼此间有过命的交情，所以，一再拒绝赵普的建议。赵普不断谏言："我并不担心他们本人会背叛陛下，这几个人都缺乏统御部下的高明才能，万一他们手下的士兵作乱生事，率意拥立，那时候就由不得他们了。"

6月，宋太祖平定昭义军节度使李筠，11月又平叛淮南节度使李重进，他终于意识到问题的严重性，决心彻底解除几位禁军首领的兵权。

杯酒释权君安生

961年8月22日的晚上，赵匡胤召来执掌重兵的石守信、高怀德、王审琦、张令峰等禁军首领饮酒叙欢。

酒酣耳热之际，赵匡胤端起酒杯说道："如果没有在座各位的竭力拥戴，我也不会有今天九五至尊的地位。你们的功德和情谊，我不会忘怀！"然后，他口气一转："可是你们不知道，做皇帝也有很大的难处，不如做一个节度使快活自在。不瞒诸位说，自从做皇帝以来，我还没有睡过一夜安稳觉呢！"

石守信等人纷纷停箸询问："陛下遇到什么难事睡不好觉呢？为臣是否可以分担一二？"赵匡胤平静地说："其实个中缘由不难知晓。诸位想想看，天子这个宝座，谁不想坐呢？"闻听此言，石守信等人大惊失色，赶紧跪下叩头说："陛下何出此言？现在天命已定，谁敢再怀二心！"

赵匡胤道："对诸位我是完全放心的，怕就怕你们的部下有人贪图富贵，利令智昏。一旦他们把黄袍披在你们身上，你们想不干，行吗？"石守信等人浑身颤抖，叩头不止："我们都是粗人，从来没有想到这层。还请陛下可怜我们，看在当年为陛下鞍前马后奔波效劳的份上，给我们指条生路吧！"

赵匡胤语重心长地说："人生如白驹过隙。你们不如多积累些钱财、田产，使子孙不致贫困，抑或多安排些歌舞美女，快活人生。这样，君臣之间不再有嫌隙，不是很好吗？"

第二天一早，石守信等人纷纷称病，请求解除禁军兵权。赵匡胤精心谋划的这一事件，史称"杯酒释兵权"。

将石守信等人调任节度使后，赵匡胤又将禁军的统领权一分为三：殿前都指挥司、侍卫马军都指挥司和侍卫步军都指挥司，即所谓三衙统领，以名望较低的将领掌管三衙，并分别直接对皇帝负责。

969年，赵匡胤开始削弱地方节度使的权力。军事方面，由皇帝直接掌控；经济方面，将所有的税赋都运到京城，地方财富归中央，各州县无财政权，从而牢牢控制了官僚机构和各地军队，节度使变成一种荣誉性的虚衔，唐末以来节度使拥兵自重、严重威胁皇权的问题得到彻底解决。

为安抚失去军权的功臣名将，尽管赵匡胤当时只有一妹三女，但他还是将其中三人都嫁到被释去兵权的将帅之家：妹妹嫁给了开国功臣高怀德，女儿延庆公主、昭庆公主分别嫁给了开国名将石守信、王审琦之子。

贪腐自黑以示忠

"杯酒释兵权"虽然解除了赵匡胤的忧虑,却使得武将人人自危,生怕自己声望过高引起赵匡胤猜忌。为求自保,他们绞尽脑汁"自黑"。

开国名将石守信原本重义轻利,可自从"杯酒释兵权"后,他"顿悟"了,开始追求声色犬马,疯狂聚敛财物。对他的这种"表现",《宋史》评价:"岂非亦因以自晦者邪?"另一位武将王全斌素来"轻财重士,不求声誉,宽厚容众",可"杯酒释兵权"后,他像变了个人似的。在攻克后蜀之际,他竟带头大肆搜掠蜀中,残杀降兵及平民。显然,在王全斌看来,克蜀之功太大,如果不来一场声势浩大的"自污",可能会因功高震主,引起赵匡胤的猜忌。

因有言在先,赵匡胤对武将的出格行为睁一只眼,闭一只眼。他认为这些都是小节,只要武将在政治上不怀二志,不危及皇权就行。即使武将做得太过分必须加以处理,他也会手下留情,法外开恩。

《宋史·王继勋传》载,武将王继勋是王皇后的胞弟,性情残暴,"专以脔割奴婢为乐"。一天,王继勋府中围墙因大雨坍塌,奴婢逃出后将其罪行捅了出来。宋太祖"大骇"之下,重处王继勋:"削夺官爵,勒归私邸。仍令甲士守之。俄又配流登州。"但雷声大,雨点小,这边王继勋还没有上路前往流放地,那边赵匡胤便已将其改授他职。据统计,仅973年至977年,王继勋亲手杀死和吃掉的奴婢就有一百多人。如果不是赵匡胤有意庇护,这个食人恶魔不会这么肆无忌惮。

赵匡胤自诩执法尚严,对违法乱纪决不姑息迁就:"朕今抚养士卒,固不吝惜爵赏,若犯吾法,惟有剑耳!"实际上,执法尚严仅限于兵士和普通将校,对高级将领则是"赏重于罚,威不逮恩"。

镇守关南的大将李汉超强纳民女为妾,民女家属到京城告御状,宋太祖问:"汝女可嫁何人?"答:"农家尔。"又问:"汉超未至关南时,契丹何如?"答:"岁苦侵暴。"再问:"今还有否?"答:"无也。"最后,宋太祖说:"汉超，朕之贵臣。汝女为之妾，不犹愈为农妇乎？"在对民女家属做了一番思想工作后，赵匡胤命人将其遣送回乡，然后将"贵臣"李汉超找来，劝其以后尽量注意影响。最终，赵匡胤不仅没有惩处李汉超，反而赐给他白金三千缗。

某种意义上来说，"杯酒释兵权"是赵匡胤给整个武将集团颁发了一张"特权许可证"，是在"以特权换兵权"。有了皇帝的庇护，武将们都"理直气壮"地滥用特权，直接造成北宋军队的腐朽，从而极大地削弱了军事实力。另一个必然结果就是，既然皇帝随时防备着将领叛变夺权，将领自然时刻以表明忠心为第一要务。于是，大宋武将皆以不生事为最高原则，苟且偷安，毫无进取之心，以至于以后几无名将。

崇文抑武毁长城

宋朝开国后，为牢牢掌握军权，赵匡胤设置枢密院作为最高军事决策机构，并由皇帝亲自指挥。枢密院有调兵权却没有统兵权，将领有统兵权却没有调兵权，二者互相牵制。为防止武将一家独大，枢密院的正副使往往分别由武官、文臣担任。如开国之初，赵匡胤就曾任命赵普为枢密副使，以牵制武人出身的枢密使吴廷祚。

宋朝以前，历代王朝盛行"出将入相"，但赵匡胤说"宰相须用读书人"。赵普独任宰相时深受信任，"事无大小，悉咨决焉"。文臣当政，扭转了五代时枢密使欺压群臣的局面。赵匡胤还特别注意保护文臣。他命人在宫殿立碑，规定每一位新君即位前，都要在碑前发誓不杀士大夫，无论其奏章写得多么激烈。所以，在宋朝，文人即使犯了重罪也很少被杀，而是被流放了事，苏东坡便是受益人之一。

赵匡胤不仅在中央重用文臣，还不断从中央派出文臣到地方，取代原来执掌藩镇的武将。他对此的看法是："五代方镇残虐，民受其祸，朕令选儒臣干事者百余，分治大藩，纵皆贪浊，亦未及武臣一人也。"赵匡胤还要求武将学习儒经："今之武臣，亦当使其读经书，欲其知为治之道也。"实际上，此举目的主要在于宣扬儒家思想中的君臣之道。

赵光义继位后，对臣下的防范之心更重。979年，赵光义带兵北伐，在高梁河惨败后，他抛下宋军，率领亲信逃遁。诸军将领认为皇帝可能已战死在乱军中，"国不可一日无君"，于是商量拥立新君——赵匡胤之子赵德昭。这一事件对赵光义刺激很大，他在以往收兵权的基础上，更加大了抑制武将的力度。

在"崇文抑武"的治国方略下，北宋整个社会逐渐形成了"文尊武卑"的主流思想。宋夏战争爆发时，著名理学家张载曾慨然以功名自诩，上书拜见范仲淹欲从军效力，却被对方责备："儒者自有名教，何事于兵！"社会精英普遍鄙视和远离军队，必然导致战斗力低下。

"澶渊之盟"后，枢密院中的文官逐渐占据主导地位。到宋仁宗时期，逐渐形成了文臣任正使、武将当副使的军事制度，"文治"达到顶峰，军事指挥拙劣不堪，消极防御成为基本军事战略。

宋仁宗时期著名将领狄青，出身寒门，因屡立战功，仁宗授其枢密副使。他恭谨谦让，唾面自干，却常因军人出身，受到文官的排挤打压，连带其掌管的枢密院都被文官们蔑称为"赤枢"。一次京师大雨引发水灾，欧阳修上书《论水灾疏》，将水灾的原因归结为两点：一是皇帝不立太子；二是狄青武人掌枢密院。一代鸿儒利用天灾来打压武官，可见武人之地位。在文官的集体打压下，狄青被贬去陈州，不到半年，即因脸上长疮，壮年而亡。

和狄青命运相似的还有李纲。1126年，金军进逼宋都东京，宋钦宗升主战派李纲为尚书右丞，就任亲征行营使，负责开封的防御。李纲两次击退金兵，取得东京保卫战的胜利。但因坚决抗金，反对求和，遭到宋钦宗的猜忌，被一贬再贬。宋高宗时期，李纲被再次启用，封为尚书右仆射兼中书侍郎。他一上任就大胆启用了抗战派的诸多将领，如宗泽和张所，并做了很多军政方面的改革，革除了北宋以来的诸多弊病，为后来南宋中兴作了重要铺垫，但御史中丞颜岐对高宗进言："李纲为金人所恶，不宜为相。"右谏议大夫范宗尹说："李纲名浮于实，有震主之威，不可以相。"李纲主政仅七十五天，即遭罢相，从此再未进入南宋的权力中枢。

任人宰割害无穷

宋徽宗时期，北方盛极一时的辽朝走向衰落，而女真族逐渐崛起并建立金朝。宋与金联合攻辽，约定灭辽后"燕云十六州"还宋。但在灭辽的过程中，金看到了北宋政治上的腐败和军事上的软弱，因此灭辽后不仅没有履行约定，反而挥师南下攻打北宋。最终，金于1127年1月攻破宋都东京。几个月后，金人带着掳掠的财宝以及宋徽宗、宋钦宗、皇室成员、官员、宫女和教坊乐工、技艺工匠、普通百姓等不下十万人北返，史称"靖康之耻"。

"靖康之耻"不仅标志着北宋灭亡，还是中国历史上八大耻辱之一。我们常说"落后就要挨打"，可是宋朝的经济文化水平远超辽、金、西夏乃至后来的元，是什么原因导致宋朝总是挨打呢？究其原因，还是要从宋朝的军事制度——抑武和养兵制（为防止流民成匪，在灾年招募流民为兵的制度）上说起。

"杯酒释兵权"后，崇文抑武的思想逐渐成为统治者的主流思想，武将权力被严格限制。而"养兵制"虽然解决了流民问题，却造成军队整体素质偏低，军队数量越来越大，给财政造成了沉重负担。为弥补军费不足，朝廷甚至允许军队经商。如此军队，何谈战斗力？

军事羸弱直接影响了北宋的外交政策。

北宋以前，"燕云十六州"一直是中原王朝抵抗游牧民族入侵的重要屏障，但后晋石敬瑭为谋求辽朝支持，把"燕云十六州"割让给辽。这样，中原王朝就失去了战略屏障。

北宋都城东京，唯一能凭借的战略防御屏障就是黄河，敌军一旦渡过黄河，汴梁城就岌岌可危。因此，北宋从建立之初就把收回"燕云十六州"定为基本国策。赵匡胤甚至专门设置了"封桩库"（燕云收复基金），准备等钱攒够了，就从辽手里赎回"燕云十六州"。如果辽不愿交换，就用这笔钱充当战备军饷，武力收复。

赵光义继位没多久就开始了收复燕云的计划,先后两次北伐,都以失败告终,辽宋战争持续了二十五年。宋真宗即位后,与辽签订"澶渊之盟",以每年给辽三十万两岁币换取和平。统治阶层认为通过金帛赎买的办法也能消弭边患,并且代价比用兵更小。宋真宗说:"自契丹约和以来,武臣屡言敌本疲困,惧於兵战,今国家岁赠遗之,是资敌也。武臣无事之际,喜谈策略,及其赴敌,罕能成功。好勇无谋,盖其常耳。"

三十万两岁币对富庶的宋朝来说虽然不多,但这等于对外承认,北宋不但有钱,而且可以接受用金钱换取和平。这个口子一开,产生了多米诺骨牌效应。从此以后,辽、金、西夏对宋的战争目的,基本都是通过战争逼迫北宋修改条约,提高岁币。如"澶渊之盟"几十年后,辽朝趁着北宋和西夏交战的机会趁火打劫,将岁币从三十万两增加到五十万两。

正是宋朝在军事上的羸弱以及用金钱换和平的外交政策,让金朝彻底看清了宋的软弱,在灭辽之后,就大举南下进攻宋朝。仅一年多,北宋便迅速灭亡。

北宋亡国的命运证明:富国并不等于强兵,更不等于强国。宋代繁荣的经济、科技和文化并没有让宋朝的军队更加强大,相反,因为统治者崇文抑武,反而让大好江山成了待宰羔羊,最终落得两帝被俘、子孙另起炉灶的下场。追根溯源,赵匡胤的"杯酒释兵权"实属国灭的滥觞。

【延伸阅读】

赵匡胤妙治大臣

宋朝建立后,赵匡胤依旧任用前朝大臣。这些大臣多是以前的同僚,对他缺少臣对君应有的敬畏。有一次上朝时,这些大臣在下面交头接耳。赵匡胤虽出身行伍,但心思缜密,为了情面,他并未当场发作,而是在退朝后派人制作了新型官帽。他把乌纱帽两侧的带子换成长翅,长翅用铁片和竹篾做骨架,各伸出一尺多。

官员戴上这种特殊的官帽后，只能面对面交谈，如果并排说话，长翅就会撞在一起，很不方便。从此以后，大臣们连走路都格外小心。

天天戴着"长翅帽"，很多大臣都留下了"后遗症"。有一次，宰相寇准微服私访，结果一开口，被他问话的老汉便"扑通"一声跪了下来。寇准不明所以，对老汉说："我只是一个普通秀才，老人家，你这是作甚？"老汉回答说："相公是位官爷，在下怎敢无礼？"

寇准诧异无比，心想我都装扮成这样了，还能认出来？于是说："你我素不相识，为何能一眼识破我的身份？难道你是世外高人？"老汉闻言道："我哪是什么世外高人，是方才看相公过窄巷时，左顾右盼，生怕有东西碰了帽子。如果不是常戴长翅帽的官爷，又如何会有这样的习惯？"寇准听后莞尔。

其实，宋朝长翅帽是继承前代发展而来，两个长翅既平整又端正，更符合宋代的审美文化。

十三、程门立雪于何处

【题记】 宋代，以"格物致知、明心见性"为要义的"程朱理学"盛行，程指"二程"，即程颢、程颐兄弟，朱指朱熹。作为"二程"中的兄长，程颢从小聪明好学，师从著名学者周敦颐，"上自帝王传心之奥，下至初学入德之门，融会贯通，无复余蕴"，终成一代大儒，对中国政治思想和哲学思想产生了重大影响，被奉为"先贤"，祀于孔庙东庑第三十八位。程颐与其兄程颢共创"洛学"，他主张"去人欲，存天理"，认为"饿死事小，失节事大"。程门立雪的故事家喻户晓，但程门立雪究竟"立"于何处呢？

官宦世家两兄弟

二程出身官宦世家，高祖程羽曾是宋太祖赵匡胤手下一员将领，在宋太宗赵光义为晋王时，是其幕僚，后又做过宋真宗赵恒的老师，官至兵部侍郎，死后赠封太子少师，先祖世居中山府。曾祖程希振，曾任尚书虞部员外郎，迁居开封府。祖父程遹，被赠开府仪同三司、吏部尚书，迁居洛阳。程遹因公殉职，"二程"的父亲程珦获世家荫庇，做了黄陂县令，为官几十年，官至太中大夫。

程颢，字伯淳，生于1032年，幼时习诵儒家经典，十岁能写诗作赋，二十六岁即中进士，随后做了几任地方官，是一位干练的官员。

程颢任江宁府（今南京）上元县主簿时，当地税赋不均现象十分严重。他帮助县令筹划良策，平均了赋税。但这一措施损害了权贵们的利益，他们百般阻挠，但程颢毫不妥协。不久，县令去职，程颢代其职务，他"处官有方"，不到一个月，就将以前每月不下二百起的诉讼案件大大减少。上元县连年遭受涝灾，长期未得到有效治理。程颢上任当年，就发动民工，修好了陂塘，使粮食获得丰收。在晋城为令时，程颢推行国家和买制度，"常度所需"，让富家预先储备当年朝廷所征之物，到征收时以合理价格卖出，减轻了百姓负担。程颢还积极推行儒家教化。《泽州府志》说他"在邑三年，百姓爱之如父母"。程颢离任那天，百姓依依不舍，哭声振野。

程颢在地方上颇有政绩，1069年，受御史中丞吕公著举荐，做了太子中允、权监察御史里行。1072年，程颢之父程珦退休，此时的程颢也"厌于职事"，便以父亲年老多病、需要照顾为由，退居洛阳。回洛阳后，他与弟弟程颐每日以读书劝学为事。1075年，因与王安石变法意见相左，程颢被贬知扶沟县事。知扶五年间，他书"视民如伤"四个字于案旁，重教化，尚孝悌，兴水利，减税赋，恤民瘼，政绩颇为扶人乐道。1080年，程颢罢扶沟知县，监汝州酒税。1085年，宋神宗去世，宋哲宗年仅八岁，太皇太后高氏听政，反对新法的旧党掌权，程颢也被召入京授为宗正丞，但还未及上路便病死在家，终年五十四岁。

程颐，字正叔，人称伊川先生。朱熹在《伊川先生年谱》中，说他"幼有高识，非礼不动，年十四五，与明道受学于舂陵周茂叔先生"。程颐是一位早熟的道学先生，十八岁时就上书宋仁宗，劝其"以王道为心，生灵为念，黜世俗之论，期非常之功"。1056年，他在太学读书，撰《颜子所好何学论》，得到掌管太学的大儒胡瑗的赏识，被授予"处士"，从此成名。与他同在太学读书的吕希哲等人竞来拜他为师，"而四方之士，从游者日众"。

1059年，程颐虽科考落榜，但按旧例，程家有荫庇子弟的特权，程颐被赐进士出身，而他每次都把"任恩子"机会让给了族人。他长期以"处士"的身份潜心于孔孟之道，大量接收学生。1082年，太尉文彦博鉴于程颐

"著书立言,名重天下,从游之徒,归门甚众",就在洛阳鸣皋镇拨了一块土地,专门为他建修了"伊皋书院"(伊川书院),程颐先后在此讲学近二十年。

1085年,宋哲宗即位。经司马光、吕公著等人推荐,程颐被授予汝州团练推官、西京(今洛阳)国子监教授等职,但被程颐婉拒了。次年,他应诏入京,受命为崇政殿说书,即教皇帝读书。当时宋哲宗年幼,司马光等人此举的目的是让宋哲宗不再奉行神宗的改革政策。程颐就职之前,就给皇帝上奏,提出了君子应重视"涵养气质,薰陶德性",注重道德修养,还要经常接近品行高尚、敢于当面规劝君主过失的臣僚。此外,他还提出,要让为皇帝讲书的侍讲官坐着讲,以示"尊儒重道之心"。就职以后,他经常利用为皇帝讲书的机会,借题发挥,议论时政。由于他敢于"议论褒贬,无所顾避",因而名声越来越大,许多读书人向他拜师问学,但也有朝臣指责程颐"经筵陈说,僭横志分。遍谒贵臣,历造台谏。腾口闲乱,以偿恩仇",要求把他"放还田里,以示典刑"。在这种形势下,程颐只好主动辞职回乡。

自1088年起,程颐便离开官场,在洛阳讲学。尽管如此,到了1096年,因新党再度执政,他仍被定为反对新党的"奸党"成员,发配到四川涪州(今重庆涪陵),交地方官管制。后来,这种打击又累及他的儿子和学生。1102年,宋徽宗下令追毁他的全部著作,所幸这些著作被其门人偷偷保留了下来。在此境遇下,五年后程颐病死家中。

传道授业释惑疑

二程不仅位列新儒学"五子",还是宋明理学的实际创立者。

二程兄弟自幼熟读圣贤之书。《宋史》记载:"自十五六时,与弟颐闻汝南周敦颐论学,遂厌科举之习,慨然有求道之志。泛滥于诸家,出入于老、释者几十年,返求诸《六经》而后得之。秦、汉以来,未有臻斯理者。"程颐年轻时在太学一举成名,二十余岁就开始接纳门生,教授儒学。程颢自称"孟子没而圣学不传,以兴起斯文为己任"。后来,兄弟二人终成一代儒学大师,受到尊崇,各地士人纷纷拜其门下,二人竭尽全力传道授业。

程门四弟子之一的谢良佐少小聪慧,嗜好历史。二十九岁时已小有名声的谢良佐到河南扶沟找程颢拜师求学。程颢问:你平时读什么书?谢良佐说:史书。程颢顺手从成堆的史书中随便抽出一本,翻开一段,他诵读如流,一字不差。程颢再抽出一本书,从中翻开一页,谢良佐仍然一字不差地背了下来。之后,谢良佐恭敬地站立着,本以为自己的博闻强识能得到老师的称许,不料程颢只说了四个字:玩物丧志。闻言,谢良佐心中大为不服:我背诵得一字不错,你却说我是玩物丧志,是何道理?

程颢看出了他心中的疑惑,就对他讲:之所以说你玩物丧志,是因为能背诵大段辞章这种事情,实是雕虫小技,无须夸赞。史书浩如烟海,大段大段地背下来,把精力放在强记或博记上面,还自鸣得意,实在是干了一件舍本逐末的事情。以记忆力强,能背诵很多东西为荣,是堕入恶趣,是玩物丧志。

谢良佐顿时明白了,相比立德修身的大智慧,记诵辞章只是小聪明,做学问应该自然而然、明理见心。正是在拜程颢为师之后,谢良佐告别了背诵大段辞章的苦学式求学道路,将学问、道理慢慢地消化在腹内心海。由此,他成为一名真正的学者。作为二程高足,谢良佐继承并发展了"二程"的主要学说,在程朱理学的发展史上起到了重要作用。

职掌学事文风启

1075年,程颢被贬为扶沟知县。当时的扶沟虽然地近都城汴梁,是京畿之县,却因水旱频仍,加上京邑田税重,百姓流离失所,民不聊生,文化教育更是一片荒漠。面对这一情况,他一方面带领县民挖渠排涝,打井灌溉,做到旱能浇、涝能排;另一方面,作为一代大儒,他极其注重提高民众伦理道德水平,在乡村建私塾,在县城建书院,挑选优秀青年入院读书。他不但亲自主持讲学,还推荐当时的著名学者游酢为教谕,职掌扶沟学事,并延请弟弟程颐来扶沟讲学。程门立雪的故事就发生在这一时期。

程氏弟兄在扶沟讲学,吸引了全国各地的士人前来拜师求学,一时扶沟人才荟萃,文风大盛。如河南上蔡人谢良佐、陕西蓝田人吕大临、福建将乐人杨时、建阳人游酢,后来都成为宋代著名的学者,世称"程门四大弟子"。

谢良佐博闻强识,与别人谈话时,引经据典,一字不差。在扶沟求学时,程颢把他安置在书院旁边的一间旧屋子里,冬天下雪没有煤炭取暖,夏天下雨屋里漏水,晚上没有蜡烛,白天连饭也吃不饱。可是,谢良佐从不抱怨,只是一味学习。他坚持每天写日记,反思日常言行,认为修身的最大障碍在于"矜",刚愎自用、自欺欺人、骄傲自满都是由"矜"引起的。一年后,他与程颐相见,程颐问他这一年来有何收获。他从容回道:"唯去得一'矜'字。"程颢听后高兴地夸他已经学会独立思考了,而"良佐去矜"的故事也成了千古流传的佳话。后来谢良佐考中进士,历仕知县、知州,创立了上蔡学派,有《上蔡语录》《论语说》三卷行世,成为心学的奠基人、湖湘学派的鼻祖。

吕大临出身于世代书香的官宦之家,兄弟四人皆登科及第,唯独吕大临气质刚强,一生追求学问。1079年,吕大临求学于扶沟,程颢、程颐指点他说:"一人之心即天地之心,一物之理即万物之理,一日之运即一岁之运。"后来吕大临成为北宋著名的学者和金石学家,官至太学博士,使二程理学向西发展。苏轼曾作《吕与叔学士挽词》云:"言中谋猷行中经,关西人物数清英。欲过叔度留终日,未识鲁山空此生。论议凋零三益友,功名分付二难兄。老来尚有忧时叹,此涕无从何处倾。"朱熹非常推崇吕大临,认为自己即使能够活到吕大临那样的岁数,也不见得能达到他那样的高度。

杨时聪颖好学,八岁能写诗,九岁能作赋,二十四岁登进士,授汀州司户参军,却托病不赴任,专心研究学问,著《列子解》,后至扶沟投于程颢门下,研习理学。当时,学者多从佛学,但杨时独衷理学,为此,程颢感叹:"学者皆流于夷狄矣,惟有杨谢二君长进!"杨时学成回福建时,程颢目送他远去,不无欣慰地对身边的人说:"吾道南矣!"果然,杨时把二程理学传播到东南各省,形成了独特的"闽学体系",终成一代鸿儒。

程门四大弟子中,只有游酢是被程颢特意邀请来扶沟执掌学事的。其时,游酢与其兄游醇俱以善文知名于天下，然而到扶沟后，很快就为二程的学问所折服，尽弃旧日所学，专攻理学。据《宋史·杨时传》记载，1093年5月，杨时先到嵩县程村，再到伊川伊皋书院寻拜程颐先生未果，到达登封嵩阳书院见到时已是冬天。这天，杨时和游酢去嵩阳书院拜见程颐，天下起了大雪，程颐正在讲堂上闭目小憩，杨时与游酢不敢打扰，加之求学心切，就侍立门外等候，等程颐醒来时，门外的积雪已经一尺多深了。这就是广为流传的典故"程门立雪"，成为尊师重道的千古美谈。后来，游酢和杨时一同成为闽学体系的开山鼻祖。至今，坐落于福建南平市的游定夫纪念馆里，还陈列着他在扶沟求学、办学的相关素材。

一个小小的扶沟县学，竟然培养出了这么多名人，在古代历史上实属罕见，即使在教育发达的今天也并不多见。程氏弟兄在扶沟讲学时，阐发了大量理学观点，对程朱理学思想的形成和发展起到了重要作用。经过程门四大弟子的继承传播，尤其经过朱熹集大成后，程朱理学逐渐取得了正统地位，成为南宋以后几代王朝治国思想的理论基础。

安徽望江人王应佩，是清朝康熙年间进士。1709年春，他在北京作内阁中书时，做了一个十分奇怪的梦，梦里他在一处书院拜谒了程颢夫子。冥冥之中，他总觉得自己会和程颢有所牵连。想不到十二年后，他竟然奉命到河南做扶沟代理知县。"十二年前京邸梦，寻源伊洛若神交。先生此地曾游仞，小子何缘忽代庖？遗像一堂垂绛帷，高台百尺俯青郊。瓣香低首怀畴昔，绕槛春风拂柳梢。"这首诗就是他来到扶沟拜谒大程书院后所写。

扶沟小县寡民，民风淳朴，教育事业至今发达，县志记载"喜耕织，乐诵读"，这与二程和王应佩在任时的教化不无关系。

一代儒宗继大义

宋明理学是中国思想发展史上的一个重要阶段，它是宋、元、明、清时期占据统治地位的思想。宋明理学的产生，经过了一个比较长期的酝酿、准备过程。从唐代韩愈、李翱发端，经过宋初胡瑗、孙复、石介等的接力，至北宋周敦颐、邵雍、司马光、张载等人发展，开始初具雏形。但真正使理学形成体系、具有初步完整形态的，则是程颢、程颐兄弟。

二程对宋明理学的开创之功表现于如下几个方面：

首先，他们确立了自韩愈开始所标榜的"道统"说，使儒家学说在古老的中国重新树立了权威。程颐在为程颢所写的《明道先生墓表》中说："孟轲死，圣人之学不传。道不行，百世无善治；学不传，千载无真儒。……先生生于千四百年之后，得不传之学于遗经，……使圣人之道焕然复明于世。"

二程终生殚精竭虑，阐发儒经之义理，又吸取佛、道学说中的一些思想成果及思维方法于理学之中，用以丰富和发展儒家学说，从而大大增强了儒学对读书人的吸引力。一种学说之所以能长期独尊于百家之上，不仅仅是靠统治者的青睐与强力推行，更是因为它本身具备征服人们思想的精神力量，有着强大的生命力。

二程理学之所以能够创立并被发扬光大，除了具有开创学派的聪明睿智之外，还在于他们善于继承和弘扬前代儒学大师的经典学说和最新理论成果，使其符合时代需要。在这方面，张载、周敦颐、邵雍等人已经为他们奠定了坚实的基础。

其次，在学风上，二程突破了严守师传、不敢独立思考的旧习，特别注重探求义理，阐发孔、孟之道，并提出了"穷经以致用"的主张。他们提倡学以致用，以为求学治道，在于实用，认为"滞心于章句之末，则无所用也，此学者之大患"，就像匠人制造工具一样，如果无用就不造它，学而无用等于白学。

二程著作颇丰，各种著作现已被合编为《二程集》。其中，《易传》是程颐对《易经》的注解，这部书集中体现了二程的理学思想，是程颐平生用力最多的著作。《粹言》是由杨时精选后编写出来的二程语录。

后来，宋明理学分为两派。二程所开创的理学，经过弟子杨时，再传罗从彦，三传李侗，到南宋朱熹集为大成，即"程朱理学"。这个庞大的、有严密逻辑体系的学说认为，"理"是宇宙万物的起源，最高境界是"存天理，灭人欲"，侧重于外在约束，提倡重建儒家伦理，整顿社会秩序，在中国封建社会思想领域中，长期占据统治地位。

另一派是从二程那里派生出来的"心学"派，源于程颢的主观唯心论思想，以同为四传弟子的陆九渊为代表，经明王阳明继承发展，提出了"心即理""知行合一""致良知"的思想，即"陆王心学"，也称"阳明心学"，侧重于内在慎独，反躬自省，不假外求，也对后期的封建社会产生了重大影响。

【延伸阅读】

座中有伎心无伎

程颢、程颐学业有成，声名鹊起。大家尊兄程颢为明道先生，弟程颐为伊川先生。但两兄弟性格截然不同，程颐严于律己，也严于律人，平常不苟言笑。程颢的性格就温和得多，他总是能照顾别人的心情。

有一天，他俩应邀参加朋友的宴会。酒席上，有几个花枝招展的歌伎弹弹唱唱，给客人劝酒。程颐看不惯，拂袖而去，程颢却若无其事，尽欢而散。

第二天，程颐余怒未息，跑到程颢的书房里，责备胞兄。程颢看着弟弟一本正经的样子，笑言："你还记挂着那件事吗？昨天酒宴上有歌伎，我心中却没有歌伎；今天我书房里没有歌伎，可是你的心里还满是歌伎。"

程颐听后沉思，自愧境界和修养远不及兄长。

十四、方腊是被梁山好汉所灭吗

【题记】经典名著《水浒传》中,最悲壮惨烈的桥段就是梁山好汉受招安后南征方腊,死伤惨重,一个个身怀绝技的英雄惨死阵前,最后鲁智深勇擒方腊,立下殊功。明清以来的许多评书传说,还有武松单臂擒方腊之说,结束了这次惨烈的征战。梁山好汉平方腊,可谓家喻户晓,深入人心。那么真实的历史是怎么样的?梁山好汉到底有没有南征方腊,方腊是不是被梁山好汉所灭呢?

征方腊损兵折将

经典名著《水浒传》讲述了北宋末年,以宋江为首的好汉聚义梁山、替天行道、除暴安良、接受招安、四处征战、结局悲凉的宏大故事;成功地塑造了宋江、林冲、鲁智深、武松、李逵、方腊等一大批有血有肉、栩栩如生、个性鲜明的英雄形象;艺术地展现了"武松打虎""智取生辰纲""鲁智深大闹五台山""林教头风雪山神庙""血染乌龙岭"等经典桥段;精彩演绎了梁山好汉金戈铁马、精忠报国的英雄梦,义薄云天、热血沸腾的江湖情,路见不平、除暴安良的侠义心,壮士断腕、英雄刎颈的残阳血。读罢无论是刻骨铭心的爱,还是不共戴天的恨,惨烈伤怀抑或舒坦快意,都令人印象深刻、难以忘怀。

《水浒传》的征方腊部分,充满了悲壮沉郁的气氛,意气风发的梁山好汉在惨烈的战事中纷纷凋零:"云里金刚"宋万等十人被马踏如泥,"浪里白条"张顺惨死湖底,"井木犴"郝思文被千刀万剐,"双枪将"董平被一刀斩为两段,"赤发鬼"刘唐被压为齑粉,"矮脚虎"王瑛和"一丈青"扈三娘夫妇惨死敌人刀下,"两头蛇"解珍和"双尾蝎"解宝兄弟跌落百丈高崖……虽然最终擒获方腊,平定叛乱,但一百单八将也折兵损将近七十人,读来令人唏嘘。

小说最后,宋江在潜入方腊内部的柴进帮助下,攻破了方腊的老巢帮源洞。方腊匆忙逃走,连夜翻越五座山后,走到了一处山坳里。因为赶路太急,肚中饥饿,于是准备去茅庵讨点东西吃。忽然,从背后跳出一个胖和尚来,一杖将方腊打翻,用绳索将他绑了起来。那和尚不是别人,正是花和尚鲁智深。

1998年1月,央视版电视连续剧《水浒传》首现荧屏。在第四十二集《血染乌龙岭》中,宋江军包围了方腊的王城,双方人马做最后的决斗。方腊的儿子与武松斗在一起,被武松一戒刀刺入胸膛。方腊在一边看得目眦欲裂,咆哮着策马奔来。他趁着武松尚未从儿子胸口拔出兵器之际,将武松左臂一刀斩下。武松抱着伤口仰天咆哮,大喊道:"拿命来!"随即飞身扑倒方腊,用仅有的一只胳膊生擒了方腊。

事实上,"武松单臂擒方腊"并非央视版电视剧首创。明崇祯年间的《通臂拳谱》就记载有"武松独手擒方腊"的武术套路;清道光年间的曲本《涌金门》也有"武松单臂擒方腊"的情节;另一曲本《武松单臂擒方腊》极为精彩地描写了此过程。《水浒传》写鲁智深经神人指点擒方腊,过程平淡。相较之下,武松单臂擒方腊,更显悲壮效果。所以,清末浙江萧山人蔡东藩作《历朝通俗演义》,其《宋史演义》就采用了冲击力较强的"武松单臂擒方腊"情节。受此影响,田连元在评书《水浒传》中,也对擒方腊作了修改,改为"公主自杀武擒方腊"。1975年香港邵氏电影《荡寇志》,把"武松单臂擒方腊"的故事拍成影视作品,给大众呈现了一场荡气回肠的视觉盛宴。

方腊被梁山好汉所擒可谓家喻户晓,深入人心,似乎毋庸置疑。

剥开茧廓清迷茫

历史上真实的宋江起义是怎样的呢？北宋末年，皇室衰颓，奸臣当道，乱党勾结，横征暴敛，民不聊生。朝廷在梁山泊设置了"西城括田所"，宣布将整个梁山泊八百里水域收为公有，并且规定，百姓凡入湖捕鱼、采藕、割蒲，都要依船只大小课以重税。梁山泊周围多为贫苦农渔民，不堪重负，长期积压的不满终于爆发。

1119年，宋江聚集三十六人，在京东东路（今山东）所管辖的黄河以北地区起义。宋徽宗诏令京东东路、京东西路提刑督捕之。但由于朝廷军队久疏战场，缺乏训练，战斗力极差；又由于宋江"其才过人"，属下三十六人都是强悍猛勇之士，个个英雄，所以，征剿不仅没有消灭宋江起义军，反而使其威名远扬。宋江率军攻陷十余郡城池，惩治贪官，杀富济贫，声势日盛。在数万官军的围追堵截中，起义军机动灵活地打击官军，虽然人数不多，却似一把钢刀，令统治者闻风色变，"官军莫敢撄其锋"，成为一支很有影响的农民起义队伍。

12月，宋徽宗采纳亳州知州侯蒙"赦过招降"建策，颁旨招安宋江未果，又命歙州知州曾孝蕴率军征讨。宋江避其锋，自青州率众南下沂州，与官军周旋年余，战斗打得十分艰苦，终因寡不敌众，被知州蒋园率兵击败。

1121年初，起义军继续南下，攻打淮阳军，接着乘船到达海州境内。宋江和副将吴加亮等人仔细分析了海州滨海的特点和城防情况，决定攻城。海州知州张叔夜刺探到情报后，连忙招募敢死队一千余人，在近城设伏，再派出小股士卒赶往海滨诱战，同时将精兵埋伏在海边。双方开战后，伏兵蜂拥而上，举火烧毁了宋江的船只。宋江虽然率部勇猛拼杀，给官军以重创，但见船只着火、退路已断，也不免有些慌乱。这时，张叔夜乘势发动全面进攻，俘虏了吴加亮。宋江在重兵包围之下，不得已率部接受招降。

《宋史》中关于宋江的记载到此为止，他本人结局如何不再见于正史。而野史则记载宋江投降官府后,被朝廷安排去攻打方腊,军队损兵折将,宋江本人也遇害身亡,《水浒传》后半部便是根据野史撰写的;还有的说,宋江投降张叔夜后,所有的头目当时就被张叔夜杀死,三十六人都被埋在海州城南白虎山。当地至今还流传着一首诗:"白壁虎山阴,坟冢草木青。问是谁家墓,梁山好汉茔。"本已流传数百年的剧情,到近世出现反转。1939年出土的宋将折可存的墓志铭记载:"腊贼就擒,迁武节大夫。班师过国门,奉御笔捕草寇宋江,不逾月,继获,迁武功大夫。"这个记载说明,折可存先参与擒拿方腊,再参与擒拿宋江。不过,多个史料记载宋江于1121年2月被招降,方腊于当年4月被擒。方腊被擒是在招抚宋江之后。同是史料,孰真孰假,史学界争论不休。但有两点是肯定的,宋江从发动起义到最后失败,只有一年多的时间;起义失败后不久,他便死去了。

宋江的大名,因一部荡气回肠的《水浒传》而著称于世,梁山一百单八将的故事也因此而脍炙人口。然而历史上真实存在的人物除了宋江之外,只有一人有据可查,他就是史斌,如果与《水浒传》相对照,他应当是九纹龙史进的原型。宋江被招降后,朝廷为了瓦解其势力,将其部下调往全国各地任职,其中史斌被分配到陕西,用来防备西夏。史斌对这一安排极为不满,感到受到了欺压,于是愤然举兵反宋。起义之初,史斌所部势如破竹,队伍迅速壮大。宋高宗建炎元年,史斌攻克兴州,自称皇帝,建立政权。称帝后,史斌将目标瞄准了川蜀之地,以期割据一方,徐图天下。但当时蜀地被南宋朝廷派重兵驻守,史斌攻打剑门不克,只得退回陕西。后来,史斌又攻占了长安,军心大振。然而,短暂的兴奋过后便是金兵南下,据传史斌与金人作战,被南宋抗金名将吴玠所袭,兵败被俘,身受极刑。

由辉煌转向败亡

在《水浒传》中方腊是一个梁山好汉终极克星式的人物,甚至在早些年的剧中,方腊还能使用妖法,呼风唤雨。那历史上真实的方腊起义是怎样的呢？

北宋宣和年间，朝廷昏庸腐败，奸臣蔡京、童贯一伙当道，上梁不正下梁歪，各级官吏贪墨成风，穷奢极欲，不断课加重税，百姓几乎无法活命。宋徽宗喜花石竹木，青溪多产竹木漆，是官吏重点酷取之地。百姓深受剥削压迫之苦，怀有刻骨仇恨，既然活不下去，横竖都是死，倒不如反了，说不定还能搏一条活路。1120年，方腊假托"得天符牒"，自称圣公，建元永乐，带着手下数千名贫苦农民杀死当地保正一家，于帮源洞起义。百姓苦官府久矣，闻风响应，纷纷汇集方腊麾下，形成燎原之势。方腊起义仅仅两个月，义军便攻占多个州县，大有割据半壁江山之势。义军所占苏杭江浙一带恰是宋王朝的经济核心区，宋徽宗和大臣们大惊失色，恐慌不已，急调精兵十五万前去镇压。义军兵力分散，未经正规训练，因此渐渐陷入被动，后虽顽强抵抗，终归失败。

其实方腊起义在民间之所以名气不大，不为后人所熟知，主要的原因就是这场起义持续的时间很短，而且是以失败告终。1120年10月至1121年4月，仅半年时间，方腊主力便被官军歼灭，方腊本人及主要领导人被俘，8月被押赴汴梁处死。此后余部坚持到1122年，最终被围歼，轰轰烈烈的方腊起义被彻底镇压。

大多数人了解方腊起义都是根据《水浒传》那几回的描写，以至于对这场起义和方腊本人都带有偏见和误读。历史上真正的方腊起义远比小说中描绘得更为浩大，虽然持续时间不长，却辐射了宋王朝的半壁江山，前后发展了近百万部众，全盛之时建立了包括江苏、浙江、安徽、江西六州五十二县的政权，在当时对宋王朝的威胁远在北方金人之上。就在方腊起义被镇压五年后，北宋都城汴梁便在大雪中被金军攻克，北宋王朝灭亡。

据史实还原真相

那么宋江到底有没有参与平定方腊起义呢？

从上面的史料可以看出，从宋江投降到方腊起义失败，中间只有两个月的时间。有学者指出,即使宋军征调宋江投入江浙战场,也要按程序上报请示,加之部队整编,从海州行军到江浙,这其中没有两三个月,根本无法完成。更何况朝廷对起义军的投降者历来十分猜忌,怎么会保留其原来统属和实力而让其行军出征呢?所以,历史上真实的方腊被灭并不是小说《水浒传》里写的那样,是被招安后的宋江所平叛,更没有武松、鲁智深擒方腊之事。

在正史中,方腊起义比宋江起义出名太多,方腊起义军规模和影响也远比宋江起义军大。方腊起义爆发后,宋徽宗坐卧不安,为了对付方腊,任命童贯为宣抚使,率领中央禁军及秦晋蕃汉兵共计十五万人,杀向浙江。秦晋蕃汉兵就是陕西、山西一带防备西夏、契丹的驻军,加上中央禁军,几乎就是大宋王朝最精锐的部队。1121年初,方腊派方七佛领七万大军北伐,攻打秀州。守将王子武和知州宋昭年坚守,童贯大军赶到,方七佛大败,退回杭州。2月,方腊放弃杭州,逐渐南撤。4月,方腊全线溃退,撤回到起义策源地帮源洞,号称还有二十万大军,但有作战能力的不足十万。陕西将领王渊手下裨将韩世忠,潜行溪谷,经询问农妇,找到了一条隐秘的山间小路,于是铤而走险,长途奔袭,宛如神兵天降,来到了方腊潜藏的洞穴之中,经过一番殊死格斗,杀死了数十名方腊侍卫,擒获了乱世枭雄方腊。

忠州防御使辛兴宗见韩世忠夺了头彩,慌忙赶去,领大军截杀洞口,不仅将那些俘虏都抢过去,还厚颜无耻地将"活捉方腊"的战功归到自己名下,仅给韩世忠一个"承节郎"的低级军衔打发了事。随后,主帅童贯班师回朝,大宴有功之臣,也"赏不及世忠"。功劳被人抢了,官职升不上了,韩世忠自然很郁闷,独自躲在角落里狂饮烂醉,谁曾料到,"失之东隅,收之桑榆",当日宴会中,一个梁氏营伎和他一见钟情,于是,一个是不得志的军汉,一个是沦落风尘的女子,两人惺惺相惜,很快就结为夫妇,该梁氏女子就是后来的抗金巾帼英雄梁红玉。

北宋灭亡,韩世忠成为南宋中兴虎将,闯出了赫赫威名。尤其在镇江保卫战中,其夫人梁红玉亲自击鼓,兵困金兀术,后血战黄天荡,让韩世忠名扬天下。

由此我们可以还原历史真相:方腊起义是被童贯率领的十五万大军剿灭。

方腊本人被裨将韩世忠所擒,最后被辛兴宗抢功,轰轰烈烈的方腊起义最终画上了一个悲壮的句号。

再创作重塑形象

既然历史上梁山好汉并没有参与南征平定方腊起义,那为什么小说《水浒传》和电视剧《水浒传》都提到了这个故事呢?

《水浒传》成书过程漫长,由北宋末年至元末明初,长达二三百年。宋江起义的故事早已在民间流传,南宋小说家罗烨在其著作《醉翁谈录》中,就收录了《青面兽》《花和尚》《武行者》《石头孙立》等篇目。南宋末年,面对元朝的入侵,南宋一味消极防守,甘于苟安。为唤起百姓的民族意识和反抗斗志,善诗画的龚开撰《宋江三十六赞》,对宋江等好汉进行歌颂。他感叹道:"与其逢圣公之徒,孰若跖与江也!"真是石破天惊之语。在宋无名氏话本《大宋宣和遗事》中,出现宋江征方腊的故事,结局是宋江平方腊有功,被封为节度使,明显是演绎。到了元末明初,施耐庵、罗贯中师徒将相对粗糙的民间传说及早期作品进行整理和再创作,赋予了梁山好汉一个悲剧的结局,无论是艺术性还是思想性,都达到了新的高度,使散乱的民间作品升格为不朽的文学巨著《水浒传》。

1994年,央视开拍《水浒传》。与原著相比,电视剧《水浒传》虽然故事情节有较大改动,但完美继承了原著深刻的思想性。其中最能升华整部作品思想境界与精神内涵的就是征方腊,将最后的悲剧表现得荡气回肠。如果没有征方腊,梁山好汉只能是普通的草莽。编剧当然不是在歌颂愚忠和痴义,只是给我们讲述了一个时代的悲剧,一个封建社会被压迫人民的命运。征方腊事毕,疲惫的梁山残旅夜宿钱江,那狂涌不息的潮声阵阵传来,梁山好汉的幸存者肃穆倾听,象征着梁山英雄在历史的长河中渐渐消逝,这是梁山好汉集体命运的归宿。

从寻常的瓦舍评书到百万字的鸿篇巨制,从戏曲舞台上的"生旦净末丑"

到荧屏上的全景展现，《水浒传》这部英雄传奇、忠义悲歌，跟随着时代的脚步，已走过数百年的历程。神游水泊、梦回梁山，不同时代语境中的人们都忍不住要对这部奇书作别样的解读，把英雄的故事一说再说，这就是经典的魅力。

【延伸阅读】

梁山好汉海外称王

《水浒传》中有这样一段描写，征方腊期间，"混江龙"李俊偶然结识了"太湖四杰"，并劝说他们加入梁山队伍，共讨方腊建功立业。而"四杰"认为，朝廷对武将素来猜忌，征完方腊，必卸磨杀驴、痛下毒手，李俊如梦初醒。但李俊是一个讲义气的人，当即和"四杰"约定：等协助宋江征完方腊，就和他们一道归隐。

方腊平定后，宋江和幸存的梁山好汉回朝复命，准备接受封赏。李俊以患病为由，向宋江辞别，并请求留下童威、童猛二人照料自己，宋江同意。李俊带着童家兄弟同"四杰"会合，打造船只，前往海外发展。

传说李俊等人来到了暹罗，占据金鳌岛。暹罗国王多次发兵征讨，均被打败，无奈，只好招安。不久，暹罗发生内乱，李俊参与平乱，并在动乱平息后，被暹罗人拥立为国王。而回朝复命的梁山好汉，恰如"四杰"所言，除极少数外，均遭毒手，包括宋江在内。

十五、悲惨的徽钦二宗

【题记】"普天之下,莫非王土;率土之滨,莫非王臣",九五至尊的封建皇帝,集权力、富贵、荣耀于一身。他们一言九鼎,大权在握;锦衣玉食,有享不尽的荣华富贵;万民景仰,拥有众星捧月、山呼万岁的荣光。然而,中国历史上也有宋徽宗、宋钦宗这样可悲的父子皇帝,先是委曲求和、纳币割土、苟且偷安,后又战败亡国,成为阶下囚。两人尝尽什么样的屈辱,又有怎样的悲惨故事呢?

无心之柳大统继

1082年,宋神宗第十一子赵佶降生,初封遂宁王,后改封端王。关于他的降生有一段传说,据明《良斋杂说》记载:一次,宋神宗去秘书省,看到南唐后主李煜的画像神采风流、儒雅俊逸,仰慕至极。当晚,他梦到李后主来参谒。不久,后宫的一位嫔妃怀孕,生下赵佶。因此,有人把赵佶视为李煜转世。

1100年,赵佶的兄长、年仅二十四岁的宋哲宗驾崩,没留下子嗣,生前也没有安排皇位的继承问题,继位皇帝只能从他在世的五位兄弟中选择。赵佶非嫡出,按照宗法制度,他并无资格继承皇位。但宋神宗的正宫娘娘向太后正直贤淑，在朝野威信很高，她看中了端王赵佶，认为赵佶仁孝端正，且有福寿之相，坚决主张赵佶继位大统。于是，原本无缘也无意继承帝位的赵佶被天上掉下来的馅饼砸中，当上了皇帝，是为宋徽宗。

赵佶即位时十九岁，派群臣请向太后共商国是，向太后却说："嗣君年长，不必垂殿。"宋徽宗泣恳再三，向太后方才应允，并通过内侍传话说："嗣君已长，本不应垂帘，以皇帝圣孝宫中累日拜请，泣涕不已，今姑循圣意。才俟国事稍定，则当还政。"向太后果不食言，垂帘半年后，便归政于宋徽宗。哪知，宋徽宗却把朝廷弄得一团糟，把国家治理得一塌糊涂。

风流才子昏庸帝

宋徽宗有两个显著特点，一是具备杰出的艺术才华，二是追求奢靡享受。

宋徽宗有位艺术家姑父王诜，是宋神宗妹妹蜀国长公主的驸马。王诜出身富贵之家，公子气十足，风流蕴藉，能文会诗，喜文士，好交游，善画，好色。"近朱者赤，近墨者黑"，赵佶与这位姑父最为亲密，深受其影响。他后来的近臣高俅，就是王诜送的。

作为文人，宋徽宗在中国书画史上享有一席之地。他自创的"瘦金体"闻名于世，瘦劲峻丽，飘逸劲特，有"屈铁断金"之誉。他的《秾芳依翠萼诗帖》笔法犀利遒劲，铁画银钩，被论者称为出神入化的楷书"神品"。2008年4月20日，宋徽宗草书手卷《临唐怀素圣母帖》在香港以一亿两千八百万港元的价格成交，创下当时中国书画作品在全球拍卖市场上的最高成交纪录。他的国画造诣堪称登峰造极，享有"千古画帝"之誉。现藏于故宫博物院的《祥龙石图》《芙蓉锦鸡图》、藏于美国大都会博物馆的《翠竹双雀图》、藏于辽宁博物馆的《瑞鹤图》和藏于上海博物馆的《柳鸦图》《四禽图》无不表明，在花鸟画上，宋徽宗的作品称得上大师级佳作。2005年1月9日，他的《桃竹黄莺卷》在上海以六千一百一十六万元人民币的高价拍卖。

宋徽宗不只自己画画，还创办了画院。画院里招画家，必须由他出题、批卷、钦点，所出题目情趣盎然，至今令人称道的"竹锁桥边卖酒家"是著名试题之一。此次考试中，众多考生皆重于酒家，以小溪流水、水桥野渡、竹林清风为衬托，但这都不合赵佶之意。唯有画家李唐的作品，构思新颖，独辟蹊径，画面上是一泓溪水，小桥横卧，桥边是一片竹林，在郁郁葱葱的竹林中，挂着一幅迎风招展的"酒帘"，整个构图从"虚"字入手，使人浮想联翩。赵佶看后大悦，认为酒家藏在竹林中正合"锁"意，亲点其为第一名。

但作为皇帝，宋徽宗却是极不称职。因为趣味相同，赵佶重用奸臣蔡京为宰相，这一对君臣，被后世公认是断送了大宋江山的千古罪人。

蔡京是个见风使舵、投机钻营的两面派。宋神宗任用王安石变法时，蔡京积极支持并参与变法。司马光为相，废止新法时，他又立即投靠司马光，受到赏识。后蔡京被弹劾夺去官职、徙往杭州，又与童贯结为密友，朝征暮逐，狼狈相依。蔡京不仅会拍马逢迎，也多才多艺，吹拉弹唱，吟诗作赋，皆擅长。为了投宋徽宗所好，他刻意画屏障、肩带，并代购名人字画，加上自己的题跋，托童贯送给宋徽宗。宋徽宗果然龙颜大悦，很快把他调回京城。

为了操纵朝廷，蔡京百般引诱宋徽宗沉湎于荒靡的生活。他对皇帝说："如今天下太平，国库里有的是钱，皇上不享受谁享受？"有资料说，蔡京当了宰相，清仓盘库以后，向皇帝汇报："国库里的积蓄有五千多万贯，足够快乐生活。"

高俅也对皇帝说："您看看三皇五帝，坟头上长满了荒草，有什么意思？及时行乐，才是真理。"

宋徽宗喜欢石头，蔡京就指派心腹朱勔专门在江浙一带搜罗奇珍异宝与奇花异石，并动用大批船只向京都运送，每十艘船编为一纲，称之为"花石纲"，后来发展成为灾难性的、波及全国的"花石纲"大劫难。运到京城的石头数以十万计。历史上著名的宋江起义和方腊起义均发生在这一时期。

宋徽宗还喜欢道教，花大钱支持道士讲经。因为有了皇帝的倡导，全国的道士都有官职级别，享受俸禄和福利，致使人们争先恐后当道士。宋徽宗为了长生不老，得道成仙，在皇家园林"艮岳"里蓄养了很多美貌处女陪他修炼。

宋徽宗不满足于宫中佳丽。一次出宫寻欢，当红名妓李师师一曲娇媚的

《万里春》唱得自称"赵乙"的他心神荡漾、一见倾心。宋徽宗觉得宫中的女人一个个呆若木鸡,哪里如李师师这般万种风情。于是,他特意挖了地道,定期幽会李师师。

白山黑水严相逼

东北丛林的女真人建立金国前,曾是臣属于辽国的一个少数民族。后完颜阿骨打统一女真各部,于1115年建立金国。

此时的宋朝正是宋徽宗时代,朝廷内外向辽国复仇的呼声甚嚣尘上。1118年,宋徽宗派出使节从山东登州渡海到金国,商议共同攻辽,约定灭辽后宋可以得到燕云二府,史称"海上之盟"。但是战事的发展完全出乎宋徽宗的意料,一边辽军在北方被金军打得狼狈不堪,另一边趁虚而入的宋军却在南方被辽军揍得丢盔弃甲。金国窥视到宋朝军事孱弱,于1125年挟灭辽之余威,兵锋南指,直达汴京城下。

胆战心惊的赵佶束手无策,匆忙将帝位禅让给长子赵桓,自己连夜离开汴京南逃。赵桓改元"靖康",是为宋钦宗。他将主战的李纲升为尚书右丞,又授任汴京留守,全权负责汴京防卫。

李纲在汴京外城四面城墙上安排了四万八千名皇家禁军和临时招募的民兵,准备了大量守城必备的弩床、砖头石块、火油、滚木等。同时,他还迅速组织起四万马步军,派得力将官统领。金军在斡离不的指挥下,连日向汴京发起猛烈进攻。李纲指挥宋军,多次打退金军。但为保全汴京,宋钦宗仍决定与金军和谈。和谈中,金军提出:北宋一次性付给金军黄金五百万两、白银五百万两,将燕云十六州、太原、中山、河间之地全部割让给金,并以皇室中的亲王和宰相为人质。尽管条件如此苛刻,宋钦宗仍决意和谈。

就在这时,局势发生了转机。北宋的各路勤王大军二十万人陆续抵达汴京。金军不得不北撤,汴京转危为安。

金军第一次攻打北宋的战争结束后,进攻山西的西路金军重新围困太原,太原守军最后到了人竟相食的境地。宋朝共出动四十万大军，先后展开了三次大规模救援行动，但都归于失败，太原陷落。在主和派的极力攻击下，宋钦宗以"专主战议，丧师费财"的罪名，将李纲贬出汴京。

1126年8月底，金太宗再次发起攻宋战争，一路如入无人之地。为保住北宋江山，宋钦宗派弟弟康王赵构前往金营议和。康王到达河北后并未到金营和谈，而是在老将宗泽等人的辅助下待在相州（今河南安阳）。11月，金军再次直达汴京城下，发起围攻。

此时，汴京城内的宋军仅有七万余人，守军在数万汴京青壮年百姓的支援下，凭借汴京外城高大的城墙，与金军展开了激烈的战斗。宋钦宗在大臣的陪同下，亲自登上汴京外城看望冽冽寒风中的宋军士兵，并与将士在城头上共进晚餐。与此同时，在宫中，朱皇后和朱慎德妃也亲自与宫女们一起，为守城军士缝制衣被和护领棉套。同时，宋钦宗再向四方传旨，要求各地宋军紧急勤王。然而，只有几支小规模的北宋军队到达汴京，进入城中的不足万人。

宋金双方在城下激战十五天，守城宋军由七万余减少到了三万余，汴京城防到了最后关头。

在汴京刚刚被围时，汴京城开始盛传，宋军殿前司龙卫营的郭京精通六甲法，法力无边，可以生擒金军。宋钦宗给郭京万金以招收六甲神兵。郭京招兵的标准是只要生辰八字命合六甲者即可，城中众多市井无赖都成了六甲神兵。1127年1月9日，金兵冒着漫天大雪四面攻城，战况非常激烈。在大臣多次催促下，郭京终于率领他的六甲神兵出场了。谁知六甲神兵刚刚出城，还未与金兵交战，就被吓得四下逃匿。郭京见势不妙，趁机溜之大吉，从此再无下落。

城外的金军见外城门大开，立即蜂拥入城。源源不断的金军涌上外城墙，很快占领了汴京四面城郭上的十六个门，控制了整个汴京外城。

靖康之耻天下奇

金人破城后并没有继续进攻，只是占领外城，并假惺惺地宣布议和退兵。

完颜宗翰"请求"太上皇到金营谈判。宋徽宗不敢去，宋钦宗不得已，以太上皇受惊过度、痼疾缠身为由，自己代为前往。

宋钦宗率大臣到金营后，金军统帅却不与他相见，只是派人索要降表。宋钦宗不敢违背，慌忙令人写降表献上。而金人却不满意，要求用四六对偶式骈体文写降表。迫于无奈，宋钦宗只好叫来大臣孙觌修改降表。孙觌反复斟酌，改易四遍，方令金人满意。降表呈上后，金人又提出要太上皇前来，宋钦宗苦苦恳求，金人才松口。接着，金人在斋宫里设香案，令宋朝君臣面北而拜，宣读降表，以尽臣礼。当时风雪交加，宋钦宗君臣受此凌辱，皆暗自垂泪。投降仪式进行完毕，金人心满意足，便放宋钦宗返回。

宋钦宗历尽羞辱，三日后归来，恍如隔世，见到前来迎接的大臣禁不住号啕大哭，宫廷内外更是哭声震天。宋钦宗刚回，金人就来索要金一千万锭，银两千万锭，帛一千万匹。宋钦宗深感府库不足，遂令权贵、富室、商民出资犒军。所谓出资，其实就是抢夺。对于反抗者，动辄枷项，连皇后娘家也未幸免。金人索要骡马，开封府便到处搜刮，方才搜得七千余匹，京城马匹为之一空，官员上朝只能徒步。金太宗又索要贡女三千名、犒赏金军少女一千五百人，宋钦宗不敢怠慢，甚至拿自己的妃嫔抵数。

尽管宋廷如此奉迎，但金人仍不满足，要求宋钦宗再次到金营商谈。宋钦宗到达金营后，完颜宗望、完颜宗翰根本不与他见面，把他安置在军营斋宫西厢房的三间小屋内，陈设极其简陋，除桌椅外，只有一个可供睡觉的土炕，两席毛毡。屋外有金兵严密把守，屋门也被金兵用铁链锁住，宋钦宗君臣完全失去自由。此时正值寒冬腊月，汴京一带雨雪连绵，天气冷得出奇。宋钦宗除了白天要忍受饥饿的折磨外，晚上还得忍受刺骨的寒风，辗转反侧，不能入睡。

宋钦宗度日如年，思归心切。宋朝官员多次请求金人放回宋钦宗，金人却不予理睬。1127年2月，宋钦宗不得不强颜欢笑地接受金人的邀请去看球赛。球赛结束后，宋钦宗哀求金人放自己回去，结果遭到完颜宗翰厉声斥责，吓得他不敢再提此事。

金人声言金银布帛数一日不齐，便一日不放还宋钦宗。宋廷闻讯，加紧搜刮。开封府派官吏直接闯入居民家中搜括，横行无忌。自宋钦宗赴金营后，风雪不止，汴京百姓无以为食，将城中树皮、猫犬吃尽后，就割饿殍为食，再加上疫病流行，饿死、病死者不计其数。

开封府极尽所能才搜集到金十六万两、银两百万两、锦缎一百万匹，但距离金人索要的数目还相差甚远。金人一看金额没有达到要求，便改掠他物。凡祭天礼器、天子法驾、各种图书典籍、大成乐器以至百戏所用服装道具，均在搜求之列。大宋朝廷将整车整车珍贵物品送往金营，汴京城内怨声载道，民不聊生。

3月20日，金太宗下诏废宋钦宗、宋徽宗为庶人。当金人逼迫徽、钦二帝脱去龙袍时，随行的吏部侍郎李若水抱着宋钦宗不让，还痛斥金人为狗辈。完颜宗翰初时想招降李若水，李若水却骂不绝口，被宗翰的手下割喉，殉节而死。

此时，金军统帅得知康王赵构在河北积极部署军队，担心断其退路，开始撤军。撤退时，金人烧毁汴京城郊的房屋无数。"东至柳子，西至西京，南至汉上，北至河朔"，金兵"杀人如刈麻，臭闻数百里"，罪行滔天，令人发指。

身死异国下场凄

1127年4月，大获全胜的金军分兵北撤。这是一次完胜的掠夺之旅：除了海量金银、丝帛、布匹、玉器、古玩、图书、药材外，最引人注目的是不下十万名俘虏。俘虏不仅包括徽、钦二宗及其直系亲属、宫女、宦官及朝廷大臣，还有不少工匠、医师、艺人和普通百姓。

闻知太上皇和皇帝即将被金人带走，在金人胁迫下登基的新皇帝张邦昌早早地带领文武官员和太学生来到南薰门。白衣飘飘，衣冠似雪，张邦昌一行立案焚香，行礼如仪，继而放声痛哭，以丧礼的形式向他们的旧主子永别。也就在同一天，距南薰门不远的汴京城外，宋钦宗一行也在对着皇宫和宗庙的方向跪拜辞行，"黯然销魂者，唯别而已矣"。悲痛欲绝的宋徽宗伏地行礼后，无法站起身子，他的儿子景王赵杞只得一边抹眼泪，一边扶他起来。

十五、悲惨的徽钦二宗

宋徽宗、郑皇后及亲王、皇孙、公主、驸马、妃嫔等一行人由宗望监押，沿滑州北去。从出生就锦衣玉食的宋徽宗，一路上粗茶淡饭，凄凄惶惶，受尽了屈辱和折磨。途中下起了大雨，宋徽宗一行人等乘坐的牛车有不少都漏了雨，一些宫女和妃嫔们只好到金人乘坐的车中避雨。谁知金人竟抱住这些宫女、嫔妃们肆意奸淫，一些体弱的宫女、嫔妃竟被折磨致死。也有一些刚烈的宫女嫔妃不堪受辱，愤而自尽。一路上连日风雨大作，宋俘饿殍满地，惨不忍睹。到达真定（今河北正定）时，金兵打起一面大旗，上书"亡宋太上皇"几个大字。城中百姓均为大宋子民，见到大旗下的宋徽宗都哭了。

宋钦宗、朱皇后、太子、宗室及孙傅、张叔夜、秦桧等人则由宗翰监押，沿郑州北行。途中，宋钦宗被迫改穿普通青衣。为了防止他逃跑，每到宿营时，金兵都要把他的手脚与其他宗室成员捆在一起。

宋徽宗和宋钦宗等到达会宁府（今黑龙江阿城）后，金人决定在金太祖完颜阿骨打的庙前举行献俘大典。在那里，他们竖起五面白旗，分别写着"俘宋二帝""俘宋二后""俘叛奴赵构母""俘宋诸王、驸马""俘宋两宫眷属"。庙前，二帝二后被勒令脱去袍服，仅着内衣。其余人等，不论男女，均赤裸上身。所有人都披上一张及腰的羊皮，手拿一根羊毛织成的绳子。二帝被引进幄殿，恭敬地将手中的绳子递到金帝手中。这种仪式叫牵羊礼，意在表示自己就像羊羔那样，任由主人宰割。

仪式结束后，朱皇后不堪凌辱，愤而上吊，被人救起后，又投水自尽，殉节而死。牵羊礼次日，赵佶父子获得了公与侯的封爵。只是，封爵是为了进一步侮辱他们：赵佶被封为昏德公，赵桓被封为重昏侯。皇室的妃嫔、公主惨遭集体蹂躏，被发送浣衣局沦为娼妓。赵构的母亲韦贵妃，被金人抓走时已经四十八岁，竟成了金人重点"照顾"的对象。

6月12日，康王赵构在河南商丘建立南宋，是为宋高宗。1130年9月，宋徽宗和宋钦宗等被押至松花江下游的五国城。因为受不了金人的折磨，一日，宋徽宗将衣服剪成条，结成绳准备悬梁自尽，被宋钦宗发现后救下来，父子俩抱头痛哭。后来，金人将二帝移往均州，宋徽宗病情严重，不久死去，年仅五十四岁。被发现时，他的尸体都僵硬了。宋徽宗的尸体被架到一个石坑上焚烧，烧到半焦烂时，用水浇灭扔到坑中。据说，这样做可以用坑里的水做灯油。宋钦宗悲痛至极，也要跳入坑中，但被人拉住，说活人跳入坑中后，坑中的水就不能做灯油了。宋徽宗去世后，宋钦宗的心情更加压抑，长期幽禁令他忧惧万分。

1140年，就在岳飞率军打败金军、准备乘胜北上收复汴京洗雪靖康之耻时，宋高宗一天之内连下十二道诏书，强令岳飞撤军。1142年，宋金双方达成"绍兴和议"。南宋在称臣、割地、纳贡的同时，还"必杀岳飞"。同年，岳飞以莫须有的罪名被一杯毒酒毒死。

"绍兴和议"后，韦贵妃带着宋徽宗的灵柩返回南宋。当韦贵妃的车辆离开五国城时，宋钦宗竟拉住车辕，哀求韦贵妃返回大宋后，一定要宋高宗将他接回，他只愿做一个闲人，不会和高宗争皇位。然而，宋高宗对他的要求置若罔闻。

1156年，金军强令宋钦宗参加马球赛，宋钦宗不善骑射，从马上摔下来，被乱马践踏致死，终年五十七岁。

宋钦宗在位仅一年又两个月，却做了长达三十年的俘虏。《宋史》感叹说他"享国日浅，而受祸至深"。他所受之祸，既缘于他的父亲，也因为自己。对于宋徽宗，元朝宰相曾评价他"诸事皆能，独不能为君耳"。对那些寡德不仁的人主，古人早就有精辟论断："近者祸及身，远者及其子孙。"沉溺于酒色享乐、穷奢极欲的赵佶，在位二十多年间持续不断地胡作非为，不仅祸及自身，还祸及子孙。躺在冰天雪地的五国城，午夜梦回，赵佶一定流过悔恨而伤心的泪。只是，天崩地坼的巨变早已发生，又岂是几行渐渐冷却的泪水能够化解的？

【延伸阅读】

名妓李师师

李师师原姓王，因父亲犯事入狱，被一李姓娼户收养，改名李师师。十五岁时，她便名动京城，艳压群芳。大才子秦观原本是万千少女的偶像，但也对李师师情有独钟，隔三岔五便往她住的矾楼跑。后来，秦观离开京城，始终还是觉得李师师最好，感叹"遍看颍川花，不似师师好"。就连宋徽宗也被李师师迷倒，修筑密道与她幽会。

李师师最爱慕的人是徽猷阁待制周邦彦。周邦彦喜作词、善谱曲，风雅绝伦。这天，李师师听说宋徽宗有恙，便暗约周邦彦来会。两人正互述衷肠，忽传圣驾降临，周邦彦慌忙钻进李师师床下。

宋徽宗特地给李师师带来了江南新进贡的鲜橙，李师师亲手剥了二人分食。三更时分，宋徽宗要回宫了，李师师叮嘱说："已经三更了，马滑霜浓，你要小心了。"宋徽宗走后，五味杂陈的周邦彦钻出来，写下了《少年游·并刀如水》这首词。

一次，李师师与宋徽宗云雨之后，竟忘情地把《少年游·并刀如水》唱了出来。宋徽宗听后，问填词的人是谁，李师师不敢隐瞒。第二天，宋徽宗就下令把周邦彦贬出了京城。后来，宋徽宗又听到了《兰陵王·柳》，觉得周邦彦确实是个人才，就赦免了他，还让他做了专管乐舞的大晟府提举。

十六、岳飞悲剧探源

【题记】岳飞,字鹏举,河南汤阴人,著名民族英雄,位列南宋"中兴四将"之首。他尽忠报国、抵御外辱的精神为世代所敬仰;他率领的"岳家军"屡立战功,令金兵哀叹:"撼山易,撼岳家军难";他创作的千古绝唱《满江红》,至今读来仍令人心潮澎湃;他因莫须有罪名惨死风波亭,令无数人扼腕叹息、义愤填膺。如今杭州岳王庙还立着秦桧、秦妻王氏、张俊、万俟卨四人跪像,阙上还有一副对联:"青山有幸埋忠骨,白铁无辜铸佞臣。"一代忠臣名将,含冤而死,其悲剧根源到底是什么?

投戎抗金勇武显

1103年3月的一个夜晚,一个男孩诞生在一户姓岳的农家中。因他出生时恰好有大鸟飞鸣掠过屋顶,父母便给他取名为飞。岳飞出生不足一月,黄河在内黄决堤,洪水暴至,岳飞的母亲姚氏抱着他坐进一个大缸,被河水冲到岸边才得以活命。

岳飞从小喜爱武术,力大过人。他拜同乡周同、陈广为师,学习射箭、枪法。经过一段时间的刻苦学习,他能拉开三百斤的大弓,且枪法精熟,全县无对手。岳飞天资聪颖,但因家穷上不起私塾,只能白天劳作,晚上看书识字。

十六岁时，他娶妻刘氏，次年生下长子岳云。为养家糊口，新婚不久的岳飞便离家到相州城（今河南安阳），"为韩魏公家庄客，耕种为生"。

1122年，童贯伐辽，真定府（今河北正定）成了前线，知府刘鞈招募一批"敢战士"以御辽，应募人中就有岳飞。他在军中有勇有谋，表现出色，很快得到上级赏识，被知州王靖保举为从九品承信郎。但就在此时，父亲岳和病故，岳飞回家奔丧守孝，保举一事只得作罢。

1124年冬，河北多地遭遇天灾，"民多流移"。岳飞服丧期满，为维持生计，当了"游徼"。岳飞第二次从军，被分拨到河东路平定军（今山西平定县）。次年，金军南下，平定军被打散，突围出来的岳飞返回老家。回乡的岳飞目睹了金人入侵后百姓遭残杀、奴役的情形，心中愤慨，决心重返前线抗金。母亲姚氏虽是普通的农家妇女，却深明大义，她鼓励儿子"从戎报国"，在其背刺上"尽忠报国"为训。

1126年，金军南下围困北宋都城开封，兵荒马乱之中，宋钦宗命康王赵构和宰相张邦昌赴金做人质，赵构见形势不妙，止于相州，后在老将宗泽支持下，自号河北兵马大元帅，征召各路兵马勤王。二十四岁的岳飞第三次从军，归于宗泽属下的前军统制刘浩军中。

寒冬腊月，金军持续围困开封，岳飞率一百精骑侦察敌情，返回时，突遇金兵，士兵们都吓得不知所措，岳飞却不慌不忙地说："敌虽众，未知我虚实，及其未定击之，可以得志。"说完带头冲向敌阵，斩了金军一名将领。士兵们受到鼓舞，也冲杀上去，无数金兵成了刀下鬼。岳飞一战成名，官升三级，至从八品秉义郎。此后，岳飞的军事才华逐渐显露，屡立战功，官职也由当初的从八品秉义郎一路升迁，三十五岁时官拜太尉（宋代武职官阶之首），任湖北京西路宣抚使兼营田大使、武胜定国军节度使，三十七岁时，授开府仪同三司（文职官阶之首）。

卓尔不群功勋建

"靖康之耻"后，康王赵构在南京应天府（今河南商丘）登基为帝，改元建炎，是为宋高宗，史称"南宋"。

宋高宗迫于形势起用抗战派李纲为宰相，并以"收复故土""迎回二圣"为口号笼络人心。同时，朝廷组织溃败的部队和各地勤王部队，组建了几支军队。岳家军就是这样组建起来的。岳家军以朝廷拨隶为主，加上牛皋、董先（曾在金或伪齐任职，后归宋）等归正将卒，后陆续收编杨幺等部众，吸收山东两河忠义社梁兴、李宝等，汇成大军。

但不久，宋高宗罢免李纲，同宠臣汪伯彦、黄潜善等奸佞小人放弃中原，逃到扬州。1129年初，宋高宗接到内侍急报：金军攻破天长郡（今安徽天长市），正朝扬州杀奔而来。宋高宗狼狈渡江，经镇江府逃到临安。随后，迫于舆论压力，他不得不罢免汪伯彦、黄潜善等人。当时的御营司统制王渊，在临安城到处搜刮富商和百姓，民怨沸腾，宋高宗却对他大加褒奖，擢升为枢密院副使，这让驻杭将士非常寒心。扈从统制苗傅和威州刺史刘正彦因此发动兵变，将王渊杀死，并把他的头挂在了朝天门上，腰斩内侍押班康履，逼迫宋高宗退位，扶年仅三岁的皇太子即位，史称"苗刘兵变"。后来，文臣吕颐浩、张浚和武将韩世忠、刘光世、张俊起兵"勤王"，宋高宗才得以"复辟"。

此次兵变，因为苗傅以徽、钦二帝仍在北方来质疑赵构皇位的正统性，并以此要求赵构退位，使得赵构耿耿于怀，对他后来排斥北伐、倾向与金议和产生了很深的影响。金军侵占扬州后，宋高宗患上了严重的"恐金症"，不仅丧失了报仇雪耻、收复失地的勇气，反而苟且偷安，一心只想保住性命和皇位。

南宋示弱求和的态度，并没有让金国改变灭宋政策。1129年秋，金兵渡江南侵，建康陷落，宋高宗在战火中四处逃亡，最危险的时候，甚至漂泊到海上避难。

此时的南宋社会动荡，溃兵盗匪遍野，各路军队拥兵自重，朝廷无力节制，"诸军动则溃，溃则盗，盗则招，招则官，反复循环，无有穷已"。1130年，朝廷反攻建康府的命令下达时，除了岳家军，没有一支部队听命而行。岳飞在建康城南三十里的清水亭取得大捷，金兵横尸十五里，接着岳飞又在建康南面的牛头山设伏，斩首三千余，生俘三百余，遂收复建康。这次胜利，使南宋政权渡过了最大的危机，朝中上下包括宋高宗都对岳飞刮目相看。

收到捷奏后，宋高宗召岳飞到越州（今浙江绍兴）献俘，这是他第一次见到岳飞。不久，岳飞被任命为通、泰镇抚使。此后，无论是抗击金军、讨伐游寇，还是镇压农民起义，岳飞都显示了出类拔萃的军事才能，战绩远超张俊、刘光世等"中兴名将"。宋高宗对岳飞简单的出身和背景非常放心，多次提拔他，甚至还打算让他统率全国大部分军队："中兴之事，朕一以委卿，除张俊、韩世忠不受节制外，其余并受卿节制。"

岳飞也感激宋高宗的信任，曾上书称："臣实何人，误辱神圣之知如此，敢不昼度夜思，以图报称。"

虽然宋高宗把所谓的中兴之事托于岳飞，但他内心对中兴事业并不抱希望。因为他不敢也不愿放开手脚与金人一搏，只把军事行为作为议和的筹码。相反，岳飞却始终如一地力主北伐。因此，君臣二人在北伐这个根本问题上，观点完全不同。

恃才傲物同僚怨

岳飞有别于其他武将，他不贪财不好色，深得军心民心。他有一句座右铭被后世广为传诵："文臣不爱钱，武臣不惜死，天下太平矣。"

宋高宗经常重赏岳飞金银珠宝，但岳飞将所赏之物都转手赏给有功将士，自己的官俸除养家外，大多用来购买粮食。一旦军队粮草供应不上时，他就把存粮拿出来救急。岳飞的住处非常简陋，宋高宗曾提出在临安给他建造一座豪宅，岳飞连忙上书谢绝："北虏未灭，臣何以家为！"岳飞从军抗金后，其妻改嫁，后来他娶李娃为妻，再也没有纳妾蓄姬，这和其他大将截然不同：南宋初年，诸将贪财好色、攀比成风，宴会一般都有姬侍侑酒、歌女助兴，如抗金名将吴玠因酒色过度咯血而死。与武将们竞相奢靡相比，岳飞可谓另类。

岳飞在军界崭露头角，给人印象最深的，尚不是战功，而是军纪。岳飞以"冻死不拆屋，饿死不掳掠"的严明纪律，赢得了"行师有律，几不犯于秋毫"的评价。

但岳飞的耿直、倔强也得罪了不少人，包括同为主战派的大将们。如岳飞曾隶属"八字军"首领王彦，当时王彦驻军新乡石门山下，看到敌军集结，王彦认为必须持重，年少气盛的岳飞责备他胆怯："二帝蒙尘，贼据河朔，臣子当开道以迎乘舆。今不速战，而更观望，岂真欲附贼耶！"

1137年，镇守淮西的刘光世被免职。宋高宗令淮西军归岳飞节制，岳飞见部队行将扩充，收复中原有望，兴奋异常，壮志满怀地写了一道奏章《乞出师札子》，准备以大兵团经略中原。但由于宰相秦桧、张浚从中作梗，宋高宗很快又出尔反尔，收回成命，并派张浚到岳飞军中，征求淮西军人事安排的意见。岳飞认为张浚提出的王德、吕祉、张俊、杨沂中都难胜任，张浚讥讽岳飞道："浚固知非太尉不可也。"岳飞愤而上了一道请罢军职的札子，未经高宗应允，便擅自离军前往庐山为母亲守墓。岳飞身为太尉、武胜定国军节度使兼营田大使，已进入朝廷一品大员之列，却做出这样任性的举动，满朝皆惊。事发后，张浚接连上奏宋高宗，指责岳飞"专在并兵，奏疏求去，意在要君"，把问题说得十分严重。宋高宗得知后十分着急，专门命人请岳飞还军，劝说了六天，岳飞才答应受诏朝见，还军视事。后来，张浚用人不当，导致淮西军变，引咎辞相。但岳飞却把张浚当时提出的几员大将都得罪了。

南宋"中兴四将"中，岳飞是升迁最快的，短短七八年时间，就从一个小将升到了统帅，自然让刘光世、张俊心里不平衡，尤其张俊，本是岳飞昔日的长官，最后因嫉恨而陷害岳飞。岳飞治军、治将以严著名，但可能正是因此，史籍中关于部将对岳飞有深厚感情的记载并不多见，反而当他蒙冤之时，手下将官王俊诬告于他，王贵、董先也被逼做了假证。

劝君立储触龙颜

宋高宗曾有一独子，名为赵旉，1129年"苗刘兵变"时，宋高宗曾被迫将皇位禅让给三岁的皇太子赵旉，自己做了太上皇。叛乱平息后，宋高宗携赵旉离开杭州，北上建康。赵旉生了疟疾，治病期间，一个宫女走路不小心绊倒了地上的炉子，发出巨响，赵勇病吓而亡。

宋高宗因在扬州受金军惊吓，丧失了生育能力，难有子嗣，只好收宗室赵伯琮（赵匡胤七世孙）为养子，封为保庆军节度使、建国公，但没有确立为太子。很显然，宋高宗不甘心将来把皇位轻易让人。但是，皇帝的这些小心思，耿直的岳飞却丝毫没有察觉。1137年9月，岳飞获悉金国欲立钦宗之子为宋朝皇帝，企图分裂南宋政权。正统观念很深的岳飞对此忧心如焚，不顾参谋官薛弼的再三劝阻，在觐见时请求宋高宗立太子以打破金人企图。宋高宗蓦然不悦，警告岳飞："卿虽忠，然握重兵于外，此事非卿所当与也。"历朝历代，立储问题都是朝堂上最严肃、最敏感的话题，岳飞自认为忠心耿耿，问心无愧，直言进谏，可没想到作为手握重兵的大将，此举不仅戳中了宋高宗的心病，还引起宋高宗的猜忌。在宋高宗看来，岳飞显然是"僭越"了。

当时岳飞统帅的军队数量庞大，"岳家军"三个字虽然并非岳飞自封，但也犯了皇帝的大忌。况且，秦桧的一句话"提醒"了宋高宗："太祖当年也是忠臣。"恰恰岳飞此时手握大宋半数以上兵马，战功赫赫，声望极高，就算他不想反，也难保他手下的兄弟不想立功。

对于宋高宗来说，这个时候他并不怕金，只要与金议和，划淮河而治，自己还能继续当皇帝。而能威胁到皇位的，反而是岳飞了。

风波亭里英魂断

1141年，就在抗金战争取得辉煌胜利时，南宋朝廷连下十二道金牌，急令岳飞"措置班师"。岳飞愤慨地说："十年之功，废于一旦；所得州郡，一朝全休。社稷江山，难以中兴；乾坤世界，无由再复！"

回到临安，岳飞立即陷入秦桧、张俊等人编织的罗网。遭诬告"谋反"的岳飞，被关进临安大理寺。回首来路，二十多年披肝沥胆、血洒疆场，如今却遭奸人诬陷、身陷囹圄，岳飞思绪万千，心似掀起惊涛骇浪，一曲千古绝唱《满江红·写怀》从口中缓缓吟出："怒发冲冠，凭栏处，潇潇雨歇。抬望眼，仰天长啸,壮怀激烈。三十功名尘与土,八千里路云和月。莫等闲,白了少年头,空悲切!靖康耻,犹未雪;臣子恨,何时灭。驾长车,踏破贺兰山缺。壮志饥餐胡虏肉,笑谈渴饮匈奴血。待从头,收拾旧山河,朝天阙!"

监察御史万俟卨亲自刑审拷打,严刑逼供。与此同时,宋金之间,正加紧策划第二次议和,双方都视抗战派为眼中钉,金军都统帅金兀术甚至凶相毕露地写信给秦桧:"必杀飞而后可和。"

1142年1月27日,宋高宗下令赐死岳飞。民族英雄岳飞,就在莫须有的罪名下含冤而死,时年三十九岁。岳飞部将张宪、儿子岳云亦被腰斩于市门。

岳飞的悲剧是由多种原因造成的,但最根本的原因是宋高宗担心北伐成功,迎回徽、钦二帝,自己的皇位和荣华富贵不保。为了苟安于世,宋高宗向金人求和,继续推行崇文抑武政策,千方百计限制主战派势力。作为武将佼佼者的岳飞,清廉自好,又有赫赫战功,这对"怀黄袍加身之疑"的宋高宗来说,无疑如芒刺在背。直到后来宋孝宗登基,重新北伐抗金时,才为岳飞平反昭雪。

岳飞在报国大业尚未完成的情况下惨遭奸佞之徒陷害,含冤而去,但他的英名和事迹一直为后人所称颂。正如岳飞研究会会长龚延明教授的评价:"岳飞,在中国,几乎是一个家喻户晓的民族英雄。在他身上所体现出来的强烈爱国主义精神和宁死不屈的高尚情操,八百多年来,一直在感染和鼓舞着后来人。可以说,在中国人的心目中,岳飞已成了一面爱国统一的旗帜,廉洁奉公的楷模,蔑视权贵、伸张正义的正人,以身殉志、宁死不屈的英雄。"

【延伸阅读】

青山有幸埋忠骨

1141年,宋高宗以十二道金牌急令岳飞班师回朝,随后解除了岳飞、韩世忠等人的兵权,与金媾和。据《宋史·岳飞传》记载:"狱之将上也,韩世忠不平,诣桧诘其实。桧曰:'飞子云与张宪书虽不明,其事体莫须有。'世忠曰:'莫须有三字何以服天下?'"

岳飞被害前,在供状上写下"天日昭昭,天日昭昭"八个绝笔字。

岳飞被害后,对他一向仰慕的狱卒隗顺冒着生命危险将其遗体连夜背出城外,偷埋在九曲丛祠旁。为了便于日后辨识,隗顺把岳飞身上佩带的玉环系在其遗体腰下,还在坟前栽了两棵桔树。隗顺死前,将此事告诉儿子:"岳帅尽忠报国,今后必有给他昭雪的一天!"1162年,宋孝宗即位,准备北伐,为顺应民意,降旨为岳飞平反,追封鄂王,谥武穆,并以五百两白银的高价征寻岳飞遗体。隗顺的儿子把其父藏尸的真相告知官府,岳飞的遗骨遂被迁葬杭州西湖畔栖霞岭,即"宋岳鄂王墓",并立庙祀于湖北武昌,额名忠烈,供后人凭吊。

十七、陆秀夫崖山殉国

【题记】宋元更替之际,南宋帝后辅臣们纷纷向蒙军屈膝投降、苟且偷生。但与此同时,在南方沿海怒火燃烧的土地上,却站起了一批批铁骨铮铮、力挽狂澜的忠义之士。他们宁为玉碎,不为瓦全,用鲜活的生命谱写了一首首壮丽的诗篇。受命于危难之际的陆秀夫,便是这个拼死抗争群体中的杰出代表。

初露锋芒志非凡

陆秀夫,字君实,江苏盐城人。他自幼聪明超群,在村塾就读时,常被塾师称道:"这百余蒙童之中,独有秀夫为非凡儿。"他才思敏捷,七岁便能读诗文,稍长,喜读爱国为民书卷,十九岁时考取进士,与文天祥同榜。

科举时代有个不成文的"规矩",科考虽说是为国取仕,但发榜之后,重臣、权臣们纷纷也延揽人才,收归门下。而这些新科贵人,也需要投个靠山,以利于日后发展。文天祥中状元后,权臣贾似道马上认为门生;陆秀夫中进士后,被北方重臣、淮南制置使李庭芝礼聘到幕府任职。李庭芝以惜才、爱才、延揽人才著称,颇有"战国四公子"遗风。他帐下人才济济,各怀绝技,因此,他的幕下被称为抗元前线"小朝廷"。陆秀夫性情沉静,不喜张扬,每当僚吏来拜访、宾主互相取乐时，只有他独自一人在旁，默默无语。有时府中设宴摆酒，陆秀夫坐在席间，矜持庄重，少言寡语，人们都觉得他难以接近。但陆秀夫"敏于事而慎于言"，老成干练，深得李庭芝器重。因此，陆秀夫在李府中地位不断提升，后任参议官，主管机要。

1275年，元军大举进攻南宋，两淮地区情况更加紧急，幕僚纷纷辞职，唯独陆秀夫临危不惧，与李庭芝同舟共济，誓死抗敌。李庭芝为他的品格所深深感动，觉得他是一个难得的忠义之士，就把他作为中流砥柱之材推荐给朝廷。陆秀夫任宗正少卿兼权起居舍人，负责记录皇帝日常行动与国家大事，累至礼部侍郎。

然而，陆秀夫对此很是苦恼。因为这些职务都远离军队，远离前线，让他深感英雄无用武之地。书生之气可凌云，陆秀夫能否挽狂澜于既倒？

一腔热血难施展

当时，元军在宋朝叛将吕文焕的带领下正顺江而下。沿江诸将多为吕氏部属，望风降附，如兵部尚书吕师夔、殿前指挥使范文虎等一直畏战，贾似道迫于形势不得不率兵出征，他派孙虎臣领步兵七万多人驻扎在丁家洲、夏贵带战船两千五百艘横列江面，自己则率军安营芜湖西南的鲁港。双方交战，孙虎臣部在元军的攻击下，阵脚大乱，溃不成军。贾似道惊惶失措，元军乘胜追击，宋军大败，主力丧失殆尽。鲁港之役失败后，贾似道即被免职，贬为高州团练副使，行至福建漳州木棉庵，被监押使臣会稽县尉郑虎臣所杀。此时，南宋王朝灭亡的命运已经无可挽回了。

贾似道出征之后，朝政由他的亲信王熵、陈宜中把持。陆秀夫多次上书，慷慨陈词，请求到前线抗元杀敌，却屡次遭到拒绝。一个堪当大任的国之忠臣，就这样被无情地摒弃在战争之外，只能望洋兴叹，空怀一腔报国之志。

1275年7月，蒙军威逼临安，南宋朝廷陷入了极度混乱之中。贪生怕死的左丞相留梦炎，偷溜投降，六部官员竞相效仿，接踵远走他乡。掌管军机、边防事务的枢密院官员文及翁、倪普之流，惧怕落下临阵脱逃的骂名，竟串通监察机关，乞请御史借故上疏弹劾，以求罢官，但又恐朝廷开恩挽留，未等奏章批复，就已逃出京师。短短几天之内，临安就刮起了一股凶猛的"挂冠"之风，闹得朝廷顿时"门前冷落车马稀"。

六十六岁的太皇太后谢道清摄政，守着六岁的宋恭宗赵显，忧心如焚。束手无策的孤儿寡妇，最后想出一条对策，用谢氏的名义半是乞求、半是恫吓地在朝堂上张贴一道诏谕，大意是：大宋得天下三百余年，对读书的士大夫向来优礼厚爱。如今我与幼帝遭难，文武百官竟没有一人出一智一谋救国。朝内辅臣玩忽职守，州城守将弃印丢城，御史纠查不力，丞相执政无方。你们自称平日读圣贤书，通达事理，在此国难之际，却做出如此令人鄙视的丑事，还有什么脸面活着为人？死后又有什么颜面去见先帝！大宋江山未改，国法尚在，自即日起，文武官员凡尽心守职者，一律官升两级；倘有临难弃官出逃者，将严加追究惩处。

但是，往日趾高气扬、一呼百应的太皇太后，临到国势危如累卵、回天乏术之时，也难免呼天不应、唤地不灵了。不管是用高官厚禄引诱，还是以严刑峻法威吓，对急于逃命的臣下来说都无济于事了。当年曾使群臣敬畏的诏谕，如今成了一纸空文，附着在朝堂的墙壁上任凭风吹雨打。

内外交困的太皇太后，慑于元军泰山压顶般的武力威胁，最后与右丞相陈宜中商定：议和、乞降。她先派柳岳、陆秀夫、吕师孟等三人前往伯颜营中，主动提出愿意称侄并纳币，请求元朝罢兵议和，却当即遭到拒绝。继而又派监察御史刘观杰再去伯颜营中"奉表称臣"，许诺每年进贡银二十五万两、绢二十五万匹，幻想以此换取南宋朝廷残存一隅。伯颜对此非但不许，反要南宋丞相亲自出面请降。消息传回临安，陈宜中唯恐被元军扣留，连夜逃往温州，遂使南宋违约。伯颜大怒，命令元军进驻临安城郊三十里处皋亭山，以示警告。太皇太后任命文天祥为右丞相兼枢密使，都督诸路人马，与伯颜议和，却被伯颜所扣，后幸运脱身。太皇太后无奈，用小皇帝赵显的名义向元"百拜奉表"，自动削去帝号，改称"国主"，派监察御史杨应奎带着宋朝传国玉玺三去伯颜营中，拱手把宋王朝的最后一块残山剩水送上，宣告了南宋偏安江南的局面彻底结束。1276年2月4日，蒙元军攻占南宋行在临安，俘幼帝宋恭宗。5日，临安城里举行和平受降仪式，宋恭宗正式退位。陆秀夫只能眼睁睁看着大好河山任人践踏，一腔热血无从抛洒。

铁骨铮铮英雄汉

太皇太后谢道清并未把宋室全部拱手交给元军。在临安城即将陷落之际，驸马都尉杨镇、国舅杨亮节将益王赵昰和广王赵昺护卫出京，悄悄来到温州。时年，益王八岁，广王四岁。一批不肯投降的宋室文臣武将得知二王驾临温州，怀着东山再起的梦想，集聚而来。陆秀夫就是在这时辗转来到温州的。随后，太傅张世杰率领的一支水军也扬帆赶到。陈宜中出逃也带着船队，来到温州附近的清澳。于是，这批昔日宋室的重臣今又聚集在二王的麾下。陆秀夫和陈、张等人一致主张重建朝廷，再造乾坤，于是在温州江心寺拥立益王为天下兵马都元帅、广王为副元帅，同时发布檄文，召集各地忠臣义士紧急勤王。正在这时，已经成为伯颜阶下囚的太皇太后，委派两名宦官带领百余兵丁前来温州，假意迎接二王回临安降元，实则力谏南宋流亡小朝廷君臣同心，中兴宋室。陆秀夫等人不愿归降，扶持二王来到福州。

1276年6月，益王在福州称帝，改元景炎，是为端宗。杨太后垂帘听政，晋封广王为卫王，并组成以陈宜中、张世杰、陆秀夫为首的百官，试图重整旗鼓，中兴朝政。对南宋王朝来说，福州政权的建立是其复兴的希望，但希望又十分渺茫。朝廷当中，虽然有陆秀夫这样忠心耿耿、力挽狂澜于既倒的大臣，但更多的却是陈宜中等无德无能之辈。

当时，福州政权被人们称为"海上行朝"，只不过是"流亡政府"而已。政权建立之初，臣僚之间尚能同心协力，但是很快就发生了矛盾。外戚杨亮节以国舅自傲，"居中秉权"；张世杰与陈宜中不合；开府仪同三司、殿前都指挥使苏刘义受压制，郁郁不得志；文天祥与陈宜中政见不和，被排挤到江西九江，继续投身抗元；陆秀夫虽身为端明殿学士、签书枢密院事，但处处受到陈宜中的排挤，有志难伸。起初，陈宜中认为陆秀夫"久在兵间，知军务"，对他十分看重，而陆秀夫"亦悉心赞之，无不自尽"，但不久，陆秀夫与陈宜中意见发生分歧。陈宜中指使台谏官弹劾陆秀夫，并将他免职。张世杰知道了，非常不满，对陈宜中说："现在是什么时候了，你动不动就罢免人？"不得已，陈宜中才召回陆秀夫。

11月，元军进攻福州，张世杰等率领十七万官军和三十万民兵，护送端宗及卫王登舟入海，驶向泉州。当时，泉州权势最大的是阿拉伯籍富商安抚使蒲寿庚。此人寄居中国多年，还取得了宋朝市舶使官职，控制大量海船，独断当地海上贸易。端宗一行在泉州停泊后，张世杰急于扩充皇室实力，下令强取蒲寿庚在法石一带的蒲氏海舶四百多艘。忍无可忍的蒲寿庚把怒气撒在定居泉州的南宋宗子身上，杀害宋宗室及士大夫与淮兵约三千人。因行朝无力与之纠缠，只好离开泉州，取道潮州去惠州的甲子门（今广东海丰东海口处），1277年9月又转移到浅湾（今广东饶平南海中岛屿）。陆秀夫复为签书枢密院事，每次参与朝会，都"俨然正笏立，如治朝"，有时会潸然泪下，用朝衣拭泪，同僚见了没有不悲痛的。宋朝虽有文天祥、李芾等人进行极其艰苦的抗元斗争，但由于势单力薄，大都无所成就，行朝一步步走向灭亡。

元世祖忽必烈得知南宋"海上朝廷"未被剿灭，仍在福建、广东沿海出没，便急令塔出、李恒、吕师夔等率步卒越大庾岭，忙兀台、唆都、刘深等率舟师入海，两路并进，南剿行朝。11月，刘深攻浅湾，张世杰迎战不利，遂与陆秀夫护卫端宗去井澳（今广东中山南海中岛屿）。陈宜中见形势紧张，临难脱逃，远走占城（今越南）。12月，台风袭击井澳，雨骤涛狂，桅断船翻，士兵溺死过半。宋端宗及诸臣的座船虽然险象丛生却得以幸免，但宋端宗惊悸成疾。台风过后，张世杰、陆秀夫等忙于率部收拾残局，刘深乘隙指挥水师跟踪追击，行朝又被迫向珠江口外的谢女峡仓皇转移。

1278年3月，经历了百余日海上颠簸的行朝，终于找到一个落脚点冈州（今为雷州湾外一个岛屿）。4月，平地起风波，十一岁的宋端宗突然病死。一些官兵认为，这是"海上朝廷"寿命已尽的不祥之兆，为了避免与行朝同归于尽，纷纷要求各自逃生。就在这树倒猢狲散的严峻关头，陆秀夫挺身而出，大义凛然道："端宗驾崩，卫王还在。当年，少康能够凭借五百人马、十里方圆中兴夏朝，难道我文武百官不能依靠数十万兵民、万顷碧海复兴大宋王朝三百年的基业吗？"在陆秀夫的激励下，群臣个个情绪激昂，纷纷表示誓死复兴大宋王朝。接着，陆秀夫又与群臣立卫王为帝，仍由杨太后垂帘听政，5月改元祥兴。6月，行朝转移到崖山。危难之际，陆秀夫受命接任左丞相，与张世杰力挽狂澜，共撑危局。

兵败崖山难回天

崖山在今广东新会南八十里海中，与奇石山相对，势如两扉，周围潮汐湍急，舟行艰难，是一处可据险固守的天然堡垒，因此被行朝所选中。船队靠岸后，张世杰、陆秀夫立即派人进山伐木，在岛上造行宫三十间，军屋三千间，供君臣将校栖身。余下的二十万士卒，继续留在船上生活。为了迎接即将到来的殊死搏斗，又令随军匠人修造舰船，赶造兵器。

元将张弘范回大都向忽必烈述职，在奏疏中言称："张世杰复立卫王为帝，闽、广百姓奋起响应，倘若不及时剿灭，势必酿成大患。"忽必烈对此深以为然，当即委任张弘范为元帅，并赐尚方宝剑，令其全力进剿。张弘范推荐李恒为副帅，又亲临扬州点将，发水陆精兵两万，分道南征。10月，张弘范带舟师由海路袭漳州、潮州、惠州，李恒率步骑出梅岭袭广州，企图切断陆地与南宋"海上朝廷"的联系。

1279年1月，张弘范率舟师攻崖山，这时有人向张世杰进言："元军已用战船堵塞海口，使我等进退两难。不如尽早突围，另择途径登陆，即使不胜，也有回旋余地，尚可引兵西走。"张世杰深知士卒久居海上，战事艰苦，军心浮动，一旦登陆，难免溃散，于是回答道："我军连年疲于海上奔命，何时方休？莫如趁此时机与元军一决胜负。"随后毅然下令焚烧岛上行宫军屋，全部人马再度登舟，然后依山面海，将千艘战船用粗大绳缆连接成一字长蛇阵，又在四周高筑楼橹，宛如城堞，将幼帝赵昺的座船安置在中间，诏示将士与舰船共存亡。

崖山北部海面水浅，大船行驶极易触礁，张弘范便调舟师迂回到南部海面水深处，与张世杰的水军接战，同时断绝行朝运输淡水的通道。张弘范发现宋军战船集结，游弋不便，就用数艘轻舟，满载膏油柴草，乘风纵火，妄图火烧连营，一举取胜。张世杰早有准备，事先已在舰船上涂上厚土灰泥，两边有长木撑持，致使元军的火船无法接近，火攻失败。张弘范又增派舟师围困海口，害得宋军连续十余日以干粮充饥，用海水解渴，疲惫不堪，纷纷病倒。这时，李恒率部从广州赶到崖山与张弘范会师，张弘范令其控制崖山北部海面，准备南北夹攻。

2月的一天清晨，彤云漫天，风吼海啸。元军趁机发动总攻，意在先从精神上压垮疲惫的宋军。交战之前，张弘范把元军精锐分成四路，自己亲率一路。在向将校部署出击路线时，他说："宋军舰船停泊在崖山西面，涨潮之后必然向东漂移，我军要趁此天时发起猛攻。各路舟师以帅船鼓乐为号，闻风而动，不得有误。违令者斩！"随后李恒带领一路舟师，趁早潮退去、水流由北向南之机，顺流对宋军发起试探性攻击，以探明虚实。张世杰率部英勇抗击，双方厮杀，几经较量，未分胜负。及至中午，潮水猛涨，宋军舰船果然东移。张弘范见时机已到，便令帅船大奏鼓乐；张世杰不知这是元军再次发动攻势的信号，误以为是敌船官兵在战斗间隙饮酒作乐，所以未加戒备。不料，元军竟在鼓乐声中从南北两面同时冲杀过来，宋军腹背受敌，仓促迎战。在元军各路舟师的强攻下，宋军一艘旗舰的桅顶绳断旗落，顷刻之间，许多舰船的樯旗也随之纷纷降落。张世杰见旗倒兵散，连忙调集亲兵砍断船缆，准备轻装冲开血路，杀出重围。

负帝投海殉江山

时近黄昏，风雨大作，咫尺之间，景物难辨。张世杰趁着海面混乱，让人驾轻舟去幼帝赵昺的座船,以便寻机安全转移。一直在舟中观察战况的陆秀夫面对此景,知已不可为,且深恐奸细乘机向元军卖主邀功,又担心轻舟难以躲避元军密布的舰船,招致南宋幼帝被俘,因而断然拒绝来者请求。但他也知赵昺的座船笨重,又与其他舰船环结,行驶艰难,自己深知已经无法护卫幼帝安全走脱,便当机立断,决心以身殉国。

陆秀夫盛装朝服,先是手执利剑催促结发妻子投海,继而又力谏赵昺:"国事至今一败涂地,陛下当为国死,万勿重蹈德祐皇帝的覆辙。德祐皇帝远在大都受辱不堪,陛下不可再受他人凌辱。"说罢,他背起八岁的赵昺,用素白的绸带将其与自己紧紧束在一起,然后一步一步地走向船舷,踏上了从临安到崖山的最后里程,义无反顾地跳入茫茫大海……

杨太后听说帝昺死去,悲痛欲绝,随即也跳海而死。随后,跳海殉国的大臣和后宫女眷多达十余万人。

张世杰久候不见接迎赵昺的轻舟归来,便知凶多吉少,于是果断突围,在夜幕下夺路而去。数日以后,许多死里逃生的将士,又驾驶舰船集聚在张世杰的座船周围,停泊在南恩(今广东阳江)的海陵山脚下。有人给张世杰带来了陆秀夫背负幼帝赵昺殉难的噩耗。张世杰悲痛不已,正在这时,台风再次袭来。将士劝他上岸暂避,张世杰绝望地回答:"无济于事了。还是与诸君同甘共苦吧!"随后,他迈着沉重的脚步艰难地登上座船舵楼,痛苦地俯视着在风浪中飘摇的宋军残船,焚香祷告上天说:"我为赵氏江山存亡可谓鞠躬尽瘁,一君身亡,复立一君,如今又亡,大宋从此再无君可立了。我在崖山没有殉身,是指望元军退后再立新君,光复宋朝江山。然而,国事发展如此令人失望。难道这是天意!"张世杰说到此处,突然纵身入海,滚滚波涛又吞没了一位英杰……

崖山之战以宋军的彻底失败而告终,它标志着"流亡朝廷"的最后终结,也宣告了历时三百二十年的大宋王朝最终灭亡。

崖山战事结束后,张弘范自鸣得意,派人在崖山北面的石壁上,刻下了"镇国大将军张弘范灭宋于此"十二个字。解放初,原凿字因扩展航道被炸毁。1964年秋,田汉同志书写"宋少帝与丞相陆秀夫殉国于此"十三个行草大字，刻在近岸的奇石上。

周恩来总理曾说："崖山这个地方的历史古迹是有意义的，宋朝虽然灭亡了，但当时许多人继续坚持抗元斗争，保持了民族气节。"陆秀夫、张世杰是伟大的爱国者，他们受命于危难之际，殚精竭虑，试图力挽狂澜，重整大宋江山。可是，腐败的南宋王朝又岂是个人力量能挽救得了的呢？他们最终以自己的忠节之举报答了国家。他们的努力虽未能扶宋室之将倾，但其忠心报国的爱国精神可歌可泣。

【延伸阅读】

丹心汗青文天祥

文天祥，南宋末政治家，著名的民族英雄，与陆秀夫、张世杰并称为"宋末三杰"。

1276年，文天祥在福州与张世杰、陆秀夫等拥立益王赵昰为帝，聚兵抗元，终因势孤力单，败退广东。1278年，由于奸细告密，文天祥在五坡岭（今广东海丰北）不幸被俘。

元将张弘范将文天祥押往崖山，让他写信招降张世杰。文天祥说："我不能保护父母，难道还能教别人背叛父母吗？"并将自己写的《过零丁洋》给他看。张弘范读到"人生自古谁无死，留取丹心照汗青"也深受感动，不再强逼。张弘范向忽必烈请示如何处理文天祥，忽必烈说："谁家无忠臣？"遂命他将文天祥押往大都（今北京）。文天祥路上绝食八日，未死。

忽必烈爱其才，让降元的宋恭帝赵㬎来劝降。文天祥对赵㬎说："圣驾请回！"元丞相孛罗亲自审问文天祥，喝令他下跪。文天祥慷慨道："我为宋尽忠，只愿早死！"在狱中，文天祥收到女儿的来信，在回信中他说："收柳女信，痛割肠胃。人谁无妻儿骨肉之情？"

1283年，权臣阿合马被查后，忽必烈为选丞相事宜问大臣："宰相谁能?"群臣回答:"北人无如耶律楚材,南人无如文天祥。"元世祖欲授文天祥高官显位,但遭到他断然拒绝。忽必烈亲自劝降,文天祥长揖不跪说:"我是大宋的宰相。国家灭亡了,只求速死,不当久生!"遂引颈就义,时年四十七岁。

十八、"救时宰相"于谦何以束手

【题记】 大明王朝享国二百七十六年间，涌现出许多杰出人物，"救时宰相"于谦可排前三。"土木堡之变"后，在明英宗兵败被俘、明朝生死存亡的危急关头，他挺身而出，力排众议，扶大厦于将倾，取得了京城保卫战的胜利。"夺门之变"中，他遭奸人陷害，慷慨就义，其"粉身碎骨浑不怕，要留清白在人间"的浩然正气，至今长存于世。然而，令人不解的是，"夺门之变"发生时，手握大权、本可灭奸佞小人于反掌之间的他，却为何束手待毙、蒙冤而死呢？

少年立言清正官

1398年5月13日，于谦出生于杭州府钱塘县一个官宦之家。于家最崇拜民族英雄文天祥，家里供奉着其牌位。据传，于谦出生前夜，其父于彦昭梦见一个身穿红袍的神对他说："我文天祥感动于家一门忠义和对我的供奉，打算转世投胎，做于家子嗣。"于彦昭大吃一惊，逊谢不遑，但那神说完就不见了。于是，于彦昭给儿子起名为"谦"，就是"以志梦中逊谢之意"。

少年于谦，志向高远。七岁时，有位高僧惊奇于其相貌，说："这是将来拯救时局的宰相。"十七岁时，于谦在一座石灰窑前，观看师傅们煅烧石灰。

一堆堆青黑色山石，经过熊熊烈火焚烧后，变成白色石灰。他深有感触，略加思索后便吟出了脍炙人口的《石灰吟》："千锤万凿出深山，烈火焚烧若等闲。粉骨碎身浑不怕，要留清白在人间。"

1421年，于谦中进士。当时，大学士杨士奇任主考官，读了于谦关于经济的文章，非常赏识他的才华。1426年，汉王朱高煦起兵谋反。于谦被任命为山西道监察御史，随明宣宗朱瞻基亲征。待朱高煦出降，明宣宗让于谦历数朱高煦的罪行。于谦义正词严，声色俱厉，朱高煦被骂得"伏地战栗"，自称罪该万死。明宣宗大悦，当即下令任于谦为江西巡按。任职期间，于谦雪冤案数百，深受百姓爱戴。

1430年，朝廷增设各部右侍郎，直接派驻省巡抚。明宣宗知于谦大才，亲手写下其名交给吏部，越级提拔他为兵部右侍郎，巡抚河南、山西。到任后，他轻装简从，遍走辖区，访问百姓，体察民情，有兴办或革新之事，立即上疏。于谦恩威远播，民众赞其为"于青天"。

1435年，明宣宗去世，朱祁镇继位，是为明英宗。当时，杨士奇、杨荣、杨溥主持内阁，史称"三杨内阁"。他们都很重视于谦，于谦早上所奏请之事，晚上便能得到批复。"三杨"相继去世后，宦官王振掌权，他作威作福，肆无忌惮地滥权纳贿，百官大臣争相献金求媚。每逢朝会，进见王振者，必须献纳白银百两；若献白银千两，可得酒食款待，醉饱而归。而于谦每次进京奏事，从不带任何礼品。有人劝他说："您不肯送金银财宝，难道不能带点土产去？"于谦潇洒笑着，甩了甩袖子说："只有清风。"他还特意写诗《入京》以明志："绢帕蘑菇与线香，本资民用反为殃。清风两袖朝天去，免得闾阎话短长。"

1446年，王振指使党羽通政使李锡，以于谦对皇帝不满为由，上疏弹劾。在王振等操纵下，于谦被判处死刑，暂收狱中。此事传开，晋、豫两省官民共愤，联名上书请愿。王振抵挡不住，辩称有个御史和于谦重名，把两个人搞错了。

于谦被放出来后，降职为大理寺左少卿。河南、山西的官吏跪伏在宫门前上疏，数以千计的百姓请求于谦留任，周王、晋王等藩王也纷纷进言，于谦才得以官复原职。

1448年，于谦被召回京，仍任兵部右侍郎，留部理事。

国破之际挽狂澜

此时，蒙古瓦剌部逐渐强大，势力范围西到中亚细亚，东到朝鲜，北到西伯利亚，南到长城。瓦剌经常越过长城，骚扰明朝边境，野蛮掠夺人口和财物。他们还常以进贡马匹为名，向明廷索取大量的金银、绢帛、棉布等。大明朝廷按约定贡使人数给予赏赐，但瓦剌每年派到明廷的"贡使"人数渐渐突破约定，且有虚报现象。

1449年，瓦剌首领也先派遣"贡使"两千五百人到北京贡马，却虚报为三千五百人。明廷发觉后，按实际贡使人数赐赏。但也先以明廷侮辱瓦剌使臣和赐赏减少为借口，兵分四路，大举攻明。8月，也先率军攻打明朝北方重镇大同。王振不顾于谦等人反对，蛊惑明英宗朱祁镇亲征，由明英宗之弟、郕王朱祁钰监国。

明英宗和王振带领五十万大军出征，不料遇上狂风暴雨，士兵饥寒交加，军营一片混乱。随征的户部尚书王佐见形势不妙，劝明英宗退兵，王振骂他扰乱军心，罚跪在地。当前方明军惨败的消息不断传来，王振才惊慌失措，下令退兵，也先率兵紧追。当明军退到距怀来卫二十里的土木堡时，瓦剌兵从四面八方冲杀而来，明军溃败，死伤过半，损失的盔甲、武器和财物不计其数，明英宗被俘，随行的五十多位大臣无一逃脱，在混乱中王振被明将樊忠用铁锤打死，史称"土木堡之变"。

接着，也先率兵乘胜进击，妄图一举攻下北京。消息很快传到北京，明廷一片混乱。大臣们来到皇宫门前，放声相哭，有的义愤填膺，痛骂王振；有的胆战心惊，六神无主。

朱祁钰与群臣讨论应对方案。侍讲徐珵说星有异象，应当迁都南京。于谦厉声斥责："提议南迁的人应当斩首！京师是天下根本，只要一动便大事去矣。难道不见宋朝南渡的后果吗？"于谦力主迎战，得到吏部尚书王直、内阁学士陈循等爱国官员的支持。朱祁钰肯定了他的意见，决定固守。

当时京师守城士卒不到十万，人心惶惶，士气全无。于谦请朱祁钰调南北两京和河南的备操军、山东和东南沿海的备倭军以及江北所属各府的运粮军，立即奔赴顺天府，依次经营筹划部署，人心遂稍稍安定。随后，于谦升任兵部尚书，全权负责京师防御。

朱祁钰暂代皇帝出朝，廷臣们请求将王振灭门九族，而王振的党羽马顺叱责言官。给事中王竑怒打马顺，群臣蜂拥而上，对着马顺拳打脚踢，马顺当场毙命。朝堂秩序大乱，朱祁钰惊慌失措，几欲先走。于谦护住朱祁钰，让他宣谕："马顺等论罪当诛。"此时，于谦的袍袖已被撕破。吏部尚书王直握着于谦的手叹道："国家正倚赖你，虽有一百个王直也无用！"

国不可一日无主，而此时太子朱见深仅两岁，敌寇将至，于谦请孙太后立朱祁钰为帝。朱祁钰再三推辞，于谦慷慨激昂地大声说："我们完全是为国家考虑，不是为个人打算。"于是，朱祁钰即帝位，是为明代宗，遥尊朱祁镇为太上皇。

10月21日，也先挟持朱祁镇攻打紫荆关，图谋京城。明军在于谦的部署下，严阵以待。守将韩青、孙祥二人率兵血战紫荆关，用万余生命换来了京城四天的守备时间。

也先攻破紫荆关后，直趋京城。武将石亨建议收兵固守，避敌锐气。于谦不同意，马上调兵遣将，在九门外摆开阵势。他亲自上阵督战，并下令：临阵将领不顾部队先退却者斩！军士不顾将领先退却者斩！

也先原以为可顺利攻下京城，却见明军严阵以待，大失所望。叛变的宦官喜宁献计，邀明朝大臣迎接朱祁镇，索取黄金和丝织品以万万计，又邀于谦等出城谈判，均遭明代宗拒绝。

10月29日，瓦剌军窥伺德胜门。于谦令石亨率神机营设伏，派骑兵诱敌。敌兵果然中计，也先的弟弟孛罗被击毙。瓦剌军转移到西直门，都督孙镗奋力抵御，石亨分兵来援，敌寇撤退。副总兵武兴在彰义门血战敌军，和都督王敬一起挫败了也先的前锋。也先邀谈不成，作战又失利，相持五天后，听说各地勤王的明军即将开到，担心归路被断，携朱祁镇退去。

于谦令各路将领追击，到居庸关才回。京城保卫战结束后，朝廷论功行赏，加于谦少保、总督军务。他推辞说："四郊多堡垒，是卿大夫的耻辱，怎敢求取赏赐功劳！"明代宗不准。

公正廉明实中坚

也先退兵后，觉得留朱祁镇无用，遂有放回之意，派使者讲和。于谦说："以前派都指挥同知季铎、都指挥佥事岳谦前往讲和，而也先跟着入寇。接着派通政王复、少卿赵荣，没见到太上皇就回来了。显然，不能依靠和谈。况且，和了还要满足他无穷无尽的要求，给我们造成极大困难，不答应又会发生变乱，势不容和。武将如恐惧畏缩，怎能敌忾同仇！"从此，边境的将领人人都主张坚守作战，没有敢讲和的。

也先见明朝政局稳定，进退有据，更想讲和，遂提出把明英宗送回。大臣王直等商议派使者前往迎接，明代宗不高兴地说："朕本来不想登大位，当时是被推上来的。"于谦从容地说："帝位已定，不会再改。但从情理上，应该赶快把太上皇接回来。"明代宗看看他便改变面色说："听你的，听你的。"于谦派右都御史杨善前往瓦剌接回了朱祁镇。朱祁镇回来后，被软禁在南宫。明代宗不但将南宫大门上锁灌铅，还加派锦衣卫严密看管，连食物都只能通过小洞递入。为免有人密联朱祁镇，明代宗还命人把南宫附近的树木砍光，让人无法藏匿。

1452年，明代宗改立独子朱见济为太子。东宫改易后，明代宗命令凡兼东宫太子宫属者支取两份俸禄，于谦坚决推辞。然一年后，太子不幸夭折，年仅五岁。

于谦淳朴忠厚，生活简朴，所居住的房子仅能遮挡风雨。明代宗赐其西华门府第，他推辞说："国家多难，臣子怎敢安居。"明代宗不准，于是，于谦把明代宗之前所赏赐的玺书、袍服、银锭之类，全部封好，珍藏起来。

有一次于谦痰疾发作,明代宗不仅派遣太监轮番前往探视,而且亲自上万岁山砍伐竹子,取竹沥送给于谦。《明史·于谦传》对此感叹道:"宠谦太过!"明代宗曾经派使者到真定、河间采择野菜,去直沽制造鱼干,被于谦以扰民为由劝阻后,便马上停止。明代宗任用官员之前,一定悄悄征询于谦意见。于谦总是实事求是,不避嫌也不谋私。因此,不称职的人都怨恨他,不被明代宗宠信的亦往往嫉妒他。当也先刚刚撤退时,都御史罗通立刻上奏章弹劾于谦登记的功劳簿不实,御史顾曜说于谦太专权,干预六部大事,全靠明代宗力排众议,他才得以安然无恙。

于谦的性格很刚强,遇有不快之事,总是拍着胸脯感叹:"这一腔热血,不知会洒在哪里!"他看不起那些懦怯无能的大臣、勋贵、皇亲国戚,因此憎恨他的人很多。京城保卫战后,于谦不赞成讲和,虽然明英宗能够回来,于谦功莫大焉,但明英宗并不满意。徐珵因为提出迁都南京,被于谦斥责。徐珵怀恨在心,改名为有贞,才得到提升进用。将军石亨本来因为违犯了军法被削职,是于谦请求明代宗宽恕了他,还让他领兵十营。石亨投桃报李,上书推荐于谦的儿子于冕。明代宗下诏让于冕到京师任职,于谦推辞说:"国家多事时,臣子在道义上不应顾及个人的恩德,石亨身为大将,没有听说他举荐一位隐士,提拔一个兵卒,以补益军队国家,却推荐了我的儿子,这能得到公众的认可吗?我对于军功,极力杜绝侥幸,绝对不敢用儿子来滥领功劳。"石亨由此对于谦又愧又恨。都督张軏因为征苗匪时不守律令,被于谦弹劾。另外,内侍曹吉祥也忌恨于谦。这为后来于谦惨遭冤杀埋下了伏笔。

"夺门之变"贤良冤

1457年初,明代宗病重,将石亨召到病榻前,托以后事。石亨表面答应,却另有主意。他退出后,立即派人找到了张軏和曹吉祥。石亨说:"皇上病已沉重,如有不测,又无太子,不若乘势请太上皇复位,倒是不世之功。"于是,这三个野心勃勃的投机分子,决定将赌注压在太上皇朱祁镇身上。三人作了分工，曹吉祥进宫拜见孙太后，密告复辟一事，取得孙太后支持。石亨连夜去找徐有贞，徐有贞大为兴奋，当即表示须得赶快下手。2月10日夜，朱祁镇正秉烛读书，突然看见一大群人闯了进来，还以为是弟弟派人来杀自己，大惊失色。谁料众人一齐伏称万岁。朱祁镇这才问："莫非你们请我复位么？这事须要谨慎。"

2月11日清晨，紫禁城内突然钟鼓齐鸣，等待上朝的文武百官顿时乱作一团，正疑惑间，左副都御史徐有贞高声宣布"上皇复辟矣"，然后催促群臣入贺。复辟的朱祁镇在接受百官朝贺后，下诏将于谦等人当场逮捕，史称"夺门之变"。

《明史纪事本末》记载："景帝不豫，以储位未定，中外忧惧。兵部尚书于谦日与廷臣疏请立东宫，盖谓复宪宗也。"也就是说，于谦等人打算重立朱见深为太子。但曹吉祥等人诬陷于谦和吏部尚书王文制造不轨言论，策划迎接册立襄王。石亨等一口咬定，并唆使科道官上奏，都御史萧维祯审判定罪，坐以谋反，判处死刑。王文忍受不了这种诬陷，急于争辩，于谦笑着说："这不过是石亨他们的阴谋，分辨有什么用处？"奏疏上呈后，朱祁镇犹豫不决，说："于谦是有功劳的。"徐有贞进言说："不杀于谦，复辟这件事就师出无名，无以昭告天下。"朱祁镇方下定决心。

2月16日，于谦被押往崇文门外，就在这座他曾拼死保卫的城池前被斩决。其子于冕发配山西龙门，于冕妻邵氏发配山海关。史载：天下冤之！

刽子手杀于谦后非常惭愧，自刎而亡。指挥使朵儿原是曹吉祥的部下，他把酒泼在于谦死的地方，恸哭。曹吉祥发怒，用鞭打他。第二天，他还是照样泼酒在地表示祭奠。都督同知陈逵"感谦忠义，收遗骸殡之"，才没让于谦曝尸荒野。孙太后开始不知道于谦被杀，听说后叹息哀悼了好几天。次年，于谦的养子于康将其归葬于杭州西湖南面的三台山麓。

朱祁镇复辟后，改元天顺。3月，朱祁镇废明代宗为郕王，软禁于西苑。不久，郕王离奇去世，死因不明。

抄于谦家时，没有多余的钱财，只有正屋锁得严严实实。打开来看，是朱祁钰所赐蟒袍、银两等，都原封不动地保存着。石亨的党羽陈汝言任兵部尚书不到一年，贪赃累计巨万。明英宗召大臣进去看，铁青着脸说："于谦在景泰朝受重用，死时没有多余的钱财，陈汝言为什么会有这样多？"石亨无言以对。不久，边境有警，明英宗满面愁容。恭顺侯吴瑾在旁边侍候，进谏说："如果于谦在，一定不会让敌人这样。"明英宗后悔莫及。

而"夺门之变"的"功臣"徐有贞、石亨、曹吉祥等人，争权夺利，相互排挤，先是徐有贞被流放；石亨被捕，死于狱中；曹吉祥谋反，被灭族。

1464年，明英宗驾崩，太子朱见深继位，是为明宪宗。明宪宗深知于谦是冤枉的，1465年，他将于谦的儿子于冕赦免回来，恢复于谦的官职，赐祭，诰文里说：当国家多难的时候，保卫社稷使其没有危险，独自坚持公道，被权臣奸臣共同嫉妒。先帝在时已经知道他的冤屈，而朕实在怜惜他的忠诚。

1489年，明孝宗采纳了给事中孙需的意见，追赠于谦为特进光禄大夫、柱国、太傅，谥号肃愍，赐在墓建祠堂，题为"旌功"，由地方衙门年节拜祭。1590年，万历皇帝改谥于谦为忠肃。杭州、河南、山西等地，民间历代奉拜祭祀不止。1751年，清乾隆帝南巡时，为于谦祠题写匾额"丹心抗节"。

束手待毙义无言

"夺门之变"中，石亨、徐有贞等人凑了半天，算上自家的家奴，参与政变的仅有千余人而已。石亨率领这些人在城中四处活动，先跑到南城，又跑到紫禁城，很多人都得知了消息，于谦更是早已得知。据史料记载，"夺门之役，徐石密谋，左右悉知，而以报谦"，于谦如能有所行动，"灭徐石如摧枯拉朽耳"。但他最终选择坐以待毙，实在令人费解。

事变成功后，发动者为什么必须杀掉于谦呢？首先，朱祁镇肯定会复位，他对于谦好感甚少。在也先以朱祁镇为要挟逼迫明朝就范时，于谦态度坚决地说："社稷为重，君为轻。"这句话几乎致朱祁镇于死地。在打败瓦剌迎回朱祁镇后，于谦不但没有主张让朱祁镇复位，也没有阻止监禁朱祁镇。其次，当年明代宗朱祁钰即位时，约定朱祁镇之子朱见深的太子位置不变。但在1452

年，明代宗改封朱见深为沂王，立儿子朱见济为太子。于谦非但没有阻拦，还表示同意。最后，于谦和徐有贞、石亨等之间的矛盾很深。所以无论如何，事变成功后，于谦将必死无疑。

于谦如果不想死，只能平息"夺门之变"，但平息后，于谦会很"无奈"。当时明代宗病体沉重，其唯一的儿子、太子朱见济已病故，如果于谦动用军队平息政变，又该拥戴谁为皇帝呢？

当初朱祁钰继位，是孙太后下诏所立，而在"夺门之变"中，孙太后和她的家族选择了明英宗，这意味着于谦一旦起兵，就只有诛杀明英宗和孙太后，即便不杀，也要囚禁了。而朱见深作为"罪人之子"，即便不被杀，也得流放或贬为庶人。一旦如此，明朝将面临后继无人的局面。

对于谦有知遇之恩的明宣宗，一生就只有朱祁镇和朱祁钰两个儿子，朱祁钰已是重病半死之身，朱祁镇若被杀或是被禁，这就等于老皇帝的血脉全部被断。于谦只能选择迎立其他藩王了，这和权臣又有什么区别。权臣当政，大明还可能因此国势动荡，甚至出现当年朱棣的"靖难之役"。这样一来，战火一起，国家必将千疮百孔，苦的还是天下百姓。

当然，于谦还可以借此机会自立。但于谦是忠臣，他之所以能够粉碎瓦剌的阴谋，保住大明江山，正是因为他没有行权谋之事。当时，打赢北京保卫战，就是因为他没有私心，不搞权谋。他信守"民为贵，君为轻，社稷次之"，拥戴朱祁钰，粉碎了瓦剌阴谋。但凡于谦有点什么私心，朝廷就很可能陷入内斗，京城保卫战就不可能取得胜利。

那一晚，刀不出鞘，血不曾冷；那一晚，我将无我，心系百姓；那一晚，大义无言，真爱无声。于谦之所以千百年来为人们传诵，不仅在于他挽救了明朝江山，更在于他宁肯牺牲自己也要保社稷平安，保百姓安宁。他以实际行动诠释和践行了"粉身碎骨浑不怕，要留清白在人间"的铮铮誓言。

明朝不设宰相一职，且于谦从未当过内阁首辅，后世称其为"救时宰相"，完全是出于对于谦的尊重和敬仰。在京城保卫战中，他领导百官抗击瓦剌，确实已具宰相之为，有宰相之风。

【延伸阅读】

清流锦衣卫

明朝的锦衣卫掌握着诏狱大权，残酷的刑罚、黑暗的牢狱，令朝野闻风丧胆。其实，一些锦衣卫是从官宦子弟中选拔出来的，受过良好的儒学教育，具有强烈的正义感，如嘉靖时期死磕奸臣的沈炼。就连锦衣卫最高长官指挥使中，也有忠臣、直臣，比如朱骥。

朱骥名不见经传，其岳父却是声名显赫的"救时宰相"于谦。以于谦的品行，挑女婿时肯定会严格考察。朱骥父亲早逝，由母亲带大，一生事母极孝。他世袭锦衣卫千户，刻苦好学，经常与学士、大夫们一起探讨学问。世袭锦衣卫千户后，朱骥办事勤勉，为人清正廉明，被于谦看中，并把女儿许配给他。

"夺门之变"后，于谦被明英宗处死，亲属被流放，朱骥也被罢官流放到山东威远，直到成化年间才官复原职，并一步步成为锦衣卫指挥使。朱骥担任锦衣卫指挥佥事时，京城妖人真惠写了一本反书，事发后上百人受到牵连被捕，按律当斩。朱骥上奏说："可罪者，独惠耳。余愚民何辜？"在朱骥据理力争下，最终以真惠被处死、其他人流放而结案。

在明朝，为了体现皇帝的威严，锦衣卫对大臣使用廷杖时，通常是用大杖。一次，一个大臣忤旨惹怒明宪宗，被处以廷杖之刑，朱骥采用了小杖。明宪宗知悉后大怒，派太监责问朱骥。朱骥说："天子威严甚重，因此更不能滥用而减少了仁厚之心。"最终，明宪宗默认了朱骥的处理方式。

朱骥不辱于谦英名，算是明朝锦衣卫中的一股清流了。

十九、明代倭寇真面目

【题记】提起"倭寇",人们大都认为是明朝时期到我国沿海烧杀抢掠、无恶不作的日本海盗。其实,嘉靖朝之前的"倭寇"的确基本上是日本人,但嘉靖时期的"倭寇"则大部分都是中国人,正如《明史·日本传》记载:"大抵真倭十之三,从倭者十之七。"那么,这些中国人为什么非要去做"倭寇"呢?

推行海禁御倭患

14世纪初,日本进入南北朝对峙时期,大小诸侯割据一方,互相攻伐,战乱迭起。在战争中失利的封建主及武士联合起来,到中国沿海武装走私,一有机会便大肆抢掠。元末明初,改朝换代的混乱更给了他们可乘之机,从辽东半岛到广东、海南,数千里的海岸线上"岛寇倭夷,在在出没"。因为日本又称倭国,所以这些日本海盗被称为"倭寇"。

元朝末年,江苏泰州人张士诚、浙江台州人方国珍分别起兵反元。张士诚占领高邮等地后,切断了大运河漕运。方国珍夺取了元朝运粮船只,占据浙江沿海,阻断了海上漕路。这两支义军中有不少熟悉水战的渔家子弟。后来,在朱元璋军队的进攻下,张、方两个割据政权先后败亡,残部大多逃亡海上,与日本倭寇勾结起来，并为之向导，向明朝沿海地区频频进犯，造成了十分严重的"海患"，"滨海之区，无岁不被其害"。

为解决"海患"，朱元璋多策并举，重兵镇压的同时，派遣使者敦促日本当局制止其海盗对大明的侵扰。但日本执政者毫无诚意，朱元璋对此十分不满。不过，鉴于元朝进攻日本惨败的教训，朱元璋决定"以我为主"解决问题。他下令"片板不许入海"，并采取釜底抽薪的方式，招收十余万沿海渔民、船户为兵，在沿海设卫所。1380年，左丞相胡惟庸谋反事发。据供称，胡惟庸与日本幕府勾结，让日本贡使伏兵于贡船之中，并将火药兵器藏于进贡巨烛之内，准备进宫朝见时，内外一齐动手。朱元璋闻之大怒，断绝了与日本的关系，并在沿海建设大规模防务工事。1387年，他又令人在福建福、兴、漳、泉四郡，筑海上十六城，籍民为兵，以防倭寇。据不完全统计，当时从辽东至广东沿海共有五十多卫，每卫有五个千户所，备有战船五十艘，每船旗军五十名。也正是由于拥有了强大的海防力量，才使洪武一朝的"海患"得到有效遏制。

督师东洋靖祸端

朱棣夺得帝位后，希望四海宾服，便试着开放海禁。岂料日本浪人如潮水般涌来，倭寇势力渐大，越闹越凶，甚至有时明朝官军都不能敌。明末清初学者顾炎武所著的《天下郡国利病书》记载：1404年，日本浪人在中国东南沿海一带肆意横行，烧杀淫掠。中国百姓避之不及，纷纷逃难。对此，明朝小说家冯梦龙在《古今小说》中描绘道："舟车挤压，男女奔忙。人人胆丧，尽愁海寇恁猖狂；个个惊心，只恨官兵无备御。扶老携幼，难禁两脚奔波；弃子抛妻，单为一身逃命。不辨贫穷富贵，急难中总则一般；哪管城市山林，藏身处只求片地。"

于是，"郑和下东洋"的故事就在这样的历史背景下，先于"下西洋"发生了。1404年，郑和督师十万出使日本。此时，第三代室町幕府将军足利义满统治日本。他眼见明朝大队军马携大量宝物到访，也不在君臣礼仪虚名上较劲，接受了明朝封号、金印、冠服等，表示臣服，并杀了二十多个海盗浪人交差，按属国名分向明朝皇帝呈递国书，奉明正朔。

郑和带着足利义满的"臣服表"和二十多个倭寇首级回国，朱棣对日本"嘉其勤诚，赐王九章"，又赠送了金银、瓷器、书画等物，允许日本在江浙贸易。出于前车之鉴，朱棣对日本充满戒心，规定日本十年"入贡"一次，并限制每次人员二百名，"贡船"两艘。醉心于中国财物的日本人不满于"十年一贡"的限制，他们结伙强行进入明朝境内，遇到官兵诘问，就以"入贡使者"应对。每当碰到这种"贡不如期"的情况，各级官员往往"俯顺夷情"，以"下不为例"不了了之。但这些"入贡使者"每每趁明朝守军不备之时，大肆杀掠居民，满载而归。除伪装成"入贡使者"外，还有为数更多的日本海盗直接在沿海地区进行抢掠，明廷对此进行了积极抵御，给倭寇以沉重打击，其中，辽东望海埚之战，生擒数百，斩首千余，来犯倭寇无一逃脱。

闭关锁国倭燎原

15世纪末，日本诸岛陷入诸侯割据的混乱之中，各大封建主都争相向中国"入贡"，不可避免地产生了激烈冲突。1523年，两拨日本朝贡船为争夺"正宗贡使"身份在宁波相互残杀。官府审理此案时，其中一方凭借人多势众，咆哮公堂，并向明朝守军发起攻击，备倭都指挥刘锦等人惨遭杀害。此时，明政府苦心经营的海防工事已废坏严重，战船、哨船"十不存一"，备倭卫所的士兵数量锐减，仅为原来的五分之二。在此背景下，朝中大臣闭口不谈海防问题，而认为"倭患起于市舶"，闽、浙市舶司遂遭废止。从此，朝贡贸易这道门缝也被封死了。

然而，充满暴利诱惑的海上贸易却无法禁止。时值16世纪大航海时代，以海路相连接的世界贸易蓬勃发展，中国是东方贸易圈重要的一环，蕴含着巨大的财富和商机。很快，浙江沿海走私贸易兴起，并在双屿岛扎下根来。双屿……岛悬居浙江外海,扼多条航线之要冲,明初时被列为"国家驱遣弃地",岛民内迁,遂成为走私船泊聚集的风水宝地。葡萄牙人在岛上修路建房,开辟市镇。鼎盛时期,双屿岛还聚集了日本、马来、琉球、暹罗等国海商,成为远东最繁华的国际贸易中心。欧洲的自鸣钟、火器,南洋群岛的胡椒、香料,江南的丝绸、棉布、瓷器在此交易。这里被称为"16世纪的上海"。

曾到访双屿岛的葡萄牙人平托在《远游记》中描述了双屿岛的繁荣,称这里有"上千所房屋,包括教堂、医院等;居民三千多人,其中有一千二百名葡萄牙人"。而同时代葡萄牙人所著的《中国志》一书中,亦称海商在双屿岛"是如此自由","除了绞架和市标外一无所缺"。

二十多年里,以双屿岛为基地,以许氏兄弟、李光头为首的几股势力较大的海商集团羽翼渐丰。虽然走私严重,但浙海堪称宁静,因为海商志在利润,并不打家劫舍,为了保护贸易安全,往往还剿灭小股海盗。泉州名宦林希元曾说:"佛郎机(指葡萄牙人)未尝为盗,且有利于吾民也。"

然而,明王朝实行海禁,禁止自由贸易,双屿岛在朝廷眼里便成了"倭寇"盘踞之地。终于,一桩血案成了双屿岛之战的导火线。余姚大族谢氏赖了走私海商的账不还,并威胁要报官,海商实在咽不下这口气,便血洗了谢氏庄园。血案触痛了大明王朝敏感的神经,嘉靖皇帝派遣右副都御使朱纨前去镇压"倭寇"。朱纨军事经验丰富,乃铁血的海禁派。他到任后雷厉风行,"革渡船,严保甲,搜捕奸民",打造了一支训练有素的队伍。

1548年,朱纨派遣两千多官兵直扑双屿岛。在风雨和海雾中,双屿岛海商被打了个措手不及,官军大胜。战后,朱纨下令将岸上房屋、岛中船只全部焚毁,并用沉船、木石等阻塞了航道,"三光"政策令这个"世贸中心"成为一片废墟。随后他挥师入闽,追杀逃跑的海商,攻陷福建浯屿后又取得走马溪大捷,擒杀中葡海商百余人。

据剿倭名将胡宗宪授意幕僚郑若曾编写的《筹海图编》记载:"俘斩溺死者数百人。贼酋许六、姚大总与大窝主顾良玉、祝良贵、刘奇十四等皆就擒。镗入港,毁贼所建天妃宫及营房战舰,贼巢自此荡平。"看名字,这伙海盗首领都是中国人,至于被焚毁的天妃宫,供奉的是妈祖,是典型的中国水手信仰。而更令人惊异的是，竟没有抓到一个日本人。

几次大捷之后，朱纨在奏折中踌躇满志地写道："全闽海防，千里清肃。"然而，他没有想到，当海禁的口袋愈收愈严，手段也越来越残暴之后，被颠覆的海商巢穴却变成了巨大的马蜂窝，捅掉之后，不知从哪里迅速涌出了成千上万的"倭寇"，"连舰数百，蔽海而至"，使"滨海数千里，同时告警"，掀起了嘉靖年间倭患的滔天巨浪。

海盗王灰复燃

市通则寇转而为商，市禁则商转而为寇。在强硬的"海禁"面前，商人们逐利而行，不停地进行着身份转换。明朝中期参与剿倭的将领王忬曾统计，"倭寇"头领百余人，其中"雄狡著名"者，都是本国之人，如"徽州王五峰（汪直）、徐碧溪、徐明山，宁波毛海峰、徐元亮，漳州沈南山、李华山，泉州洪朝坚"等。此外，《筹海图编》列出十四股势力最大的"倭寇"，其头目同样全部是中国人。"倭寇王"汪直便是其中之一。

汪直出生在安徽歙县一个商人家庭，长大后跑到东南沿海一带闯荡。那时，中日之间的正常贸易被阻断，宁波一带的走私活动十分红火。他联合一帮铁哥们加入走私行列。因为胆大敢干、为人豪爽仗义，没过多久，他的走私船队就成了宁波一带走私的重要势力，许多贫苦农民都来投奔他。

嘉靖年间，在浙江一带主要有三个走私集团：许栋集团、徐海集团、汪直集团，其中最大的是占领宁波双屿岛的许栋集团。为了增强实力、抵御风险，汪直率部加入老乡许栋的海上武装走私集团。汪直入伙后，靠着精明强干，被许栋任命为整个双屿岛的财务总管，后来又被提拔为船队队长，成为集团内部举足轻重的人物。

正当双屿岛走私贸易如火如荼的时候，朱纨打碎了这一切。许栋集团被灭。但这并没有让走私商人们偃旗息鼓，反而成就了汪直。在惨烈的双屿岛大战中，汪直沉着指挥，率领余部东渡日本，建立根据地。

当时，日本正值战国时代，诸侯混战，为获得军费纷纷做起走私生意，汪直便成为他们最好的合作伙伴。到达日本后，汪直在当地招兵买马，许多没有生计的日本浪人纷纷加入，成了汪直手下的打工仔。而汪直通过与葡萄牙人的贸易，用瓷器和丝绸换来火器，再将火器高价卖给当时还在用大刀、长矛打仗的日本人，从中牟取暴利。此举也直接加速了日本由冷兵器时代到热兵器时代的过渡。

经过一段时间的休整，走私集团恢复了元气。为了拓宽走私渠道，汪直又开始向明沿海一带扩张，并占领了舟山群岛的沥港。那时，往来的船只都需要到沥港拜码头，给汪直这位带头大哥上贡，以确保在海上平安无事。一时间汪直声名大震，成了名副其实的海上走私王。而在遥远的东瀛，汪直自称徽王，以信义取利，控制了东亚海上贸易，成为受人尊敬的大海商，被日本商人视为"东方商人"的典范、"大明国的儒生"。

随着汪直影响力的逐渐增强，大明王朝新的围剿开始了。1542年，明将俞大猷围歼汪直，汪直派遣徐海、陈东、萧显、叶麻等联合部分倭寇进行抵抗和骚扰。1553年，俞大猷奉命围攻沥港，大胜。

两次与朝廷较量，走私集团元气大伤。汪直不甘失败，不断派兵骚扰沿海地区。当时的浙江官员无力防御，为了推卸责任，竟然谎称"倭寇"来犯，要求朝廷火速派兵增援。

汪直被朝廷称为"寇贼"，可在民间却"威望大著，人共奔走之。或馈时鲜，或馈酒米，或献子女"。汪直深知，只要海禁政策不取消，老百姓就得靠走私生存，商人就得靠此牟利。他不断通过各种渠道向官府传递信息，"他无所望，惟愿进贡开市而已"。然而当时的浙江巡抚却置若罔闻，官府与走私集团成为水火不容的死敌。

1556年，汪直的老乡胡宗宪被任命为直浙总督。他决定治倭先治本。胡宗宪派手下到日本面见汪直，并给他带去一个好消息：汪直的老母和妻儿已经从监狱中释放出来，并得到妥善安置，生活过得不错。汪直很是惊喜，悬着的心才落了地，当初被俞大猷围剿时，由于时间仓促，他没来得及把家人转移。紧接着，胡宗宪的说客又向汪直保证，只要他肯放下武器回国，将不会受到任何司法审判，人身安全也可以确保。汪直表示只要政府能够放弃海禁政策，通贡互市，"愿杀贼自效"，接受招安。

1557年，汪直等人上岸，在官军的护送下到达杭州，受到老百姓热烈欢迎，胡宗宪也到总督府门前相迎，嘘寒问暖。汪直非常感动。

虽说胡宗宪真心招安汪直，以此平定海患，但浙江巡按使王本固认为官贼不两立，对招降汪直大为不满，要求胡宗宪将汪直逮捕。胡宗宪得罪不起钦差大臣，1558年汪直被送进了大狱。

这还不算，王本固还给嘉靖帝打小报告，说胡宗宪收受汪直数十万两白银，有勾结贼首之嫌，要求朝廷将汪直斩首，同时查办胡宗宪。胡宗宪原打算力保汪直，闻知此事后大惊失色，深恐受到牵连，只好附和，同意杀汪直。

汪直的部下听说消息后，大骂朝廷背信弃义。为了给明政府一点颜色看，他们在浙江沿海到处袭扰，跟官军形成对峙局面。为了不激化矛盾，官府决定先不杀汪直，而是将其软禁起来，并加以优待。

在狱中，汪直还抱有一丝幻想，写了份《自明疏》来表明心迹，说自己"与人同利，为国捍边，绝无勾引党贼侵扰事情"。然而此时，他已是刀俎上的鱼肉，没有哪位高官愿意听他辩白。

屠刀最终还是架到了汪直的脖子上，罪名不是"走私"，而是"背华勾夷，罪逆深重"的"叛国"。1559年隆冬，汪直被斩杀于杭州。临刑前，汪直对胡宗宪慨叹道："死吾一人，恐苦两浙百姓。"

汪直的遗言不幸言中。他死后，大大小小的走私集团纷纷断了寻求招安的念头。一时间浙江、福建沿海一带刀光血影，走私集团时不时就对官兵骚扰一番。"倭患"非但没有平息，反而愈演愈烈，呈腥风血雨之势。戚继光、俞大猷等将领深陷"平倭"的泥潭。

元敬抗倭终圆满

中国历史上能与岳家军媲美的，唯有明朝的戚家军。戚家军的统帅正是戚继光。

戚继光，字元敬，号南塘，山东登州（今蓬莱）人，自幼家贫，通晓典籍。十七岁时，戚继光继承了世袭职位登州卫指挥佥事，二十六岁在张居正的推荐下，升任署都指挥佥事一职，负责山东沿海一带防御。1555 年，他调任浙江都司佥事，第二年担任参将一职，防守宁波、绍兴、台州。

明朝的兵很多是世袭的，平时训练又少，战斗力很弱，所以当时虽有俞大猷、卢镗这样的名将，但对倭寇作战仍败多胜少。龙山一役，明军数倍于倭寇，但一触即溃，多亏戚继光大发神威，射中倭寇头领，才没让明军溃不成军。这次战役后，戚继光上书总督胡宗宪，要求训练新兵，胡宗宪不以为然地说："如果能把浙江人训练出来，我早就训练了，还用等你来？"戚继光却说："十室之中，必然有忠信之人，堂堂浙江，难道没有勇敢的人？"于是胡宗宪同意了戚继光的要求。

当时义乌一带民风彪悍，经常为了矿产发生械斗。戚继光在义乌目睹了一场大规模械斗后，发出感叹："吾如有三千义乌兵，何愁倭寇不平！"于是戚继光在义乌招收了一支由农民、矿工组成的三千多人的队伍，这就是后来鼎鼎大名的"戚家军"。

戚继光对新兵严格训练，教导士兵正心术、明志向，以卫国保民为使命，遵守军纪，服从军令。经过艰苦训练，戚家军具备了极强的战斗力，然而在与倭寇的几次遭遇战中，他们总是杀敌一千，自损八百，伤亡比例差不多。

在戚继光苦寻克敌制胜之策时，一个名叫唐顺之的人交给他一本书，书中记载了一种新型阵法"鸳鸯"。鸳鸯阵是古代军事智慧的伟大杰作，作为一种近身格斗战法，它不但有着极为可怕的战斗力，而且几无破绽，即使百年之后人们依旧无法找到破解之法。

1561 年 4 月，两万余名倭寇进犯台州，双方在花街相遇。戚家军列成鸳鸯阵，打得倭寇鬼哭狼嚎，魂飞魄散。战后统计，杀敌一千有余，而戚家军仅伤亡三人。接着，戚继光又率军转战福建。1563 年，平海卫一役，斩杀倭寇两千余人，福建倭寇被一扫而空。随后，戚继光在广东剿灭海盗吴平，击败其手下三万余人。每战，戚家军都死伤极少，甚至一场战役下来，戚家军只伤几人,堪称战场奇迹。此后,戚家军转战东南各省,最终荡平倭寇之乱。

1567年,隆庆皇帝继位,批准漳州月港开放海禁,"准贩东西二洋"。诸多找到生机的"倭寇"很快由寇转商,"倭患"彻底平息。

【延伸阅读】

"金银岛"传说

在西方,英国作家史蒂文森写过一篇小说,名叫《金银岛》,讲述了海盗将堆积如山的金银财宝藏在一个岛上,被主人公发现的故事。而在我国的南澳岛,也有一段关于"金银岛"的传说。

这个传说的主人公叫吴平,曾是明朝一个统领上万人的大海盗,他常年活跃于福建、广东沿海,劫掠了大量的金银财宝,富可敌国。

1565年,大将戚继光用战船将吴平所在岛屿围了个水泄不通,派两千兵士从正面佯攻,自己则亲率三千人马从岛后登陆,如同神兵天降,突然出现在吴平背后。吴平做梦也没有想到,戚继光会从自己背后的原始森林中绕过来,只得仓皇逃到另一座岛上,戚继光继续追击。吴平只好将搜刮来的宝物分开装在十八个大罐子里,分别藏在岛上的十八个地方。当地流传着一首民谣:九瓮十八缸,一缸连一缸,谁人得的着,铺路到潮州。还有人说,吴平在仓皇逃跑前,将掠夺的黄金,用十八艘大船运到了"金银岛"掩埋,以待来日东山再起。

在当地,还有另外一段民谣,是关于吴平藏宝地点的一个谜语:吾道向南北,东西藏地壳;潮退淹三尺,潮涨淹不着。此谜至今仍无人破解。

二十、湖广填四川之殇

【题记】 四川曾是中国第一人口大省,然而现在的四川人,却大多不是老川人,而是"湖广填四川"时,从湖广(今湖南、湖北、广东)等地移民而来者的后裔。那么,为什么要"填四川",这其中又有哪些惨绝人寰的人间悲剧呢?

天府之国千年延

说起"天府之国",人们会不约而同想起成都平原。从商朝开始,这里就是一个独立的王国"蜀国"。古代的蜀地是中原人不愿意去的蛮荒之地,这里山高林密,到处都是毒草毒虫,去蜀地的中原人一般都是犯了重罪被流放到这里的。由于一直独立于中原文化圈,所以古代的蜀地一直被看作是化外之地。

公元前316年,秦惠文王吞并了蜀国,蜀国成了秦国的一个郡。李冰在蜀郡任郡守二十七年,一手设计并主持修建了举世闻名的水利工程——都江堰。都江堰的建成,彻底解决了岷江的水患,农田得到灌溉,成都平原成为富庶的鱼米之乡。

西汉建立之初,张良在论证定都关中时说:"关中左崤函,右陇蜀,沃野千里,此所谓金城千里,天府之国也。"这是"天府之国"最早的出处,指的是关中平原。后来随着成都平原越来越富庶，唐朝时李白写了一首诗："九天开出一成都，万户千门入画图，草树云山如锦绣，秦川得及此间无。"这首诗把关中和蜀地作了一个比较，认为关中平原比不上成都平原，从此成都平原就取代关中平原，拥有"天府之国"的专有美称。

"四川"一词始见于宋代。"路"是宋代的行政区域名，宋时在蜀地设川峡路，后分设西川路和峡西路。宋真宗时，分西川路为益州路和利州路，分峡西路为梓州路和夔州路，合称"川峡四路"，又总称"四川路"，"四川"开始作为行政区划的代称使用。元朝时，正式设立四川行省，从此"四川省"的名字沿用至今。

蒙元屠蜀人锐减

南宋时期，朝廷坐拥长江天险，偏安东南。叱咤风云的蒙古铁骑无计可施，开始把进攻重点放在四川，企图自蜀顺江而下攻宋。

1235年夏，窝阔台遣兵进攻南宋。一路由三子阔出率领，攻江淮地区，一路由次子阔端率领攻四川。阔端本来只有四万人马，在收编了投降的金朝最后一支部队汪世显部后，增至十万众。1236年9月，阔端率军浩浩荡荡杀向川中，南宋名将曹友闻战死阳平关，利州（今广元）、绵州（今绵竹）先后陷落。

10月18日，一队蒙古兵来到成都城外，打着宋将李显忠的旗号，伪装成宋军要求进城。当时，成都城中兵卒不足七百人。成都太平日久，市民不识兵革，忽闻有军至，还以为是溃兵。驻守成都的四川制置副使丁黼也以为是溃兵，就放他们入了城。19日，蒙古兵往来城内，"居民皆纵观"。当天晚上，百姓在一小巷内擒杀一骑兵，方知是蒙古兵入城。他们有的手持棍棒与蒙古兵搏斗，有的拿起椅子堵截街巷，这一小股蒙军遁出城外。20日，蒙军再攻入城，丁黼率兵夜出城南，与蒙军战于石笋街，部众散尽，复退入城中，率亲信侍从数十人与蒙军巷战而死。成都军民遂奋起抵抗。24日，各路蒙军齐集成都，自东门入城。阔端入坐府衙文明厅，令卜者占吉凶。卜者谓："民心不归，成都是四绝死地，若住，不过二世，不若血洗而去。"阔端遂大书"火杀"二字，蒙军将城中居民尽行杀死，并焚毁了成都城。战后，收敛尸首，"盖百余万"，后人统计死者达一百四十万。

同年秋，另一路统帅阔出病死军中，窝阔台下令撤军，阔端带军北归。不久，蒙古军所占州县均被宋军收复。

1238年，都元帅塔海绀卜再入四川，攻克隆庆（今四川剑阁），四处掳掠后还。次年6月，阔端遣塔海绀卜率军再次入蜀。汪世显部攻至万州，趁夜乘舟迂回渡江击溃宋军，东下破夔州（今重庆奉节），斩首三千余。蒙古军企图过巫山，为南宋京湖制置使孟珙所阻。

1241年底，蒙古军再次入川，先锋汪世显带领两万兵马来到成都城外。四川制置使陈隆之率宋军在城西与之大战，蒙古大军赶来，陈隆之抵挡不住，大败而归，日夜坚守不出。蒙古军久攻不下，正要撤军，一个叫田世显的守城宋将悄悄打开了北城门投降，蒙古军再次攻进成都城。蒙古军将陈隆之全家及下属几百人杀光，并押着陈隆之到汉州（今四川广汉），命其劝降部下守将王夔。陈隆之视死如归，站在城下大声说："大丈夫死就死了，万万不能降。"旋即被杀。破成都后，蒙古军又进行了烧杀，史称"西州之祸"。

1258年4月，蒙古大汗蒙哥率兵四万沿金牛道而下，兵临阆州（今四川阆中）城下，南宋守将杨大渊开城投降；不久，运山城守将张大悦、大良城守将蒲元圭也先后投降，蒙古军不费吹灰之力即攻至合州钓鱼城下。在钓鱼城，蒙古军遭遇了入蜀以来最顽强的抵抗。蒙哥亲自督战，为炮震伤，于次月病死，临终前留下遗诏："赭城剖赤"，"尽诛之"。大汗的毙命激起蒙古军的疯狂报复，军队护送蒙哥灵柩北归，见人则杀，沿途惨死者竟达两万余人。

1276年，南宋灭亡。1279年，得到投降不屠城承诺的合州守将王立降元，长达半个世纪的四川抗蒙斗争方告结束。蒙宋战争期间，蒙古铁骑从未遇到如此持久、顽强的抵抗，他们多次进攻四川后实行报复性屠杀，兵燹所过，城乡残破，几成丘墟，人口锐减。据记载，南宋时期，四川人口高峰时有一千二百九十万人左右，到战争结束时仅余十二万户，约六十万人。另据《道园学古录》记载，蜀人受祸惨甚，死伤殆尽，千百不存一二。

红巾军起兵匪患

元朝时期，统治暴虐，加上疾病肆虐、瘟疫流行、自然灾害严重，民不聊生，为躲避战乱，蜀人多避东南，四川人口进一步减少。

元朝末年，红巾军起义的烈火四处燃起。1351年，红巾军领袖徐寿辉据蕲水称帝，建天完政权。1355年春，徐寿辉部下明玉珍领兵攻入四川，1357年攻克重庆，随后陆续占领成都等地。1360年，陈友谅杀徐寿辉自立为帝，明玉珍与陈友谅断绝关系，自称天完政权的陇蜀王。两年后，明玉珍称帝，国号大夏，改元天统，定都重庆。西南重镇重庆在历史上第一次成为都城。明玉珍在巴蜀施政宽柔，提倡节俭，减免赋税，奖励耕织，惩治奸恶，为巴蜀百姓营造了一个相对安宁的桃花源。

明玉珍是湖北随州人，入川时，不仅带去十多万军队，还有大量缺田少地的农民，多是随州、麻城一带人。后来，这些人又陆续接来家眷，这应该是"湖广填四川"的开始。

1366年，年仅三十八岁的明玉珍病死重庆。他的儿子——年仅十岁的明昇继位，改元开熙，太后彭氏辅佐政务，朝臣纷争不断。1371年，已经推翻元朝的朱元璋派兵西进巴蜀，明昇投降，被封归义侯，从重庆迁到应天府（今江苏南京）。

据《明太祖实录》记载，1372年，四川有民八万四千户，约四十万人。1373年，朱元璋下令湖广等地移民填川，"移窄乡填宽乡"，"三丁抽一、五丁抽二"。为了完成移民任务，湖广、陕西、安徽等地往往把一个个村子围住强行遣送入川，途中为了防止他们逃跑，就用绳子绑着前行。遇到内急，他们只能叫"解手"！

1373年至1381年是此次移民的高潮期。据《明太祖实录》记载，1381年，四川人口已增至一百四十六万余人。移民中以湖广籍居多，以致四川有

"问君祖籍在何方？湖广麻城孝感乡"的民谚。但显然，当时即便把麻城全部居民移来四川，也不至有如此众多的"同乡"。据说，当时的百姓为了逃避或减轻租税，自发聚集起来诡称一户，以致"其大户或十数姓相冒合籍，而分门百十家、其所报人户不过数十户"。因麻城人入川较早，且社会地位相对较高、经济条件相对较好，所以许多合籍之户便称孝感籍。这也许是四川"麻城孝感籍"人数众多的原因。

明永乐年间，麻城孝感乡迁往四川的移民，由于思念故乡、祭祀祖先、续订族谱等，相约每年推选办事公正、讲守信义的人作代表回老家探亲，来往带送土特产和信件，这种人被称为"麻城乡约"，又称"麻乡约"。久而久之，出现了由麻城人经营，替人们传递财物、书信的麻乡约商行，开创了我国民间通信的先河，在中国邮政史上具有重要意义。

嗜杀狂魔绝人寰

明朝末年，张献忠率军两次入川。1639年，屠绵阳后离川。1644年，张献忠率军溯流而上再次进入四川，准备"暂取巴蜀为根，然后兴师平定天下"。7月，张献忠攻破重庆城，杀瑞王朱常浩。9月，成都城破，城内的王公贵族、大小官员大多被杀。在进据四川的过程中，张献忠提出"归诚草木不动，抗拒即老幼不留"，并通告各州县，"但能杀王府官吏，封府库以待，则秋毫无犯"。此举果然收到成效，有些州县甚至出现百姓打开城门迎接的局面。12月，张献忠正式在成都建国，国号大西，称"大西王"。

建国之初，张献忠依靠没收官府和贵族的财产来维持财政运转，然而这些钱很快就花光了。于是他开始"打粮"，所谓打粮，就是放纵士兵强抢。最终，各地揭竿而起，以致"成都百里外，櫌锄白梃，皆与贼为难"。随着局势的变化，特别是南明弘光政权建立后，四川各地的明军残余势力展开了对大西政权的反攻，清军也开始向四川进逼，加之大西政权内部叛乱不断，张献忠内外交困。

1645年11月，张献忠先是以御敌的名义集中军队，而后密令全军血洗成都。他诡言说："百姓等已暗通敌人，勾引大队入川，以图大举，故当剿灭此城居民。尔等各宜秘密准备，不得遗漏军情。"第二天，大屠杀开始了。"无辜百姓男女被杀，呼号之声，惨绝心目，血流成渠。"张献忠骑马从南门前往东门"欣赏"这场"杰作"，百姓"一见献忠到来，众皆跪伏于地，齐声悲哭求赦"，张献忠"不独无哀怜之意，反而厉声痛骂百姓私通敌人。随即纵马入人群，任马乱跳乱踢，并高声狂吼：'该死该杀之反叛！'随令军士急速动刑"。无罪百姓齐遭残杀，"真是尸积成山，血流成河，逐处皆尸，河为之塞，不能行船"。张献忠屠空成都后，命令各乡镇村民移居城中。

1645年底，张献忠以国家初建、亟须人才为由，在全川境内发布"选举考试令"，命全川读书人一律赴成都应考，考取者将按等授以官爵。若不出来应考，全家斩首，不报告的邻居要连坐。

欧阳直在《蜀警录》中记载了他在那场大难中种种令人难以置信的遭遇。那天，生员齐聚成都，他们自大慈寺门排到成都南门，两旁各站甲士三层。寺门口设一长绳，离地四尺，张献忠亲自在边上"验发"。如果此人年龄尚小，身高不足四尺，或者张献忠看着顺眼，想留下来用，就命令站到一边。除此之外，即属检验合格，准许出发。于是，每一生员通过，前面就有一人，手执高竿，悬白纸旗，上书某府某州生员。教官在前，士子各领仆从行李在后，鱼贯而行，以为是赴考场。到城门口，打落行李，剥去衣服，出一人甲士即拿一人，牵在南门桥上斫入水中，师生主仆悉付清流，河水尽赤，尸积流阻，十余日方飘荡去尽。如此"考"了三天，除十几名年龄幼小、张献忠想留为己用的孩子外，其余的一万七千名读书人全被杀了。

1646年2月，张献忠派遣手下四个将军分道屠戮蜀中各府县，名为"草杀"。《五马先生纪年》记载了屠简阳城的经过：所有城内居民都被押解到城门外的河边空地上，一早，军官选人，"众人争先求售，亦不中用也"。选过人后，剩下诸人尽被屠戮。"久之尸满大坝，无人可杀，住刀。随拖死人下河，河面不知堆积几层。及视墙下，所存甚多，犹难计数。"杀完人后，"起营回州，将前留妇女尽杀，上成都去了，谓之卷塘"。

上朝的时候，百官在下边跪着，张献忠招来数十只狗，狗闻谁就把谁拉出去斩了，这叫"天杀"。他还创造了生剥人皮法，如果人皮还没有被完全剥下而人已经死去的，则刽子手抵死。属下将卒以杀人多少叙功，若表现出不忍心，张献忠就将他们处死。据《见闻随笔》记载，都督张君用、王明等数十人都因为杀人少而被剥皮。

据传，有次张献忠患了疟疾，对天许愿说如果病好了就以"朝天蜡烛两盘"供奉给上天。直到他病好，周围人才明白是什么意思。张献忠命令兵士专砍女子纤足，每个士兵必须至少进贡十双小脚。如狼似虎的士兵大肆搜寻女子的纤足，只要遇见女子就地先将脚砍下来。不到半天，军营中的小脚已经堆成小山。张献忠命人将收集来的三寸小脚堆成一座山的形状，称为莲峰。他回头一看自己小妾的脚也很小，就顺便也砍下来堆在莲峰顶上，随后再将这些小脚架火烧毁，名为"点朝天烛"。这个关于张献忠暴行的故事在民间广为流传，真伪难以考证。

张献忠在四川快撑不下去时，丞相汪兆龄谏言：皇上汗马血战，抚有此土，而蜀人德不知怀，威不知畏，屡抚屡叛，此蜀人负皇上，非皇上负蜀人！……不如把四川百姓，无分良贱老幼，尽行剿杀，使之千里赤地，万灶绝烟，然后弃之他往，使后来别有觊觎此地者，目击荒烟蔓草，有土无人，势难久居。张献忠采纳了他的意见。

1646年8月，张献忠离开成都向陕西进发。撤离前，他下令焚毁全城，实行大屠杀。其后，每经过一处郡县，他们便进行焚毁，"一时各郡县城野庐舍俱烬"。

1647年1月2日，闻报清兵已到营外高山，张献忠未穿盔甲，仅持一短矛骑马出营。至一小岗上，正探看之际，突然一箭飞来，正中张献忠肩下，由左旁射透其心，张献忠痛极而亡。

清兵入川添劫难

明末清初，在清军（包含吴三桂）、南明、张献忠、摇黄土军和各路强盗土匪的共同荼毒下，加上灾荒、瘟疫、虎患等天灾人祸，四川人口骤减，川南"孑遗者百无一二"。其中，仅清军就屠川三次。

1647 年初，清军入川，大西军撤离。肃亲王、靖远大将军豪格率领清军入川后第一仗就是在大西叛将刘进忠的引导下，于西充袭杀张献忠，后"复分兵四出，破贼营一百三十余处，斩首数万级"，"夔州、茂州、荣昌、隆昌、富顺、内江、宝阳诸郡县悉定"。随后，清总兵李国英率军入成都，后留其将张德胜守之。明将齐联芳杀张德胜，张的部下"多遁回川北"，而齐联芳及其部下千余人，亦遭清军剿杀。于是，"成都空，残民无主，强者为盗，聚众掠男女屠为脯。继以大疫，人又死，是后虎出为害，渡水登楼，州县皆虎，凡五、六年乃定"。不仅如此，清军还因粮食缺乏，"不分昼夜搜寻要粮，将人吊烧，有粮即放，无粮烧死"。

由于四川军民的反抗及粮荒，清军不得不放弃四川的大部分控制区，向保宁集结。在撤退过程中，清军大开杀戒，"驱残民数千北走，至绵州，又尽杀之。成都人殆尽"。据考证，1661 年清代第一次户籍清理时，四川省仅有八万人左右。而在 1644 年，蜀中人口近四百万。

夔东十三家义军大多是原大顺军余部，自 1651 年离开广西后，在川东鄂西建立了一块稳固的根据地，以夔州为中心的社会经济得到恢复。1664 年，二十万清军"四山搜剿"，"扫穴无遗类"。事后，四川总督李国英上疏说，数万巨寇"无一漏网"。

1673 年至 1681 年的"三藩之乱"是四川百姓的第三次大劫难。先是吴三桂军攻入四川大肆破坏，如谭宏部"勒索居民，十室九空……生灵涂炭，怨声满路"，何德部"征调烦苛，怨愁之气，酿成瘟疫，上南之人，死亡甚众"。整个四川"民不堪命"。1680 年，富顺新任县令钱绍隆在《详请禁兵害文》中记载："又泸州、富顺交界之一山最深，其民逃避其间，庶几可持无恐。无如兵之所过，遍山搜寻。其妇女望见惊走，媳弃其姑，母弃其子，童稚不能相随者弃置山谷，越日走视，为虎所伤而死……（妇女）被兵追及，遭其淫污而死，尸在草野，经月不收。" 1680 年，清军入川时遇到了极大的粮食困难，主将赵良栋、王进宝等人不得不向清廷求援，康熙下了一道"就地打粮"的上谕，实际上就是暗示入川的清军，可以随便搜掠财物，荼毒百姓。1681年，清军"奔驻雅州，名山两地，民间谷豆荞麦尽掠，鸡鸭牛羊尽杀，瓦屋茅舍尽毁。人民无依，悉赴川西谋生"。1685年，清朝官方统计，四川人口降到"一万八千零九十丁"。

三藩平定后，清朝派去四川任职的官员开始走马上任。当他们踌躇满志赶到任职地时，却发现传说中物阜民丰的天府之国到处残垣断壁，大街上几乎见不到行人，家家户户院中长满了野草，一派荒凉破败景象。见此情景，有的官员竟号啕大哭起来。

于是，移民四川被正式提上议事日程，这便是人所共知的"湖广填四川"。1671年，清廷议决入川开垦者，"准其入籍，并定其开垦地亩，准令五年起课"；十年后又下诏"十年免征"；1690年，再次议准："情愿在川居住垦荒者，将其地亩永给为业"；1694年，康熙发《招民填川诏》。一场由政府主导的"填四川"，逐渐演变成政府倡导与民间自发相结合的移民运动。参与此次移民四川的有湖南、湖北、广东、陕西、河南等十余省，其中以湖广地区移民最多。

安土重迁，黎民之性。时逾百年、民超百万的"湖广填四川"，既惨烈又不无悲壮。它既是一部中华民族血泪史，更是中华民族自我拯救、自我修复、自我强盛的一次壮举。试想，国泰民安、举国升平之下，又何须如此无奈之举？

【延伸阅读】

张献忠江口沉银

"石龙对石虎，金银万万五，谁人识得破，买到成都府。"三百多年来，成都平原一直流传着张献忠江口沉银的故事。据《彭山县志》等史料记载，1646年8月，张献忠与明将杨展在眉山县江口镇（今彭山区）激战惨败，满载金银财宝的两船沉没。

清乾隆年间，总督孙士毅派人赴江口打捞沉银，并成功捞取万两白银及许多珠宝。据《清文宗实录》记载，1838年清朝官方再次派人寻找宝藏，因找不到确切地点而作罢。1853年，清朝官员旧事重提。时值太平天国起义，财政捉襟见肘，咸丰帝便动了心，派人寻宝未果。民国时期，同盟会成员杨白鹿动用了上百人，最终只打出三筐铜钱。

2016年，四川警方破获了涉案金额达三亿多元的"5·1彭山特大盗掘倒卖文物案"，成功追回的一百余件国宝级珍贵文物均出自彭山"江口沉银遗址"。自此，张献忠江口沉银的传说得到证实。

二十一、郑成功是日本人吗

【题记】郑成功是中国家喻户晓的民族英雄,他在父兄皆降、母死君亡之际,以弱冠之龄起兵抗清,驰骋江南十数年;凭一己之力匡扶南明,明知不可为而为之;用满腔热血驱逐荷兰,收复台湾保河山,在泥沙俱下、暮色昏茫的明末清初,留下了名垂青史的光辉,铸造了闪耀于中华民族历史的巍峨丰碑。然而,他为何也被日本奉为民族英雄呢?

混血英雄初诞生

郑芝龙,福建南安人,祖籍河南固始,不仅精通日语、西班牙语、葡萄牙语等,而且醉心于剑术。十七岁那年,因生计艰难,他离家外出,浪迹海上,几经拼搏后成为巨贾,常往来中日之间,曾受日本幕府召见,被日本人视为显赫人物。

1623 年,日本平户藩主松浦赐郑芝龙宅地建新居,还为其介绍田川氏为妻。田川氏是华侨、福建人翁昱皇的养女,故又称翁氏。婚后第二年,田川氏生下一男孩,郑芝龙给他取名"福松",即后来的郑成功。

郑成功出生不到一个月,郑芝龙回了台湾。郑芝龙深谙"丛林法则",拥有上百只大商船,数万私人武装,成为东南沿海最大的国际贸易商,也是令人闻风丧胆的海盗头目。他先是打击其他海寇，纵横海上，无人敢挡，后又受朝廷招抚，平步青云，官至福建总兵，控制了东南海上贸易，年收入达千万金。

1630年，已是朝廷二品大员的郑芝龙，欲接田川氏回国，可此时日本实行"日女不入中国"政策。田川氏只得含泪让六岁的郑成功随堂叔父郑芝鹏回到福建，自己和次子继续留在日本。直到十五年后，郑芝龙才派人把田川氏接来中国团聚。

郑芝龙安排郑成功在泉州府安平读书，延请名师教导。郑成功十分喜读《春秋》和《孙子兵法》，欣赏春秋人物豪迈坦荡、敢作敢为、一诺千金的英雄气概，也崇拜孙子、吴起等运筹帷幄、决胜千里、凭借超人胆识改变国家命运的传奇人物。除读书之外，郑成功还不忘练习骑马射箭，文武兼修。十岁的郑成功便显露出过人才能，让老师赞叹不已。

天资聪颖加后天努力，郑成功十四岁就以优异成绩考取秀才，十八岁赴福州乡试，二十岁进入南京太学读书，拜名儒钱谦益为师。钱谦益对当时内忧外患的时局非常悲观，郑成功却相信事在人为。他曾认真地对老师说："做事也有区别，能不能做是一回事，愿不愿意做又是一回事。只要下定了决心，哪怕只有将士三千，也能干出一番大的事业！"钱谦益听后大为震撼，深感这个学生不论是胆识、节操还是谋略都非等闲。

1644年4月25日，寒朔的北京冰封万里，残枝败叶席卷苍穹，在煤山之巅的崇祯皇帝朱由检迎着刺骨的寒风，眼含热泪慨然陈词："朕自登基十七年，虽朕薄德匪躬，上干天怒，然皆诸臣误朕，致逆贼直逼京师。朕死，无面目见祖宗于地下，自去冠冕，以发覆面。任贼分裂朕尸，勿伤百姓一人。"言毕，自缢于歪脖子树，时年三十三岁。立国二百七十六年的大明王朝黯然谢幕。

崇祯自缢殉国后，北京城三易其主，清廷据天下龙脉之地，欲挟荡平寰宇之势克定中原。同年6月19日，福王朱由崧于留都南京称帝，翌年改元弘光，史称南明。此时，清朝豫亲王多铎率军南下，破扬州，占南京，兵部尚书史可法殉国，弘光帝被俘遭杀。之后，由于清廷对汉民强推"留头不留发，留发不留头"的高压政策，激起各地抗清斗争。郑芝龙、郑鸿逵兄弟于1645年7月拥戴唐王朱聿键称帝，改元隆武。隆武帝大封郑氏一家，不仅郑芝龙被封为平国公,且郑氏一家将相满门。

一次,郑成功随父拜见隆武帝,隆武帝见他器宇非凡,文才了得,不停称赞:"惜无一女配卿,卿当忠吾家,勿相忘也!"于是隆武帝赐其朱姓,并将其名改为成功,百姓尊称他为"国姓爷"。

逆父救国存孤忠

1646年,郑成功开始管理军务,先是奉命把守江西、福建交界的大安关,后又镇守仙霞关。当时长江一带已经失守,仙霞关成为清兵南下的第一道防线。年轻的郑成功雄心壮志,希望能积极反攻,收复江西。隆武帝对他极其信任,赐其尚方宝剑,给予先斩后奏特权。郑成功还向隆武帝献策:首先守住重要关口;其次练兵选将,积极以水陆两军合攻;再次以商养战,借贸易往来的盈余补给战争所需。

当时军国大权掌握在郑芝龙手中。郑芝龙是一个精明且极有心机的人,他明白偏安的局面维持不了多久,不但不奋力匡扶大明,还借机搜刮钱粮、卖官鬻爵。隆武帝无奈,整日以泪洗面。郑成功跪言:"如果将来有一天忠孝不能两全,必誓死捍卫国家,鞠躬尽瘁,死而后已。"隆武帝听后痛哭不已,伏在地上,再三叫郑成功起身。

大明降臣、清朝大学士洪承畴为郑芝龙老乡,承诺授郑芝龙三省王爵,诱其降清。于是郑芝龙不顾郑成功、郑鸿逵等人反对,决意带着其他几个儿子北上降清。清兵南下时,郑芝龙暗通清廷投降,但清廷却半信半疑。此时郑成功正坚守仙霞关,军队补给不上,要求父亲及时供给。但不论他如何哀求,郑芝龙坚决不发粮饷。郑成功只得匆匆赶到父亲那里当面恳求,郑芝龙却劝说:"改朝换代已是大势所趋,你的反抗只能是以卵击石。"郑成功悲愤填膺,声泪俱下:"父亲,闽、粤一带路途崎岖、山险水恶,只要我们凭险固守,仍然大有可为啊。何况,您在这一带拥有庞大的实力,决不可轻信清廷的花言巧语。'虎不可离山,离山则不武;龙不可脱渊,脱渊则受困',务请父亲三思而行！"郑芝龙视此话为稚子之见，是不识时务的妄语，拂袖而去。随后，清兵长驱直入，仙霞关失守。自此，父子决裂，郑成功带着部分士兵出走金门。

8月，清军攻克浦城、霞浦，隆武帝出奔江西，在汀州遭清军俘虏后绝食而亡。郑成功痛哭失声，设立灵台，隔海遥祭。郑成功一生志在报国，可如今君王已死，父亲降清，谈何报国，泱泱国土哪里还有一块土地属于大明？哪里还能容身？壮士饮泣，无可归之家国！

郑芝龙降清后，清廷给其闽粤总督之位。郑芝龙写信给郑成功，希望他一起降清。郑成功接到信后，写了中国历史上独一无二的"教父篇"："从来只听说过父亲教导儿子为国尽忠，还是第一次有做父亲的劝儿子向敌人投降。这些清人哪里是讲信用的人，现在父亲如果不听儿子的劝告，执意降清，万一您遭到不幸，孩儿只好穿着孝服，替您复仇了。"

郑芝龙本以为降清之后不但得保家业，还能加官晋爵。不料清军征闽主帅博洛背约，不但将郑芝龙与诸子一同挟往北京，还出兵攻打郑家的故乡。郑成功之母田川氏不幸遭遇此次劫难，受辱后自缢身亡。郑成功收到了消息，肝胆俱裂，痛心大哭。孤臣独子，拔剑四顾心茫然。郑成功忍痛擦干眼泪，发誓要守住明朝最后一片土地。这一年，他刚二十三岁。

此后，郑成功"以只身而奉故朔"，于沿海各地招兵买马、收编郑芝龙旧部，在南澳募集了数千兵力，"海岛群雄，拱手听其约束。且当败军喘息，又能镇定强战"。

折戟沉沙南京城

隆武帝死后，桂王朱由榔继位，改元永历。1649年，郑成功改奉永历为正朔，永历帝即册封其为"延平王"（郡王），从此亦有人称郑成功为"郑延平"。

同年10月，郑成功挥兵南下，一举攻下漳浦、云霄，次年又攻下潮阳。在战斗中，郑成功视死如归，身先士卒。1653年4月，清军进犯海澄，在猛烈炮火下，郑成功亲临阵前督战。5月，郑成功以火攻大破清军，取得海澄战役的胜利。清军数度大败后，顺治帝欲敕封郑成功为"海澄公"，但郑成功拒不接受。此后清廷多次派使招安，郑成功始终坚决抗清。1654年，定西侯张名振向郑成功请师，率领百艘战舰北上，图取江南地区。北伐之师沿长江进攻，直达金山寺，威胁南京城，但因后援不济，只得回师。

1659年，清朝调集三路大军进攻西南。郑成功趁机率领水陆精锐，进行声势浩大的北伐。为防止清廷乘虚袭击福建老家，他干脆把军属女眷一并拉上海船随行。"浪激风帆高入云，相看一半石榴裙"，蔚为壮观。

此时，南京沦于清廷铁蹄已有十四个年头了。饱受凌辱践踏的江南百姓强烈盼望大明军队有朝一日能打回来，解救黎民于水深火热之中。如今，这一希望落在了郑成功身上。5月初，郑成功亲率兵马十余万，分乘大小战船三千余艘，从定海北上进入长江，沿江清军守将望风而降。6月，郑军水师兵临江阴水域。郑成功看到江阴要塞易守难攻，担心消耗掉进攻南京的军力，就接受武将的建议，"以县小不攻"，继续溯流而上，失去了占据江阴要塞的机会。16日，郑军在镇江水域大败清军，攻克瓜州，22日又大破清军来自南京的援军，一举拿下镇江府城。此时，南京城内兵力严重不足，郑成功只需亲率主力登陆，以迅雷不及掩耳之势火速攻城，定能一战功成。然而，郑成功决定由水路进军。由于海船形体巨大，逆水而上，7月9日才到达南京。而此时，城内的清兵早已以逸待劳，做好了防守准备，而且数千援兵也从荆州顺流而下，抢占了有利的地形。尽管如此，郑成功毕竟还拥有十万精兵，在人数上占据着压倒性优势。可是，郑成功却采取"围城待降"的战略，想不战而取南京。

郑成功屯兵坚城之下，长期不战，士气低落。待到清兵各路援军赶到南京时，强弱态势瞬时发生逆转。清军发动突袭，郑成功大败，损兵折将，使南明失去了最后的翻盘机会，光复大明终成南柯一梦。

驱逐荷夷辟新荆

北伐失败后，郑成功只得收集残兵，退回福建。为建立长期的抗清根据地，郑成功听从何斌建议，决定收复由荷兰殖民者侵占的台湾岛。

1661年4月，郑成功留下儿子郑经防守厦门、金门，亲率将士两万五千人、战船数百艘，自金门料罗湾出发，经澎湖，横渡台湾海峡，向台湾进军。自从1624年荷兰人侵入台湾后，在台南建有两大防御要塞，一是热兰遮城，二是普罗民遮城。24日，郑成功大军进入澎湖海面，狂风暴雨突然袭来，郑成功传令大军连夜破浪前进。趁夜晚涨潮时，大军经由鹿耳门水道在台南登陆，先攻取防御相对薄弱的普罗民遮城。郑军在台江海域击沉荷军舰，取得台江内海控制权，同时在北线尾地区击败荷兰陆军，以优势兵力包围普罗民遮城。不久，守军出降。

在攻取普罗民遮城后，郑军分海陆两路进攻热兰遮城，劝降遭拒，发动强攻，却遭到顽强抵抗，损失惨重。由于强攻不下，加之粮食短缺，郑成功对热兰遮城改用长期包围战略，派出大部分军队至南北各地屯田、征收钱粮，以解燃眉之急。

7月，荷兰援军抵达，除了六百多名士兵、十一艘军舰以外，还带来大量补给品。当时郑成功的军力仍分散在台湾各地，包围热兰遮城的军力不到三千，荷军重新燃起反扑的希望。

7月中旬，停泊于外海的荷兰援军遭遇强风袭击，前往澎湖躲避风雨，其间荷舰搁浅，船上人员皆遭郑军俘虏。此一变故，使郑军获得休整的时间，完成了作战准备。8月中旬，荷、郑两军于台江内海展开激烈海战，郑军击沉一艘荷兰军舰，并夺取数艘，大获全胜，自此荷军丧失主动出击的能力。12月，一日耳曼裔荷兰士官来降，郑成功借助其提供的情报，炮击热兰遮城。

1662年1月25日，号称坚不可摧的热兰遮城墙，两小时内被轰开近三百个大洞，多处城墙几近坍塌，荷兰侵略者彻底丧失了抵抗的勇气。总督揆一急忙求和：愿罢兵约降，请乞归国。

2月1日，是中国历史上值得纪念的一天，数百荷兰残兵灰溜溜交出城堡，乘船狼狈逃离。被殖民者盘踞三十八年的中国宝岛台湾，回来了！

此前的1656年，郑成功部将黄梧因兵败被责，叛变降清。1661年，顺治帝崩，玄烨继位为康熙帝。黄梧立功心切向清廷献"平贼五策"，内容包括长达二十年的迁界令,自山东至广东沿海二十里,断绝郑成功的经贸财源;毁沿海船只,寸板不许下水;同时杀成功之父郑芝龙与其亲族于燕京菜市口;挖郑氏祖坟;移驻投诚官兵,分垦荒地。清廷依其策。

接连听到父亲被杀、祖坟被挖、郑经在澎湖与乳母私通等消息,加上又闻在台将士水土不服人心惶惶,内外交逼下,郑成功于1662年6月23日急病而亡,年仅三十九岁。死前他抓破脸面大喊:"我无面目见先帝于地下!"

郑成功去世后,荷兰人曾多次发起对台湾的反扑,但继承郑成功"延平郡王"爵位的郑经,屡屡重创荷兰舰队,始终将西方殖民者挡在台湾之外。

举世同崇一英雄

值得一提的是,三百多年来,郑成功不仅一直被中国人尊为民族英雄,而且也被日本人视为大和子民。

作为南明隆武帝赐赏的国姓爷,郑成功驱赶荷兰殖民者,打下台湾后依旧奉明朝为正朔,郑成功自然是大明王朝的功臣英雄。

清朝早期官方曾将郑成功视为海贼,后康熙帝为其平反,说"朱成功明室遗臣,非吾乱臣贼子",并写下楹联"四镇多二心,两岛屯师,敢向东南争半壁;诸王无寸土,一隅抗志,方知海外有孤忠",赐予泉州三邑南安郑氏祖坟。清末,为笼络台湾人,清廷将郑成功宣传为"忠义典范"。1874年,清廷派钦差大臣沈葆桢到台办理海防事务,沈葆桢以郑成功"感时仗节,移孝作忠",值得为民表率为由,奏请光绪皇帝准予为其建祠祭祀,以"正风俗、正人心"。1875年光绪帝为郑成功在台立祠,并由礼部追谥为"忠节"。同年3月,沈葆桢拆除了旧的开山王庙,在原址重建一座闽式建筑"延平郡王祠",并题联:"开万古得未曾有之奇,洪荒留此山川,作遗民世界;极一生无可如何之遇,缺憾还诸天地,是创格完人。"从此郑成功成为官方模范人物,台湾巡抚刘铭传等人,皆曾为延平郡王祠作楹联。

1947年"二二八事件"爆发后,国民政府派国防部长白崇禧到台湾宣抚。

途经台南时，白崇禧前往延平郡王祠向郑成功行礼，并立一石坊于祠前，以表彰郑成功的"忠肝义胆"。1950年，蒋介石亦亲题"振兴中华"匾额，悬挂于延平郡王祠正殿入口。除官方祭祀、宣传外，教科书中也赞扬郑氏的"民族精神"，"民族英雄郑成功"在台湾逐渐成为一个专有名词，至今在台湾的许多雕像与文献上，仍能看到。台湾民众因郑成功赶走荷兰人开拓台湾，崇奉其为"开山王"。目前台湾许多学校、街道、乡镇的命名皆来自对郑成功的纪念，如成功大学、南投县国姓乡、台中县延平乡、台南市开山路等。

新中国成立后，郑成功被当作从荷兰人手上收复台湾的民族英雄。从20世纪50年代起，在所有历史教科书中，均称赞郑成功为民族英雄，他"驱逐了外国侵略者在台湾的势力……受到我国人民的崇敬"，"郑成功在台湾建立政权，团结当地的汉族人民与高山族人民，共同发展生产事业"。

而日本人认为郑成功是大和民族的子民。日本统治台湾时期，拆除汉人庙宇，却唯独保留了延平郡王祠，还在旁边建立了日本建筑风格的"开山神社"，形成双庙格局。日本的这些做法，原因是多方面的：一是源于血缘；二是崇拜英雄；三是利益驱使。对抗清政府的郑成功，正符合日本征服中国的野心，而拥有大和民族血统的郑成功占领并经营台湾，为日本侵略台湾找到了最好的借口，日本称侵占台湾是继承遗储。时至今日，日本人仍对郑成功有着一种特殊的尊敬感和亲近感。日本有很多取材于郑成功的文学作品，《郑成功的盔甲》一书仍是日本男女老幼津津乐道的通俗演义，《国姓爷合战》还被收入青少年世界名著文库。在郑成功出生地平户，每逢郑成功忌辰，还要举行公祭。郑成功儿时的故居仍保留着昔日的样貌，是平户的一个名胜地，慕名前往观光的人很多。

那么，郑成功到底是中国人还是日本人，如何认定他的国籍呢？

古代没有国籍法，判定一个人是哪国人，主要是看血统。而当时，无论中国还是日本，对一个人籍贯的认定都是严格按照父系传承的。郑成功的父亲是中国人，这就决定了从籍贯传承上讲郑成功是中国人。其次，古代对一个人所属国家的认定，还要看他与这个国家间固定的法律联系，他对该国履行的义务和享有的权利，以及其个人的心理认同。郑成功六岁回国后，是在儒家文化环境和教育制度下成长起来的，身上天然地烙有中华儒家文化的烙印，后被称为"国姓爷"，连日本的文学作品亦承认其"国姓爷"的称号。郑成功是拥有大明国姓、担任大明官职的人。1661年，郑成功攻打台湾，在致荷兰殖民总督揆一的"谕降书"中，严正指出："然台湾者，早为中国人所经营，中国之土地……则地当归我。"郑成功是以中国人的身份向荷兰殖民者索要台湾的，收复台湾后，郑成功仍以大明延平王自居。另外，在东亚海域的国际贸易活动中，郑成功是代表着大明参与其间的。为保护海外华商安全，郑成功向华商发放郑府令牌和"国姓爷"旗帜。当得知华侨在菲律宾被西班牙人大肆屠杀后，他立即派使臣递交口气强硬几近宣战书的国书严正警告，并积极组织兵力准备解救华侨。因此，从郑成功的经历及其本人的心理认同来看，其毫无疑问是大明子民。

郑成功终其一生，力挽狂澜图半壁，驱逐外夷复台湾，虽有日本血统，也丝毫不影响其中华民族英雄的身份。

【延伸阅读】

郑氏结局

郑成功收复台湾时，长子郑经镇守思明州。此时郑经已娶了兵部尚书唐显悦孙女为妻，但他并不喜欢这个妻子，反而更喜欢四弟郑睿的乳母陈氏，并与其私通生有一子，取名郑克臧。郑经有了孩子，就得向父亲报告，但又不敢说出实情，谎称是一个侍妾所生。喜得孙子，郑成功专门派人赏赐。

唐显悦得知真相，为孙女鸣不平，便给郑成功修书一封。郑成功大发雷霆，令堂兄郑泰以"治家不严"之罪将自己的妻子董氏、儿子郑经、陈氏及长孙郑克臧一并处死，但郑泰只处死了陈氏。家丑外扬，众将抗命，永历蒙难，祖坟被掘，父亲和弟辈十余人喋血北京等，终于将郑成功击倒了。1662年，郑成功病逝。

郑成功去世后,部分老臣不齿郑经所为,转而拥立郑成功的弟弟郑袭为延平王。郑经打败叔叔郑袭后,其余的叔叔们因害怕报复,都投靠了清廷,此后郑经统治台湾二十年。

1681年郑经去世,长子郑克臧继位。次子郑克塽的岳父冯锡范攻击郑克臧的出身,最后杀郑克臧拥立郑克塽继承延平王位。1683年,郑克塽降清。

二十二、康熙六下江南真相

【题记】 1684年,三十一岁的康熙帝率领庞大的船队从北京启航,开始了下江南之旅,这是康熙帝首次踏上南方国土,由此开创了清帝南巡的先例。此后的二十四年间,他又不知疲倦地进行了五次江南之行。那么,康熙帝为何如此热衷于下江南呢?龙旗飘扬的背后,究竟隐藏着怎样的动机呢?

治河通漕济苍生

康熙帝亲政后,"以三藩及河务、漕运为三大事",而"河务"与"漕运"看似两件事,实则是相互关联的一件事。因为"天庾玉粒"、八旗粮饷、京师民需等,主要靠京杭大运河运输。京杭大运河是国家的大动脉,一旦动脉栓塞,运输不畅,便会牵动京师,事关重大。而黄河、淮河与运河交汇,若黄河或淮河出问题,都会直接影响漕运。为保证漕运通畅,清廷每年都拨巨资用于河道治理。

1659年至1677年,水灾严重,苏北地区黄河、淮河连年溃决,海口淤塞,运河断航,漕运中断。1684年,康熙帝第一次南巡见此情景,赋诗道:"淮扬罹水灾,流波常浩浩。龙舰偶经过,一望类洲岛。田亩尽沉沦,舍庐半倾倒。茕茕赤子民，栖栖卧深潦。"

第一次南巡后，康熙帝更深刻地认识到治河的意义。当时朝中大臣在治河问题上分歧严重，康熙帝将河道总督靳辅革职留任。1689年初康熙帝再次南巡，视察治河效果，一路上不断听到百姓对靳辅的称颂，又亲见靳辅所疏理的河道及修筑的上河堤坝的确卓有成效，便让他官复原职。在1699年第三次南巡中，康熙帝提出了一系列治河方案。一是深浚河底，使水通畅、防止淤塞；二是改修清口，修挑水坝使清水畅流，防黄水倒灌；三是拆除拦河坝；四是增筑堤岸，引水归江。

然而，这些好意见，河道总督小于成龙竟置若罔闻。至1700年春，灾情更加严重。康熙帝谓大臣说："靳辅任总河时，河务常治，虽下河之人不无微怨，然不可谓于运道无益。……于成龙不遵指示，故迄今尚未告成。"

同年3月，小于成龙病故，两江总督张鹏翮接任。张鹏翮谨遵康熙帝指授的治河方略，次第开工。1703年初，康熙帝第四次南巡，对张鹏翮三年来的治河工程进行巡视，总体比较满意。1705年，康熙帝第五次南巡，实地查看中河南口改建工程，筹度善后之规。回至行宫后，他赋诗道："春雨初开弄柳丝，渔舟唱晚寸阴移。庙堂时注淮黄事，今日安澜天下知。"

得意之情，跃然纸上。康熙帝同时认为"善后方略更为紧要"，应做到防患于未然。1707年，他第六次南巡，主张"使淮水稍泄其流，趁水未涨时预为绸缪，将来水虽大涨，必不至于危险"，并提出一系列要求，布置就绪，返京。

总之，康熙帝南巡的核心目的就是治河、导淮、济运。当时，淮安是黄、淮、运三水交汇之地，为黄淮襟要、漕运锁钥。因此，康熙帝每次南巡必停淮安，亲自在淮安码头镇御坝村阅读方志，调查研究，访问耆老，担土采石，扯绳测量。在治河上，清廷不惜财力，每年用在治理黄河上的经费达三百万两白银之巨。康熙帝重用能臣，反复商讨，慎重决定，始终贯彻一劳永逸、全面治理的方针，黄河治理大有改观，出现了四十年安澜的局面。

力促满汉相和融

清朝从努尔哈赤 1583 年起兵征战到康熙帝 1683 年统一台湾,整整一百年。这百年间,努尔哈赤屠杀汉族,皇太极六掠中原,多尔衮强行剃发,以致满汉之间仇深似海。康熙帝六下江南目的之一是促进满汉相融,主要做法是"四祭""四匾"。

"四祭"是祭孔子、岱庙、明陵和大禹陵。

祭孔子。康熙帝幼时学《论语》,达到了滚瓜烂熟、了然于胸的程度,从小很尊崇孔子。他南巡到曲阜祭孔,孔子的后代孔毓圻率领十六岁以上的孔门子弟在曲阜东门外跪迎。康熙帝在他们的簇拥下来到孔庙,到大成门时下辇,步行进了大成殿,对着孔子的塑像和牌位行了三跪九叩大礼。作为满族皇帝,康熙帝向一个汉人儒家先师行如此大礼,表明他主动继承了儒家道统。

祭岱庙。泰山是五岳之首,相传炎帝、黄帝、尧、舜、禹、秦始皇、汉武帝都曾祭祀泰山。康熙帝是满洲人,满洲的神山是长白山,汉族的神山是泰山,康熙帝到岱庙向泰山之神行礼、祭拜,也意味着他认同并接受了汉族文化。

祭明孝陵。当年,努尔哈赤、皇太极都曾与明朝作对,最后取而代之。康熙帝第一次南巡到了江宁,祭拜明太祖的孝陵,看到陵内荆榛满目,一片凄凉,便下令修整与保护,并说"明太祖一代开创令主,功德并隆",又在明孝陵题字"治隆唐宋",表明他肯定并承认了明朝的历史地位和历史贡献。

祭禹陵。康熙帝南巡到了绍兴,来到大禹陵,向大禹陵行三跪九叩大礼。

康熙帝不仅实行"四祭",还写了"四匾"。他在南巡途中为董仲舒写下了"正谊明道",又给周敦颐写下"理明太极",这两位都是儒家大师。康熙帝如此尊崇他们,进一步说明他接受了儒家思想。

还有两块匾,一块匾是给宗泽的,即南宋时领导岳飞抗金的汉族民族英雄。康熙帝的曾祖父努尔哈赤自称后金,自认是金的后裔。康熙帝把写有

"忠荩永昭"四字的匾额赐给宗泽的祠堂,以示嘉许。另一块匾"忠节不磨"是写给陆秀夫的,高度赞颂他崖山殉国的忠义气节。

怀柔布恩察民情

大清立国之初,为巩固政权,对汉族官员防范压制,汉族官员常有不满。康熙帝南巡的另一目的就是缓解满汉官员矛盾。康熙帝借南巡之机,对汉官采取赐匾、赐字、赐宴、赐物、赐食、赐银等诸多笼络措施,如大学士张英于淮南迎驾,康熙帝御书"笃素堂""谦益堂"等匾额赐之。康熙帝1699年回銮时,曾住于《红楼梦》作者曹雪芹的祖父——江宁织造曹寅府中。曹寅请出老母谒见康熙帝,康熙帝见之大喜,"此吾家老人也",赏赐甚厚,并御书"萱瑞堂"匾额以赐。他还特准老臣陈廷敬随驾游西湖一日,见宫眷车不需避路。在六次南巡中,康熙帝应大臣们的请求题写匾额等优礼之事极多。大臣们自然感恩戴德,决心鞠躬尽瘁效忠皇帝。

据江苏巡抚宋荦自编的《漫堂年谱》记载:宋荦分别于1699年、1703年、1705年三次接驾。得知宋荦看书须用花镜后,康熙帝送他一副眼镜,一品豆腐,并说:"朕有自用豆腐一品,与寻常不同。因巡抚是有年纪的人,可令御厨太监传授于巡抚的厨子,为他后半世受用。"第四次南巡,赐宋荦御书"督抚箴"一副。第五次南巡,赐宋荦御书对联、匾额,赐"福""寿"字,赐衣服一袭、帽子一顶、砚台一方,又赐诗一首。康熙帝与宋荦之间,不似君臣拘谨,而是交互往来,情谊日增。

太湖东山有一座碧螺峰,峰的石壁缝里生长着数株野茶。某年,有一人因采茶较多,筐里装不下,便揣在怀里,茶得热气,发出异香,采茶人惊呼:"吓煞人香!"于是把这种茶叫作"吓煞人香"。从此,每到采茶时节,当地人都要沐浴更衣,前去采茶。新茶不装筐,而是放在怀里。1699年康熙帝南巡经过此地,康熙帝得知茶名为"吓煞人香",嫌其粗俗,以其春天产于碧螺峰,赐名"碧螺春"。

上述故事说明，康熙帝六次南巡，广泛接触汉族官员，对彼此增进了解、消除隔阂、改善关系，起到了不可估量的作用。

通过下江南笼络民心也是康熙帝南巡的目的之一。汉人对满洲文化怀有隔膜，时人称"夷夏之辨"。对于多尔衮时期，"留发不留头，留头不留发""扬州十日""嘉定三屠""江阴抗清"的历史，江南人民刻骨铭心。康熙帝借南巡之机笼络士绅，安抚民心，以化解历史积怨，缓和满汉矛盾。

南巡路上，康熙帝还做了蠲免、救火、赈灾、赏赐等事情。第三次南巡，康熙帝经过江南，看到百姓生计维艰，他就"将通省积欠钱粮尽行蠲免"。第四次南巡，行宫附近村子失火，康熙帝立即派侍卫帮忙救火，之后又让当地官员调查烧坏了多少间房子，每间房子赐银三两，修缮房屋。第五次南巡，正值山东发生严重灾情，康熙帝就拨了数百万两银子，派了四五百个官员到各州县赈灾，"地丁钱粮前后屡行蠲免，通省亿万民命始得复生"。第六次南巡，在虎丘赐圣恩寺方丈际志人参两斤，哈密瓜、松子、榛子、频婆果、葡萄等十二盘，并解释说"吾见和尚年老也"。

这些做法都是很得民心的，无疑拉近了君民之间的距离。于是，他每到一地，官民老幼数十万人或张灯结彩，或夹道跪迎，或随船追趋，"欢声洋溢，由衷而发，非假饰也"。

整饬吏治清政风

康熙帝特别重视吏治，南巡每至一处，必亲察官吏。他曾深有感触地说："凡居官贤否，惟舆论不爽。果其贤也，问之于民，民自极口颂之；如其不贤，问之于民，民必含糊应之。官之贤否，于此立辨矣。"

康熙帝整饬吏治的主要手段是奖廉惩贪，"治天下当以惩贪奖廉为要，廉洁者，奖一以劝众；贪婪者，惩一以儆百"。面对贪官多于清官的现状，他把清廉作为用人的第一标准，认为"居官既廉，办事自善，即钱粮稍有未完，百姓自为彼勉力急供也"，并以廉吏事迹激劝百官，澄清吏治，扭转贪风。

重奖廉吏。于成龙素以"廉能"著称,因此不断得到升职嘉奖,从最初的广西罗城知县升任两江总督,直至病故,"始终居官清廉,甚为百姓所称"。康熙帝称之为"天下廉吏第一",加赠太子太保,予谥清端,荫一子监,并亲笔题写"高行清粹"祠额和楹联赐之。

在扶正抑邪的官风引导下,出现了傅拉塔、小于成龙、张鹏翮、郭琇等名噪一时的清官廉吏。康熙帝出巡时不忘给这些廉吏嘉奖和鼓励,如第五次南巡,路经雨花台,赐御书"两江遗爱"匾额,令悬傅拉塔祠堂。

两江总督于成龙曾推荐通州知州于成龙(小于成龙)"可大用",不久,小于成龙补江宁知府缺。康熙帝第三次南巡至江宁,经察访证实小于成龙清正廉洁,特予以嘉奖,赐亲书手卷一轴,传谕小于成龙:"人靡不有初,鲜克有终,尔必自始至终坚持操守,务效前总督于成龙,正直清廉,乃无负朕优眷之意。"当月擢其为安徽按察使,后又擢其为直隶巡抚,因其廉能称职,康熙帝特旨嘉奖,加太子太保,赐鞍马、银两等。在治河问题上,小于成龙与靳辅发生分歧,采取不合作态度。康熙帝据廷议,削其太子太保,但"命留任"给其改正机会。后来,小于成龙意识到过去的错误,按靳辅方针主持治河,对康熙帝说:"臣彼时妄言。"后小于成龙升至河道总督,始终廉能如初,病卒后,康熙帝赐祭葬,谥"襄勤"。

于成龙去世时,康熙帝在京临朝痛悼:"今天下清廉官如于成龙者有几?"有人提到时任山东兖州知府的张鹏翮。当年秋,康熙帝南巡,路过兖州,留意考察,发现他果然"居官甚善"。从此张鹏翮不断得到提升,累迁至浙江巡抚、兵部侍郎、左都御史、两江总督、河道总督、礼部尚书。

郭琇,江苏吴江知县。康熙帝南巡时听到"百姓俱称其贤",所以回京后,给内阁下谕:"原左都御史郭琇,前为吴江令,居官甚善,百姓感颂至今。其人有胆量,可授湖广总督,令驰驿赴任。"南巡中,康熙帝了解到仪封人张伯行治河有功,且当地官员同声称赞,遂升张伯行为福建巡抚,后来果然官声极佳。

严惩贪官。康熙帝自1684年起,派人清查各省钱粮,着力解决和防止督抚侵欺挪用库存银两,以防作欠、蒙混销算诸弊。而江南是富庶之地,也是手工业聚集的地方，盐、铁、布、瓷器等都主要出自这里，京师民需多由此漕运，故此处多"肥差"，也是官员最容易出事的地方。康熙帝六次南巡，除视河、谒陵、赏景外，更以察访吏治为要务。第一次南巡，驻宿迁，发现漕运总督邵甘贪腐问题严重，便将其撤职。第二次南巡，返京第二天，据所掌握情况，免去一批有贪腐问题的高级官吏。第三次南巡，发现浙江百姓生计大不如前。积欠已尽行蠲免，灾荒已普遍赈济，百姓应比过去丰足，为何反不如前呢？经调查得知，皆因府、州、县官私派侵取，馈送上司；或上司因事索取，甚至微小易结案件，也多拖延索诈。康熙帝回京后，即向大学士、九卿、科道等征求解决办法。廷议后，即发谕旨：督抚必须"洗心涤虑，正己率属；凡有贪污害民官员，必及时查参"。此类谕旨，不止一次发布。查处的案件以"借机苛派，行贿受贿"的大案居多。

康熙帝长期不懈地整饬吏治，肃贪奖廉，以正抑邪，使官吏受到约束和引导，大量赈济、蠲免得以实施，保证了惠民政策的落实。

追求享乐奢侈盛

康熙帝六次南巡，前后跨度二十四年，尽管达到了治河、解结、整饬吏治等目的，但也追求享乐，劳民伤财。

每次南巡，兴师动众，"苦累官民"。地方官员及缙绅、商人为博皇帝一乐，不惜人力物力，大肆铺张。如第三次南巡时，"凡驻跸之所，皆建锦亭，联以画廊，架以灯彩，结以绮罗，备极壮丽"，"又于诸山及城中名刹，普设祝圣道场"，与第一次南巡时比"已逾十倍矣"。之后，每次南巡，愈益奢华。按制，出巡前，要先行派遣大臣率领将校，勘查沿途道路、停留处所，修治道路桥梁等，这些出京的将校，沿途"肆意征索"，稍不如意，就以修路为名，破坏人家的坟墓田地，地方官民畏不敢言。另外，康熙帝南巡途中，喜欢在行宫看演出。据《圣祖五幸江南全录》记载：康熙帝第五次南巡时，在扬州住六天，每天晚上都办宴会，看演戏。在苏州、南京、杭州等地，也是经常看戏。一次因下雨没能演戏,"命女乐清唱,至二更安歇"。六下江南看了还不过瘾,康熙帝还命人将江南名胜美景在北京畅春园、承德避暑山庄仿造。正所谓"三叉河干筑帝家,金银滥用比泥沙"。正如《红楼梦》中赵嬷嬷所言,"把银子花得像淌海水似的","别讲银子成了土泥,凭是世上所有的,没有不是堆山塞海的"。

前面有车,后面有辙。他的孙子乾隆帝也六下江南,游山玩水,乐而忘返。每次南游,陆上车舆,水中龙船,浩浩荡荡,绵延百里。沿途官员千方百计,献尽奇珍,竭力奉迎。沿途百姓则挖河、修路、出力、出汗、出银子、挨鞭子。"乾隆皇帝来一趟,一年胜过两年忙;官员搜刮凶如虎,一年三熟也是荒"。皇上乐不可支,百姓苦不堪言。

总之,康熙帝六下江南,有利有弊,正如歌中所唱:"千古帝王,悠悠万事,功过自有百姓言。"

耀武扬威声色纵

康熙帝逸闻趣事很多,一些小说、影视剧多有描述。如,他曾偷偷参加京城的会试;走访农村初尝乡野平民美味;为了办案,戴枷坐牢并与黑道拼杀;与青楼女子合力打击犯罪……虽然情节生动,妙趣横生,但都是杜撰。不过在累计五百多天的六次巡游中,在江南如画的美景中,在游山玩水之时,康熙帝的确也留下了不少逸闻趣事。

某年,康熙帝南巡至河北固安时,看到当地百姓跪地挽留要调任宛平的县令杨馝。杨馝任固安县令时,参与了修治永定河工程。按例,河工应于秋汛一过就开工,但这年,河道黄某拖延工期,到了冬天还在赶工。老百姓冬日涉水,寒冷不堪。杨馝可怜百姓,同意大家等暖和一点再开工。黄某巡查,发现百姓来迟,就下令鞭打。杨馝是个骨鲠之士,见苦劝不听,一时大怒,牵着这位河道大员的马说,"如此寒冷的天气,你穿着厚厚的裘皮还冷得打战,却硬要这些赤足露腿的百姓天不亮就来上工。来来,你能去,百姓就能去。"黄某大怒，准备上书弹劾杨馝，恰好直隶巡抚李光地路过附近，听说了此事，对杨馝大加褒扬，这件事才算过去。康熙帝听了百姓的请求，大声说："我另外给你们选一个好官来，如何？"这时，道旁有一妇女大声回应："那你不如另外选个好官给宛平！"康熙帝大笑，觉得这女子说得有道理，于是下令杨馝食知州俸，仍做固安县令。

一次，康熙帝南巡遇到了瓢泼大雨，一时兴起，就去一水乡小镇闲游。他看见一绣娘正在刺绣，所绣的竟然是满族少年狩猎的场景。康熙帝看后十分喜欢，便想让绣娘把这幅图卖给他，绣娘始终不松口，几番打听才知道原来这幅绣图是当地知府所要，已经耗时三年。

康熙帝想在茶楼上看看烟雨朦胧的江南，谁想这次又碰了壁，店小二说楼上的座位归当地知府专属。康熙帝这下忍不住了，问知府叫什么名字，店小二说大家只知道他叫刘八斗，至于这外号的由来，是因为有一次他的金银珠宝装满了八斗。店小二还说刘八斗最爱"体察民情"，每次总能发现他属下的过错，说白了就是鸡蛋里挑骨头，借此拿点银子罢了。听完了这些，康熙帝正想离开，却又听茶客说前些天江北县令被刘八斗给惩办了，这个县令喜欢喝酒，可这也就算了，他居然还敢喝醉后审案，结果被刘八斗撞见，被罚了很多银子调到别处做官去了。听了这些，康熙帝心中知道这刘八斗是谁了。后来康熙帝在杭州建行宫，让刘八斗督建，经费不足由刘八斗自掏腰包，那幅绣图也由刘八斗当作寿礼献给了康熙帝。

南巡途中，康熙帝不忘骑射，他能左右挽射，弓马娴熟。在南京、杭州，都要到校场演武，并亲自骑射。一次，在南京校场，他"右发五矢，五中；左发五矢，四中。士民观者，以数万计，皆踊跃蹈舞，欢呼动地"。一次，他骑马奔射一个目标，突然坐骑横蹿，他急中生智，原要右手弯弓，改为左手弯弓，一箭中的，众人惊讶。康熙帝此举另一个目的是炫耀武功，威慑当时江南那些"不安分守己"者。

封建皇帝虽有至高无上的权力，但私生活还是受限制的。如果违反了祖训、古制，大臣们就会进谏，而在私生活上被臣下说不规矩，那是相当丢脸与难堪的。出巡则是一个寻欢的良策。清朝祖制规定，为保持满族血统的纯正，皇上不得纳汉族女子为妃，但长期处于满、蒙女子包围中的皇上难免烦腻，况且听闻江南山美、水美、人更美，对江南水乡婀娜多姿的汉族美女自然心驰神往。康熙帝南巡路上，各地官员、缙绅为讨皇上欢心，不断进献美女。直到晚年，康熙帝还不断从江南挑选年轻女子充实后宫，风流可窥一斑。

【延伸阅读】

康熙提笔忘字

镇江金山寺有一石柱凉亭，名留云亭，又名江天一览亭和吞海亭，这里是领略金山风姿、俯瞰镇江美景的最佳观赏点之一。亭中石碑是1684年康熙帝到金山寺游览时留下的古迹。

当时康熙登高远眺，见大江东去，水天相衔，诚雄观也，遂奋笔手书"江天一览"四个大字。亭于康熙二十四年重修，同治十年复建，两江总督曾国藩将康熙所写的"江天一览"四字刻在石碑上，立于亭内。

据传，康熙在执笔就书时，"江天一"三个字一气呵成，而第四个字"览"笔画多，一时竟想不起来，却又不肯"不耻下问"，只是嘴中念着"江天一览"四字，迟迟不写。侍从大臣见此情景，知道皇上遇上难题了，但又不敢直截了当提示，怕招来轻君杀头之罪。正在为难之际，有一大臣计上心来，忽然跪在皇帝面前说了一声"臣今见驾"。康熙一听"臣今见"，恍然大悟，随即写出览字。因为"览"的繁体字"覽"拆解后的部分类似"臣、今、见"三个字，这位大臣巧妙地用拆字法提醒了皇帝。由于康熙想了许久才写下"览"字，所以这一字与"江天一"三字相比，明显稍小。

二十三、天朝悲歌探源

【题记】 太平天国运动是中国历史上规模最大的一次农民起义，前后持续十四年，势力发展到十八省，有力打击了清王朝的腐朽统治和列强侵略，加速了封建社会的崩溃，在中国历史上留下了极其重要的一页。1864年，随着湘军的一把大火，方圆十几公里的天王府化为灰烬，这个疾风暴雨般席卷大清半壁江山的农民政权黯然退出了历史舞台。那么，究竟是什么原因导致了天朝悲歌呢？

洪流涌风云际会

1814年，一个男孩出生在广东花县一户洪姓农民家庭，名火秀，族名仁坤。在他七岁时，深受"学而优则仕"教育思想影响的父亲借钱把他送入村塾读书。

1836年，洪火秀第二次赴广州参加院试，再次落榜，考前偶然得到一本由基督教第一位华人牧师、新教第一位中国传教士梁发所著的《劝世良言》。1837年，他第三次参加院试，又没有考中。从广州回到家中，洪火秀大病一场，昏死过去两天才苏醒，醒来后就神经错乱了，像换了一个人似的，整日正襟危坐，寡言鲜笑。他对家人说，昏过去那两日，上帝接他上天，命他到人间斩妖除魔。为避耶稣（当时译为耶火华）名讳，他将"火秀"改为"秀全"，"秀全"者，"禾（我）乃人王"也。近代著名教育家、外交家、社会活动家容闳在《西学东渐记》中说："洪秀全于应试落第后，得失心盛，殆成一种神经病。"

1843年春，二十九岁的洪秀全第四次参加院试，仍然落第。悲伤和失落转化为愤懑与不平，他认为自己之所以一再失败，是因为这个世界太黑暗。他愤恨地把笔墨掷在地上大喊："等我自己来开科取天下士吧！"并请人铸了一把"诛妖剑"佩带在身，作诗道："手持三尺定山河，四海为家共饮和。擒尽妖邪归地网，收残奸宄落天罗。"他翻出七年前那本《劝世良言》，给自己行了洗礼，创立"拜上帝会"，自称上帝次子，决心做一番大事业。冯云山、族弟洪仁玕随即加入。

拜上帝会成立后，洪秀全和冯云山到广西发展会员。在冯云山的努力下，仅三年时间就发展信众三千多人。1849年春，广西出现严重灾荒，官府对流民下了"格杀勿论"令，一时间，农民起义风起云涌。拜上帝会抓紧发展会员，秘密准备起义。他们宣传"大瘟疫即将来临，到时有田无人种，有屋无人居，只有信上帝才能得救"，会员迅速发展到两万多人。

1851年1月11日，万众齐集桂平县金田村犀牛岭，誓师起义，建号太平天国，起义军称"太平军"，全体将士蓄发易服，头裹红巾。震惊中外的太平天国运动拉开序幕。

信仰笃将士无畏

1851年3月23日，洪秀全在武宣县东乡莫村登基称天王，年末在永安下诏分封五王：杨秀清为东王，称九千岁；萧朝贵为西王，称八千岁；冯云山为南王，称七千岁；韦昌辉为北王，称六千岁；石达开为翼王，称五千岁，并诏令西王以下，皆受东王节制。太平军将士各有封任，队伍士气大振。

1852年4月初，洪秀全发布命令，号召"男将女将尽持刀，同心放胆同杀妖"。6月，南王冯云山战死，12月，西王萧朝贵战死。从此，太平天国军政大事主要由杨秀清负责。太平军势如破竹，于1853年3月攻占南京，改南京为天京，作为都城。

太平军之所以能在短短两年间席卷半个中国，除了清政府腐败、穷苦百姓拥护之外，也得益于自身信仰的坚定。据外国官员记载：太平军"很注重虔诚和献身精神，在遵守宗教礼节和仪式方面，他们是很规矩的，甚至是狂热"。太平军将士早晚敬拜上帝，每临战必祷告上帝，然后愤然而起，高呼"杀尽妖魔"，虽赴汤蹈火，在所不惜。有一次，干王洪仁玕问一名太平军战士："不害怕受伤或阵亡吗？"他答："不，天父保佑我。""但是，如果你被杀，怎么样呢？""那么，我的灵魂将上天堂。"

在太平军眼里，除了上帝，其他神祇都是妖魔。因此，他们每到一处，都将孔庙、佛寺、道观、城隍、社坛等一概捣毁。清朝官吏和士兵看见太平军随便毁坏人们曾无比敬畏的神明神像，本人却毫发无损，无不惊骇，不知他们究竟是什么人物，以至于一见太平军到，便士气全无。

初衷抛沉湎富贵

太平天国定都天京后，仿效封建礼制，建立了一套等级森严的制度，贪图富贵思想日益严重。官员朝见天王时必须下跪三呼万岁，见王爵则要下跪三呼千岁。天王出行乘六十四人抬大轿，东王乘四十八人抬大轿，所有官民必须回避或跪在道旁高呼万岁或千岁，倘有继续步行者斩无赦。洪秀全进膳时要放礼炮、奏乐，鼓声、钹声、锣声与炮声交作，直到膳毕，远比清朝皇帝威风。

定都天京之初，清军兵临城下，天国领导集团却认为这"正是万国来朝之候，大兴土木之时"，每天征用万余民工，拆毁民房万余间，修建天王府，半年即成。宫中金碧辉煌，重殿叠宇，象征九重天庭。金龙殿饰以黄金，绘以五彩，光彩夺目。天王所用王冠、浴盆、夜壶等器皿俱以金造。东王府亦不遑多让，尽毁附近民居，穷极工巧，骋心悦目。这种风气一直延续到太平天国后期，忠王李秀成驻守苏州，王府之豪华令人叹为观止，直到苏州城破前夕还在施工，连李鸿章看了都惊叹"真如神仙窟"，"平生所未见之境也"。

太平天国还继承了封建帝王的后妃制度，且有过之而无不及。金田起义后，洪秀全即选美纳妃十五人，至广西永安，"有三十六个女人"，到武昌后突破四十人，定都天京后，数字定格为八十八人。1864年太平天国失败后，幼天王洪天贵福被俘，在供词中说："父亲老天王洪秀全，今年五十三岁，有八十八妻。……我有四妻，年纪均与我相仿，一侯氏，一张氏，两个黄氏，均未生子。"

上行下效，天国各级官员，无论尊卑，凡有一郡一邑一乡镇之守，无不作威作福，穷奢极欲：饮食要山珍海味，服饰要巧夺天工，住处要雕墙峻宇，妻妾要纤妙娉婷……

起义之初，太平军将士人人无私财，同吃同睡，情同骨肉，敝衣草履，徒步相随；"坐天下"之后，初衷迅速抛弃，养尊处优，专务声色货利，不仅严重削弱了战斗力，还酝酿着一场惊天巨变。

自相残滔天血泪

太平天国运动早期，天王洪秀全、东王杨秀清、西王萧朝贵、南王冯云山、北王韦昌辉、翼王石达开等骨干精诚合作，从金田起义到定都天京，仅仅用了两年时间，"沛然莫之能御"。

攻占天京后，天王洪秀全僻处深宫，"临朝不理政"，只是名义上的领袖，杨秀清独揽军事、政治、宗教大权，是天国的实际掌权者。1856年，随着节节胜利，杨秀清自恃功高，野心膨胀，频繁使用天父附体，削威天王。有一次，杨秀清半夜三更借天父下凡之名登朝。洪秀全来晚了一会儿，"天父"大怒："咁久还不开朝门？该打！"洪秀全跪在杨秀清面前求饶："求天父恩赦小子迟程之罪。"天国所有重要领导人，韦昌辉、石达开、秦日纲等，都被杨秀清打击过一遍。

诸王惧于杨秀清熏天的权势，敢怒不敢言。1856年8月，杨秀清"逼封万岁"。洪秀全终于忍无可忍，密诏在外征战的韦昌辉、石达开、秦日纲回京铲除东王。

韦昌辉虽然早已对杨秀清恨之入骨，却表面谄媚顺从，每次见杨秀清轿到，立即上前扶轿迎接，论事没几句，就跪谢说："小弟见识浅，不是四兄教导，几乎不知。"他的哥哥与杨秀清的大舅哥争房屋，杨秀清要杀他哥哥，让他议罪，他竟把哥哥五马分尸，逐渐消除了杨秀清对他的戒备。

9月初，韦昌辉率三千精兵赶回天京，夜里在城外与秦日纲会合，突袭东王府，将杨秀清全家老小以及府中四千人全部杀死，所有财物洗劫一空。当时天京城还有众多杨秀清部属，韦昌辉假称天王之命，骗他们卸下军械后悉数屠杀。太平军雇兵记述说："次日清晨，关押东王余党的大厅门窗打开，一些炸药包被扔向被押的人群，而出口则守得滴水不漏。兵丁进了其中一座大厅，将被押者统统杀光，没遇到什么反抗。但在另一座大厅，屠杀者除用步枪射击外，还扔了一枚两磅重的葡萄弹，这些被押者脱光了上身用砖头来拼死抵抗，力竭而死。最后，韦昌辉和秦日纲命令部下都挽起右臂袖子，以与杨秀清余党区别，然后冲进去杀光还活着的人。"

9月中旬，石达开赶回天京，责备韦昌辉滥杀。韦昌辉为独揽大权，又要杀石达开。石达开连夜逃走，韦昌辉便杀了他一家老小。之后，韦昌辉在天京城内更加疯狂地屠杀异己，连婴儿也不放过，两个月里，共屠杀了两万多人。杀红眼的他甚至想加害洪秀全，洪秀全于是下诏"诛韦"，天京军民将韦昌辉党羽全部杀死，并活捉了他。天王下令把他五马分尸，割其肉每块两寸，挂在天京城内各栅示众："北奸肉，只准看，不准取。"燕王秦日纲亦被处死。

随后，洪秀全响应众议，迎石达开回京主持政务，但对他并不信任，不仅不授实权，还让两个哥哥来牵制他。石达开于1857年6月负气出走，一路张贴布告，表白忠心，得到许多人同情，随他出走的太平军精锐有二十多万人，太平天国元气大伤。后在连续的转战中，石达开始终难以建立稳定的根据地，最终被困大渡河，为保全部众只身进入清营。行前，石达开在给四川总督骆秉章的信中慷慨道:"窃思求荣而事二主,忠臣不为;舍命以安三军,义士必作。"石达开于1863年英勇就义。

天京事变给太平天国带来了无可挽回的损失,高、中级文武骨干损失殆尽。更严重的是,兵民失去了信仰,人心离散。

天王昧烟灭灰飞

天京事变后,洪秀全掌握了太平天国的军政实权,宣布不再封王。1859年,洪仁玕来到天京,洪秀全打破不封王的决定,封他为干王,引起众将领的不满。为安抚人心,洪秀全分别封太平天国后期重要将领陈玉成为英王、李秀成为忠王,但又担心陈、李等兵权太重难以控制,就把陈、李等手下大将都封了王,分散他们的权力,结果导致太平军号令不一,战斗力大大削弱。李秀成被捕后,曾有一段供词:"我天王第一重用幼西王萧有和,第二重用王长兄洪仁发、王次兄洪仁达,第三重用干王洪仁玕,第四重用其驸马钟姓、黄姓,第五重用英王陈玉成,第六方是秀成也。"其中洪秀全最信任的幼西王萧有和,是萧朝贵之子,当时只是个十岁左右的娃娃;而洪仁发、洪仁达的凶横暴虐和腐败滥权,则无人不知。

皇亲国戚的幼子孩童都封了王,而很多在疆场浴血奋战的功臣却不得封。由于封赏不公,文武官员多有怨言,洪秀全只好用滥封的办法解决矛盾,短短几年里,就封了两千七百多个王。开始封的王都有名号,后来封得多了,名号不够用,一律称"列王",到列王也封得多了,就专门造字"尘"再封。结果未封王的功臣愤愤不平,而封"列王"的人则感到不光彩,被封"尘"的人更是认为被侮辱,以致人心尽失。诸王各自为政,争权夺利,不顾大局,形势迅速恶化。

1863年,苏州、无锡相继失守,天京已沦为孤城,周边尽成废墟焦土,无法得到补给。李秀成向洪秀全建议立即从天京突围,设法与陕西的太平军会师,据西北以图中原。洪秀全勃然大怒,痛责李秀成说:"朕奉上帝圣旨、天兄耶稣圣旨下凡，作天下万国独一真主，何惧之有！……朕铁桶江山，尔不扶，有人扶！尔说无兵，朕之天兵多过于水，何惧曾妖者乎！"狂妄的天王，错失了最后的机会。

1864年春，天京粮尽援绝。洪秀全下诏说："吃甜露可以养生。"甜露即野菜，天王自己带头吃，不久就病倒了。6月初，洪秀全病逝，终年五十一岁。十六岁的幼天王洪天贵福即位。此时的天京城已经被湘军深壕高垒围困了将近一年，城内粮草断绝，百姓饿死无数。7月，湘军挖掘地道放置炸药将城墙炸塌，冲入城内，疯狂屠城。幼天王洪天贵福在李秀成等人护佑下侥幸突围。10月，洪天贵福被俘，11月，在南昌被凌迟处死。

英雄泪扼腕而悲

太平军只用了两年时间便席卷大江南北，创建了"人间天国"，但不过十几年就"如大厦倾"，土崩瓦解了。

1864年7月，被俘的太平天国忠王李秀成在狱中写下数万字的《自述书》，对太平天国失败的原因进行了总结，归纳为"十误"：林凤祥、李开芳孤军北伐（大误），曾立昌失机北援，秦日纲北援，林绍璋湘潭惨败，天京事变（大误），翼王出走（此误至大），主不问政，封王太多（大误），不用贤才，朝纲紊乱。作为太平天国后期的中流砥柱，李秀成对天国失败教训的总结，可谓字字血泪。

除此之外，太平天国的失败还有哪些原因呢？

第一，精神异常，领袖平庸。洪秀全是拜上帝会的创始人，但真正让拜上帝会发展起来的，却是冯云山。冯云山独自深入广西山区和烧炭工人打成一片，用三年时间发展了三千会众，并发展了杨秀清、萧朝贵等骨干；而洪秀全只发展了一百多个会员就回家教书去了。金田起义，是杨秀清和萧朝贵一手策划组织的，洪秀全被安排躲藏"避吉"，直到起义最后时刻才现身。在太平天国前期，实行军师负责制，一直由杨秀清和萧朝贵发号施令。洪秀全只是作为精神偶像存在，并不是实际的领导人。天京事变后，太平天国损失惨重，但总体形势尚可。洪秀全掌握军政大权后，却猜忌功臣，逼走石达开，导致太平军严重分裂，铸成了不可挽回的致命错误。他还任人唯亲，滥封王爵，致使朝纲紊乱，将士离心，最终导致太平天国灭亡。曾国藩在给其弟的信中说："自洪、杨内乱以来，贼中大纲紊乱。""人心改变，政事不一，各有一心。"在整个太平天国运动期间，洪秀全自始至终没有显示出军事指挥和治国理政才能。李秀成总结太平天国败亡的"天朝十误"中，洪秀全独占六误，可谓第一责任人。

研究太平天国运动的著名学者罗尔纲认为，洪秀全因屡次科考不中，压力巨大而精神崩溃，患上了精神疾病，并在以后的激烈斗争中屡屡发作。其主要表现是过度焦虑、暴躁易怒、狂妄偏执，这使他往往作出错误决策，最后葬送了太平天国。

第二，抛弃初衷，脱离大众。起义前期，太平天国为穷苦百姓描绘出"有田同耕，有饭同食，有衣同穿，有钱同使，无处不均匀，无人不饱暖"的理想社会图景，对大众产生了巨大的吸引力，队伍迅速扩大。征战中，太平军将士同甘共苦、同仇敌忾，迸发出强大的战斗力，取得了一个又一个胜利。但定都天京后，太平天国领导层抛弃了初衷，不断强化封建等级思想，追求特权，奢靡之风盛行；争相攀比，争权夺利，自相残杀，最终导致大众理想破灭，信仰动摇，战斗力迅速下降。

第三，定都失误，一误再误。李秀成"天国十误"中，军事失败占了四项，其中最大的军事失误，是北伐军孤军深入，最后全军覆没。1853年太平天国定都天京后，为攻取北京发动了北伐，最后失败了。北伐的失败，根源在于定都的失误。早在太平军冲出广西进入湖南之后，太平天国定都选址就已经提上了议程，"精神领袖"洪秀全主张"以河南为家"，但天国实际控制人杨秀清因江浙一带为富饶之区想"专意金陵"，两种意见势均力敌。太平军出洞庭、克岳阳后，杨秀清听从老水手的建议，利用"天父下凡"迫使洪秀全决定定都南京。江浙虽然富庶，但处于长江下游，不利于进攻，是消极守成之选。以后的事实证明北伐失败后，太平军几乎始终处于防守态势，失去了战略的主动性，再也无法涉足中原。

第四，反孔反儒，不用贤良。李秀成被俘后，在其自述中说"天王不用读书人"。太平天国信奉和宣扬拜上帝教，采取了激烈的反孔、反儒政策，直接把矛头指向儒学知识阶层，排斥知识分子，把广大知识分子推向了自己的反面，壮大了敌对阵营。钱穆先生认为，"太平天国全不读书，把自己国家的历史传统一概推翻，只抄些外洋宗教的粗迹……近代以来的过人，也正想把自己国家的传统一概推翻，所以才对太平天国抱了同情。"

第五，内部失和，各自为战。安庆是太平军联系皖北捻军的纽带，更是南京的屏障，战略地位极其重要。曾国藩对这一点认识深刻，所以当太平军横扫苏州、常州，清廷急令湘军东援时，他拒不听命，坚持攻打安庆，始终保持着战略上的进攻态势。英王陈玉成也深知安庆的重要性，和李秀成商定了合击武昌以解安庆之围的作战计划。但是陈玉成出击之后，李秀成却一心经营自己的势力范围江浙，没有及时出兵，致使作战失利，全局陷入被动。

第六，清洋勾结，联合绞杀。在太平天国定都天京、势力正盛之际，英法联军在太平天国与清政府之间采取中立观望态度。第二次鸦片战争后，列强通过《天津条约》《北京条约》从清政府手中攫取巨大利益，与清政府达成"和解"，答应"借师助剿"的请求。但英国贪得无厌，想谋求更大的利益，便主动找太平天国谈判，提出帮助太平天国打败清朝、平分中国的建议。洪秀全断然拒绝，失去了一次利用敌方阵营矛盾，扭转被动局面的战略机遇。于是英国转而和清廷勾结，从东西两个方向夹击太平天国，李秀成拟订了固守一边、集中力量破敌一面的作战计划，全力进攻上海的敌人，连续打败敌军。在眼看就要拿下上海这个帝国主义在中国的最大据点，达成战役意图时，湘军包围了天京。这本是预计中的情况，因天京城池坚固，兵精粮足，足以长期固守，只要拿下上海，再回师天京，不仅能解天京之围，还能反守为攻，合击湘军。但洪秀全吓坏了，连下三道命令，严令李秀成立即回援。李秀成无奈，只得放弃唾手可得的胜利，回援天京，从此陷入了两面作战的泥潭，再也没能扭转被动局面。

轰轰烈烈的太平天国运动虽然终归失败，但它的丰功伟绩任何人也抹杀不了，其用鲜血和生命铸成的教训，也永远值得后人警醒。

【延伸阅读】

洪秀全的内宫

与历朝历代不同，太平天国的内宫没有太监，宫中事务全由女性承担。

美国著名历史学者史景迁所著的《太平天国》中记载：洪秀全的宫中，事事皆须清爽整洁，他的手帕、汗巾、面巾、须罩也必须干干净净，定期更换。浴室则是纤尘不染、井然有序。洪秀全入浴时，宫女要准备四条以丝制成、香气浓郁的干净浴巾。一组侍女负责清理他的上半身，另一组则照顾他的下半身。每天清晨，两个侍女为他穿衣，可以站在他面前，面对着他，但是目光不能高过他的肩膀，更不能直视他。她们给他穿外袍，套衣袖，再把绣了花的领子抚平，但是绝不能碰到他的脖子。宫女要从背后给他戴上帽子，帽子须端正。

尽管侍从事事小心，但并不意味着没有恐惧和暴力。比如扇子扇错了地方，热巾送得迟些等，这些小事都会让洪秀全火冒三丈。杖击是最常见的处罚——挨打的人要面露欢悦，甚至在板杖落下时还要盛赞天王，要是这女子拒绝认错的话，就会先将她带去焚香沐浴，再带到后花园用大刀砍死。

二十四、欲说还休义和团

【题记】清末,义和团运动风起云涌,如烈火燎原般燃遍北方各省。这一运动直接粉碎了帝国主义列强瓜分中国的图谋,沉重打击了清廷的反动统治,加速了清王朝的灭亡。在慈禧首鼠两端的态度下,义和团"奉旨排外""扶清灭洋",极端仇视洋人及与洋人有关的一切事物,在疯狂屠杀教徒的同时,也把不满和愤怒撒向与自己一样卑微可怜的同胞,最后被清政府和帝国主义列强联合绞杀。一百多年来,人们对义和团的评价褒贬不一,争议不止。那么,该如何看待义和团运动的功过是非呢?

帝无能洋教横行

晚清,土地兼并,吏治败坏,国防空虚,军备废弛,闭关锁国,社会矛盾日趋尖锐,全国上下烽火四起,内地边关危机四伏,已呈江河日下之势。

早在1584年,意大利传教士利玛窦和神父罗明坚获准进入中国,西方宗教势力开始向我国渗透。1840年,英国殖民者以清廷禁烟为由悍然发动了第一次鸦片战争,清政府被迫签订了丧权辱国的《南京条约》,中国的国门被坚船利炮打开。涌入中国的除了源源不断的鸦片,还有一批批传教士。他们踏入中国国土传教布道、广收教徒早就引起了统治阶级的警惕,中国儒家士大夫一直视洋教为异端邪说，担心"一入其教，则人心但知有教主，不知有国法矣！此其动摇邦本之患"。更为严重的是，教徒对教会言听计从。加之过去农民起义多披宗教外衣，清廷认为传教与谋反密不可分，甚至把教堂看成魔窟。

第二次鸦片战争中，西方侵略者用刺刀为《圣经》开道。《天津条约》和《北京条约》的签订，使外国传教士获得了到内地自由传教的权利，从通都大邑到偏远山村，传教活动在中国迅速蔓延，到处可见传教士的身影。到1900年，清朝境内的外国传教士有三千人，教区四十余个，教徒八十五万人。

传教士依仗背后的帝国主义势力，干涉中国内政，包揽地方词讼，私设刑庭，欺压百姓，甚至无视中国法令，蔑视地方官员，把自己凌驾于官府之上，俨然成了地方上的洋皇帝。1899年3月，清政府拟定《地方官接待传教士章程》，正式规定总主教或主教的品位相当于督抚，各级官员应按品秩以礼相待。由此可见，这些披着传教外衣的西方人在中国的土地上是何等耀武扬威！

还有一些传教士名为传教，实则负有特殊政治使命或抱有侵略野心，他们把教堂当作侵略据点，搜集情报，蛊惑民众，从事与宗教活动无关的非法勾当。

投身教会的教徒中，虽然也有真心信教的平民，但也不乏流氓无赖。这些人入教后，以教会为保护伞，横行乡里，鱼肉百姓。而教会对教民的不法行为往往纵容袒护，以致民教矛盾日渐激化，屡屡发生各种"教案"。据统计，从19世纪60年代到19世纪末，全国发生大小教案八百余起。

随着教会势力日益膨胀，活动日益猖獗，民教矛盾更加尖锐，终于爆发了声势浩大的反洋教运动。1899年，山东省冠县蒋家庄，以"练拳"为名的义和团与教堂发生冲突，知县蒋楷派兵前往镇压，义和团首领朱红灯率团民数百人反抗清军，将其击败。时任山东巡抚毓贤仇视外国侵略者，对民众反教情绪比较同情，对义和团采取剿抚兼施、以抚为主的措施。义和团以"扶清灭洋"为口号在山东迅猛发展，有民谣道："义和团，起山东，不到三月遍地红。"

二十四、欲说还休义和团

拳练兴荒诞不经

1900年，整个中国的北方村村有拳坛，家家练神拳，到处都是红布包头、手持大刀的拳民。义和团能够兴起，除了政治和社会因素外，还有他们号称"刀枪不入"的神术。

当时的义和团普遍认为国家遇上了"劫运"，称"劫运到时天地愁，恶人不免善人留"，而灾难的源头就是洋人，"天无雨，地焦干，全是教堂遮住天"。同时，义和团也把抵御外侮的希望寄托在超自然力量上，如《闭火分砂咒》："弟子在红尘，闭住枪炮门，枪炮一齐响，沙子两边分。"他们在"请神"时，用"升黄表，焚香烟，请来各等众神仙"的形式吸引民众。传习时，"令伏地焚符诵咒，令坚合上下齿，从鼻呼吸，俄而口吐白沫，呼曰'神降矣'，则跃起操刃而舞，力竭乃止"。

义和团中还有女兵，是由十二岁以上、十八岁以下的少女组成的"红灯照"，她们身穿红衣，手执红巾和一个小红灯笼，号称念咒用法后扇子一扇就能升空驾云，像一颗大红星，让洋人的大炮放不响，而且可以使轮船在海中自毁，使城楼或洋房自焚。

据载，为了抵挡洋人的大炮，义和团甚至请来一些妓女助阵。他们荒唐地认为，妓女脱掉裤子，撅着屁股对着洋人的大炮，就能让大炮打不出炮弹。这些妓女自然全成了炮灰。

宗教迷信是义和团组织、发动民众的重要手段。流行乡间的小说人物和戏曲角色如关云长、姜子牙、黄天霸、孙悟空、猪八戒、二郎神等，皆成义和团所信奉的新神。教门首领的降神附体、呼风唤雨、画符念咒等"邪门歪道"，与农民大众的迎神赛会、祈丰求子、祛灾祈雨等渐渐融合。当拳民被某神附体时，其便如戏台上的这个角色一模一样，在言语上模仿戏里的说白，行动上模仿戏里的台步，状甚可笑。陈独秀当年在《克林德碑》一文中即称："儒、释、道三教合一的中国戏，乃是造成义和拳的第四种原因。"

缺少文化、饱受压迫的下层人民，手里只有刀矛农具，面对用快枪大炮武装的帝国主义者，不得不把克敌制胜的希望寄托于冥冥之中，到迷信中寻找精神力量，这样，中国农民熟知的仙人神佛，就成了他们寄托希望的对象。

尚排外盲目血腥

义和团运动中，华北的京津、山西，以及内蒙和东北，发生多起针对外国人甚至中国教徒的屠杀事件。据统计：共有两百多名外国人、两万多名中国基督徒在1900年夏天被屠杀。

在山西，被杀的天主教徒有五千七百余人，新教徒也有数千人，其中以内地会最多，其他属于公理会、英国浸礼会等。

在直隶，7月20日，朱家河五千多名教徒被杀，是当年一次性死亡人数最多的屠杀事件。

在内蒙，7月19日，清军马队攻进内蒙西南教区主教座堂所在的二十四顷地，大批天主教徒被杀。比利时籍的韩默理主教则被"手足合系，贯以竹竿"，然后"以铁索穿肩骨，囚以笼"，到处游街，7月24日，在托克托城被杀。

义和团号称"扶清灭洋"，"一概鬼子全杀尽，大清一统庆升平"，对一切与"洋"有关之人和物统统严厉打击，"如洋灯、洋磁杯，见即怒不可遏，必毁而后快。于是闲游市中，见有售洋货者，或紧衣窄袖者，或物仿洋式，或上有洋字者，皆毁物杀人，见洋字洋式而不怒者，惟洋钱而已"。此外，义和团还杀害了很多无辜卷入的教徒和一些接受西方文化的知识分子，"若纸烟，若小眼镜，甚至洋伞，洋袜，用者辄置极刑"。

1899年底，团民抢劫勒索山东长清县教民四十余家，平民十几家。据《长清县志》记载："拳匪四起，倡言保清灭洋，横行劫掠，架户勒赎，河西被害者不计其数。"直隶一些地方，"凡有富厚之家，指为教民，则所掠无算。过往之客，指为间谍，则所杀滋多。盗贼所不敢为者，彼乃公然为之"。青县团首王之臣率万余团民进入沧州,"凡地方富室,概指为洋教,焚劫杀掠,凶横异常"。北京"各处城厢大小街巷,所有天主、耶稣奉教之人,尽被团匪搜拿砍杀不绝,而家产皆抢掠焚毁一空"。天津的团民"初犹勒民供给,并索官铜,久之众谤沸腾,不能自立,乃欲示威于民,杀戮日甚。……旋以示威不足以充囊豪,乃肆意抢掠"。清军与八国联军激战时,少数义和团依然"抢掠商家,勒索财贿"。

大量史料清楚地表明,团民打击的对象不仅仅限于教堂和"二毛子"教民,同时还有大量并未入教的平民和回民,还有官署、官员;他们抢掠、勒索、敲诈钱财,甚至连犁、磨、锄和锅碗瓢盆等粗贱之物也在抢掠之列。他们绑架人质,勒索赎金,一旦不遂所愿,则"撕票"继之。用陕西巡抚端方的话来说,就是"借仇洋教之名,而遂其发洋财之愿"。义和团头目们就是以"发洋财"之名诱惑煽动团民跟着他们行动的。景州的义和团在各种旗帜上都写着"助清灭洋",而实际的动员口号则是"打洋人,发洋财"。正因义和团抢掠钱财,大饱私囊,一些饥饿穷困的农民便眼红起来,纷纷加入义和团。

名将聂士成的死也与义和团有关。聂曾因阻止义和团毁坏铁路而与之结仇。聂士成率军攻打八国联军据守的天津租界时,差点就打下来了,可是义和团却趁机四处劫掠,聂士成不得不率军镇压,双方矛盾加剧。义和团诋毁聂士成通敌,朝廷将聂士成革职留任,聂士成十分愤怒,表示自己"上不谅于朝廷,下见逼于拳匪,非一死无以自明"。1900年7月初,聂士成在和八国联军交战时,义和团竟然抓了聂士成的妻儿老小。聂士成派人追赶,可他手下有人和义和团串通一气,导致他前后受敌。最后,面对数倍联军,聂士成屹立桥头,大声疾呼:"报国之日,宁死不退一步!"7月9日,聂士成被八国联军炮火击中,腹裂肠出,壮烈牺牲。

摇摆间剿抚无定

面对风起云涌的义和团运动,清政府起初没有一个明确、统一的政策,往往由各级官员自行决定，朝中官员和地方官员对义和团的态度大相径庭。如李秉衡、张汝梅和毓贤这三任山东巡抚和直隶总督裕禄都同情支持义和团。张汝梅还将各乡义和团编入保甲团防之内，毓贤调到山西后仍支持义和团，义和团在山西发展很快。而袁世凯任山东巡抚后，对义和团则采取残酷镇压的态度。

1900年春夏，义和团发展更加迅猛，行为更趋极端，很快逼近京津。对此，列强恐慌不已，对清政府施加强大压力，要求镇压义和团。列强强行进军北京和义和团抵御外国军队，使清廷对义和团的态度开始转变。面对列强咄咄逼人的态势，清政府逐渐承认义和团为合法组织。

从6月10日起，在清朝官员的默许下，义和团大量进入北京。在初期，义和团与北京的外国人虽然关系紧张，但并未发生大规模流血事件。6月12日，"东华门外教堂起火，不少教民迁而北去，是为义和团入京第一次肇祸也"。这起事件很可能与德国驻华公使克林德擅自拘捕路过使馆区的义和团成员有关。在使馆卫队入京后，以克林德为首的部分外交人员蛮横使用武力解决问题。一天，克林德带领一队士兵行于内城，发现有义和团练拳，即毫不迟疑下令开枪，当场打死二十余人。此后，使馆卫队开展了"猎取拳民行动"，多次主动攻击义和团，导致局面失控，愤怒的义和团到处焚烧教堂和屠杀基督教徒。主和派官员袁昶指责克林德："门吏等方与步军统领议弹压京城内外，遵旨严拿首要，以靖地方而弭邻衅。不意德克使闇于事机，擅自拿办拳匪，以致激变。"6月20日，克林德在去总理衙门交涉时，与神机营章京恩海发生冲突，被后者射杀，酿成著名的"克林德事件"。

紧张局势下，慈禧太后多次召开御前会议，最终作出"武力"阻止八国联军进京的决策，其中一条便是发布上谕对外"宣战"，但宣战诏书并未提名向何国宣战，也未将宣战文告递交外国使节，清朝与列强始终保持外交关系。

宣战之后，当时在北京的清军和义和团对于据守使馆区和教堂的外国军队有压倒性优势，却始终不能攻下。这与清政府的实际决策者慈禧太后有关，她为自己留有余地，不肯全力进攻使馆。慈禧后来谈起此事说："依我想起来，还算是有主意的，我本来是执定不同洋人破脸的，中间一段时间，因洋人欺负得太狠了，也不免有些动气。虽是没拦阻他们，但始终总没有叫他们十分尽意的胡闹。火气一过,我也就回转头来,处处都留着余地,我若是真正由他们尽意地闹,难道一个使馆有打不下来的道理?"

清洋绞覆亡剧终

1900年6月,八国联军以英国军官西摩尔为统帅、美国军官麦卡加拉为副统帅,由天津向北京进攻。但由于沿途许多铁路已被义和团拆毁,再加之义和团与清廷武卫军不断阻击,西摩尔在杨村陷入困境,被迫后撤,又在廊坊遭到义和团与聂士成部的攻击,最终败回天津租界。西摩尔提到此次战斗时说:"义和团所用设为西式枪炮,则所率联军必全军覆没。"中国史学家将这次战斗称为"廊坊大捷"。

列强继续集结兵力,并于16日攻陷大沽口。义和团首领曹福田与张德成等分别带领义和团进入天津反击侵略军,在清军帮助下进行了紫竹林之战和老龙头之战,直隶总督裕禄也在奏章中提到义和团的功绩。但同时八国联军也迅速增兵,经过血战,天津失陷。攻陷通州后,8月14日凌晨,八国联军对北京发动总攻,遭到甘军和义和团顽强抵抗,慈禧见势不妙,遂携光绪帝等于15日出逃。

八国联军攻占北京后,残酷报复与屠杀义和团,甚至以杀人取乐、竞赛。英军将义和团民集中用炮轰毙;德军遇到义和团民,一律格杀勿论;日军杀义和团民时,故意朝非致命处射击,有时候还拿活人试验子弹。八国联军还动不动将无辜者指为义和团斩首枪毙,手段也极其残忍,枪杀、刺死、绞刑、烧死、棍击、勒死、奸杀……无所不用其极。史载"城破之日,洋兵杀人无算……百家之中,所全不过十室"。英国记者辛普生也记载:"法国步兵之前队路遇中国人一团,以机关枪向之,逼至一不通之小巷,机关枪即轰击于陷阱之中,约击十分钟或十五分钟,直至不留一人而后已。"北京街头到处都是砍下的人头,一些房屋里也悬有首级和被肢解的尸体。英国人记载:"北京成了真正的坟场,到处都是死人,无人掩埋,任凭野狗去啃食躺着的尸体。"

除杀人外，八国联军还公开抢劫、无恶不作。各国洋兵"三五成群，身跨洋枪，手持利刃，在各街巷挨户踹门而入。卧房密室，无处不至，翻箱倒柜，无处不搜。凡银钱钟表细软值钱之物，劫掳一空，谓之扰城。稍有拦阻，即被戕害"。"联军尝将其所获妇女，不分良贱老少，尽驱诸裤褶胡同，使列屋而居，作为官妓，随意奸宿"。八国联军后来的统帅德国元帅瓦德西承认："所有中国此次所受毁损及抢劫之损失，其详数将永远不能查出，但为数必极重大无疑。"

之后，八国联军四处攻掠，南犯保定，北攻张家口，西进山西，所到之处烧杀抢掠，犯下滔天罪行。9月11日，联军一千七百余人，携大炮六门，攻良乡县城。义和团阵亡二百五十余人，城破，良乡团民"计死四千余人"。瓦德西命令八国联军所到之处尽力搜捕义和团，"捕后，立即枪毙"。不到两个月，八国联军铁蹄踏遍直隶，山东告急，山西震动，北方各省犹如惊弓。

慈禧在出逃时发布上谕，将战争的责任推给义和团，命令各地清军予以剿杀。同时，清廷认为"如与联军抗拒，徒增国家之害"。联军占领保定后，清朝守军在逃跑路上疯狂屠杀义和团。驻扎在沧州的清军提督梅东益，为迎合侵略者，在城内大肆屠杀义和团民三千多人，后又在旧州城屠杀一千多人。山东巡抚袁世凯"既剿东境内拳匪，又剿直境内拳匪，共诛戮数千人"。各地义和团在清廷和八国联军联合绞杀下迅速消亡。

为收拾残局，清廷启用庆亲王奕劻及李鸿章与列强谈判。1901年，清廷与十一国签订了丧权辱国的《辛丑条约》。条约规定：清政府赔款各国白银四亿五千万两，分三十九年还清，年息四厘，本息共计约九亿八千两百万两，以海关税、常关税和盐税作担保；划定北京东交民巷为使馆界，允许各国驻兵保护；保证严禁人民参加反帝运动；拆毁天津大沽口到北京沿线设防的炮台，允许列强各国派兵驻扎北京到山海关铁路沿线要地；惩办"首祸诸臣"。条约的签订标志着清政府完全成为帝国主义统治中国的工具，中国彻底沦为半殖民地半封建社会。

功与过任人点评

在义和团运动期间及以后的一段时间,不少人常用"盗贼""乱民""暴徒""拳匪""团匪"等贬低义和团。还有人从宗教方面来指责义和团,说他们是"邪教""异端",以鬼话惑众,煽惑闹事。改良派代表康有为、梁启超等就曾撰文,指责义和团是"拳匪之乱",称其一方面助长封建迷信风行,一方面又妨碍现代化进程。革命派代表邹容在《革命军》中,将义和团运动称之为"野蛮的革命"。

鲁迅则直接指责义和团是幽灵,是迷信的传播者。在他看来,义和团精神无异于"鬼道"精神,是非常危险的。李大钊在《东西文明根本之异点》中说:"时至近日,吾人所当努力者,惟在如何吸取西洋文明之长,以济吾东洋文明之穷。断不许以义和团的思想,欲以吾陈死寂灭之气象腐化世界。"这种看法直到抗战期间仍有影响力,历史学家蒋廷黻在《中国近代史》中称:义和团仍然是拳匪之乱、顽固势力总动员,绝非坚决维护国家主权、捍卫民族尊严的民族英雄。

肯定义和团的人亦不在少数。如接受过西方教育的辜鸿铭认为,义和团奋起反对帝国主义是英雄壮举,那些欧洲所谓的真正的文明无非就是合伙欺骗、榨取、威胁、谋害和抢劫这个世界,是高利盘剥者,是最终要毁灭世界所有文明的害虫。严复也基本持同样观点,他非常欣赏义和团的反抗精神,曾在日本杂志《开智录》上发表文章,赞扬义和团为中国独立做出了杰出贡献。

有些人则是有赞有弹。如瞿秋白认为,义和团反抗帝国主义的大无畏精神值得提倡,但他同时批评义和团阶级意识不强,民族主义极端狭隘,最可耻的是,义和团与清廷妥协。最有意思的是陈独秀,原本在义和团运动结束后持批判态度,后来又悄然转变观点,撰文说:义和团运动的重要性不亚于辛亥革命。同时,他批判了两个错误观点,一个是认为义和团属于野蛮排外的运动,一个是义和团是少数人犯下的罪恶。另外,陈独秀也指责那些批判义和团的人,说他们只看到义和团的排外,没有看到洋人对中国的欺压。

1924年9月3日的《向导》周报总共只有四篇文章,全部是中国共产党人撰写的义和团专题评论文章。文章指出,义和团的产生是帝国主义侵略和清廷腐朽导致的,是民族矛盾和阶级矛盾爆发的结果。而整个义和团运动应当被视为反抗帝国主义列强的民族革命斗争。虽然义和团野蛮残暴、愚昧迷信,但那是历史局限,正说明中国革命需要更先进的组织领导。此种观点也成为左翼学者的共识。后来,马克思主义史学家李鼎声、范文澜等人在著作中都把义和团看作北方农民、贫民自发的反帝斗争,认为中国饱受帝国主义侵略,痛苦的民众才燃起反对帝国主义怒火,爆发残酷的"野蛮的"大暴动。到此,对义和团的负面评价已所剩无几,只剩下野蛮愚昧等可以理解的历史局限性。

20世纪50年代初,河北廊坊的民间文学收集家张士杰收集整理义和团民间故事,陆续在《民间文学》期刊上发表,正面刻画了张德成、洪大海等义和团人物,突出其反帝爱国的特点。从此,大量歌颂义和团的史学、文学、艺术作品应运而生。在极左思潮盛行的年代,对义和团运动的评价大都扬善掩恶。

改革开放以来,史学界对于义和团运动的研究有了长足的发展,对于义和团运动消极面的揭露和批评也越来越多。但无论怎样,我们必须认可的基本史实是:义和团运动是一场由农民群众自发的反帝爱国运动;帝国主义与中华民族的矛盾,统治者的腐败无能和严重的民族危机是导致义和团运动兴起的主要原因;义和团运动是在中外反动势力联合绞杀下失败的;它促进了中国广大人民群众的觉醒,并成为"五十年后中国人民伟大胜利的奠基石之一",具有伟大的历史意义。

【延伸阅读】

慈禧的"疯狂"

1900年6月21日,老佛爷下诏书向全世界宣战!她哪来的自信单挑列强?

因为她有百万"刀枪不入"的义和团"义民"啊！

那年，义和团成员已经达上百万，慈禧听说这帮神人"刀枪不入"，还有一颗"扶清灭洋"的爱国之心，便派人去调查真伪，果真是：义民个个忠肝义胆，且不畏枪炮。

慈禧招义和团进京，还亲自接见了"大师兄"曹福田。曹福田当场表演了"大刀不入""胸口碎大石"等绝技，又发表了一番爱国感言，大意就是：我等有神功护体，定能杀尽天下洋人。慈禧很满意，于是向全世界宣战了。

很多人认为慈禧老糊涂了，连这种江湖骗术都相信，不，她聪明得很，她明白其中的猫腻但不说破，其实是利用他们上阵杀敌，充当炮灰。在战场上，这百万之众的血肉之躯多多少少还是有点作用的，如果全部"为国捐躯"，则正好省得朝廷再花人力物力财力去"剿匪"了。慈禧是借义和团去抗击洋人，再假洋人的手除掉义和团，而自己坐收渔人之利。只是她没想到，会酿成几乎亡国灭种的后果。

二十五、孙中山美国国籍由来

【题记】 在20世纪中国波澜壮阔的历史巨变中,孙中山这位伟人不可或缺。作为民主革命的伟大先行者,他开一时之风气,引一国之潮流,虽九死而不悔,历百折而不回,创造了惊天动地的伟业。孙中山是伟大的民族英雄、伟大的爱国主义者、伟大的民主革命先驱,他以革命为己任,立志救国救民,为中华民族作出了彪炳史册的贡献。国籍既是一个人国别身份的象征,也是爱国与否的重要标志。然而这样一位历史伟人却有美国国籍,这是讹传还是史实?是谬读还是媒体噱头?

舆论哗然国籍说

孙中山出生于广东省香山县(今中山市)翠亨村一农民家庭,名文,字载之,旅居日本时曾化名中山樵,"中山"因而得名。孙中山是中国近代民主革命的伟大先行者,为了革命,他不辞辛苦,奔波一生,四次到英法美、六次到越南、九次到新加坡、四次到马来西亚、两次到泰国、十六次到日本……总计行程达二十五万公里,相当于绕地球五圈。

2011年6月9日,在海峡两岸隆重纪念辛亥革命一百周年之际,香港《大公报》披露:美在台协会称,将于7月4日美国国庆时,首次公开一份官方文件,证明孙中山是"美国公民"。此消息立即掀起轩然大波,引发广泛关注。

已故英国调查采访作家马丁·布斯曾说,1908 年,孙中山在泰国为躲避清廷追捕,向泰国政府出示夏威夷出生证明和美国护照,声称自己是美国公民。但马丁同时证实这两份文件都是檀香山三合会伪造的。说孙中山曾有美国国籍的另一个依据是,1904 年 3 月 14 日,孙中山通过亲朋的帮助,佯称出生于夏威夷而申请到了美国国籍。

耐人寻味的是,美在台协会不早不晚,选在美国国庆日郑重公布该消息,并且还将举办"孙中山与美国"特展。在两岸纪念辛亥革命一百周年之际,美在台协会突然插一脚,其动机昭然若揭。不过,正如香港资深传媒人所指出的那样,孙中山如果想做美国人在美国发财,或者在美国过逍遥的生活,根本不需要冒生命危险辗转各地,推动革命。可以说,美在台协会出示的这份材料非但不能抹黑孙中山,反而从另一个角度印证了孙中山的伟大。

纪念辛亥革命一百周年,自然忘不了辛亥革命的领导人孙中山。不但两岸隆重纪念,就连海外华人也通过各种形式缅怀他的功勋。但此时这个消息的披露,不能不引起世人的疑惑,一代伟人孙中山为何会拥有美国国籍呢?

掩护革命籍美国

广州起义失败后,孙中山被清廷通缉,流亡海外,先后赴日本、美国,于 1896 年 9 月 30 日到达伦敦。10 月 11 日,孙中山在去探望老师康德黎的途中,忽遇"同乡"邀请他去寓所"吃茶",孙中山推辞不掉,只好随往,结果被清公使馆诱捕。伦敦各报纷纷报道了这一事件,引起英国各界强烈反应。公众舆论一致同情孙中山,谴责清公使馆的卑劣行径。

在强大的社会舆论压力下,英国政府向清公使馆发出照会,要求释放孙中山。23 日,孙中山终于被释放。不久,孙中山将这段经历用英文写成了《伦敦蒙难记》,名声大噪。

1900年惠州起义失败后，孙中山被清廷通缉，只好返回日本，等待时机。1903年9月，孙中山离日再赴檀香山。1904年3月，孙中山在檀香山完成了兴中会的整顿，肃清了保皇思想在华侨中的影响，准备赴美国大陆开展革命宣传和筹款活动。按照美国国会1882年通过的《排华法案》，禁止中国劳工移民美国，加之保皇党在美国势力强大，多方阻挠，这些都让孙中山的革命活动变得非常困难。

美国法律规定，凡在美国领土出生者都将自动获得美国国籍。鉴于此，孙中山的舅父杨文纳建议："现在保皇党机关林立于美洲各埠，倘不与洪门会人士合作，势难与之抗衡。与康徒陈继俨的笔战，难免他要运动美国关员防阻（你）登陆，故宜取得夏威夷出生证书。"孙中山对此颇为犹豫。舅父又说："古人成大事者，多能通权达变，如伍员乔装出关、孔子微服过宋，皆是此意，此举以救国为目的，何必拘泥？"于是，哥哥孙眉找了几个老乡作证，在夏威夷茂宜岛为孙中山取得了出生证明。

1904年3月13日，孙中山在当地法院宣誓，领到美国岛居人民所持护照。从此，孙中山在法理上成为美国公民。这便是孙中山美国国籍的由来。

出生证明起风波

孙中山拿到美国护照后，从檀香山乘坐"高丽号"邮船前往旧金山。在码头上，孙中山对前来采访的美国记者表示，此行主要目的是发动华侨，以备夏天回中国大陆领导革命，请记者拭目以待。

檀香山的保皇党分子、记者陈继俨立即电告旧金山保皇党设法阻挠。于是保皇党与清领事何祐联系，照会美海关处说："中国乱党孙某抵美，请禁止入境。"此时，恰巧清皇室宗亲溥伦率代表团赴美参加圣路易斯博览会途经旧金山，美政府为避免发生意外事件，认为应将孙中山与清朝皇室贝子隔离得越远越好，便命令移民局从孙中山的护照等方面找些差错，把孙中山拘留三周，等溥伦离开一周后恢复其自由。

二十五、孙中山美国国籍由来

1904年4月6日，孙中山抵达旧金山。移民官登船检查旅客证件，发现美国公民孙中山上一次进入旧金山使用的是中国护照。孙中山拿出檀香山的出生证，但移民局称这并不能取得美国公民权利，同时告之清领事何祐，孙中山有夏威夷出生证。何祐说："孙某系生长在中国广东省香山县，所持出生证必为伪造。"移民局不准孙中山入境，同时行文华盛顿移民总局，调查孙中山美国护照的真伪。

次日，"高丽号"继续起航，孙中山则被拘禁在码头附近的小木屋内。被囚无奈时，孙中山无意间看到《中西日报》上印着"总理伍盘照"，顿时想起九年前广州起义失败出国时，双门底圣教书楼主人、兴中会会员左斗山和博济医校助教杨襄甫二人给他写过一封介绍信，让他到旧金山后可找广东人伍盘照和司徒南达，这封信他一直放在行李中。于是，孙中山给伍盘照写了一封便函，称自己现有十万火急之事待商，希望相见。伍盘照见信后，当即来到木屋。孙中山述说经过后，取出介绍信，信中写道"携此信之人，忠心为国，请力助之"。伍盘照持信找到司徒南达。司徒认得左、杨二人笔迹，于是召集教友磋商营救方法。大家认为，因有家眷在国内，只可暗助，不可明帮，应由本埠洪门致公堂出面，向美国劳工部上诉，营救孙中山。

伍盘照拜访致公堂会长黄三德和英文书记唐琼昌等人，此前黄、唐等已收到檀香山致公堂发来的准备迎接孙中山的电文。听说孙中山入境受阻，黄、唐便找到致公堂律师那文，请他设法协助。那文向移民局声明："孙某乃檀香山籍民，因在中国提倡革命，故被中国政府通缉。今阻其入境，实属损害檀籍人居留美国之权利及美国容留国事犯之法例。"同时向华盛顿上诉。伍盘照还在报纸上发表文章，向侨胞揭露保皇党企图谋害孙中山的阴谋，此举令孙中山在侨胞中的声望大大提高。

4月28日，美国劳工部向旧金山移民局下达裁决书，承认孙中山的檀香山出生证明及所持美国护照有效，允许入境美国本土。孙中山终于走出小木屋，受到致公堂欢迎，并被安排在致公堂公所下榻，与大家热烈讨论反清革命问题。

华侨革命贡献多

此后的革命生涯中,孙中山不停地奔走于亚欧美各国,争取海外华侨支持。爱国华侨和仁人志士纷纷以赤诚之心,为革命提供支持。在兴中会最初的一百二十六名会员中,就有七十人是来自广东香山县的华侨。

戊戌变法后,保皇党人在美国依然活跃。孙中山利用致公堂与保皇派展开斗争,印刷邹容所著《革命军》一万一千册,分寄美洲及南洋等地,大力宣传革命。陈继俨曾对革命党口诛笔伐,孙中山亲自撰文与之辩论。另外,《大同日报》是致公堂的机关报,但原主笔欧榘甲为保皇党人,常在报上攻击孙中山。黄三德等人大为不满,迫使欧氏辞职,由孙中山派来的革命党人刘成禺接任,从此《大同日报》成了宣传革命的报纸。这就是辛亥革命史上著名的"《大同日报》'易帜'"事件。从此,保皇党势力开始衰落,革命党势力日益壮大。

孙中山还在黄三德授权下,为洪门会编写了《新章要义》共六十七条,将"捍御祸害,赒恤同人""光复中国,拯救同胞""先清内奸,后除异种"列为致公堂的三大"义务";甚至将兴中会的政治纲领也引列其中,如第一章第二条中规定:"本堂以驱除鞑虏,恢复中华,创立民国,平均地权为宗旨。"从此,致公堂这一帮会组织被改造成了革命组织。

当年,孙眉在夏威夷州茂宜岛开办农场,一度被称作"茂宜王"。为支持弟弟的革命事业,孙眉将经营了数十年的全部产业陆续出售。据夏威夷公证机构记载:1895年至1899年,孙眉卖出名下的土地和牲畜达六十五次之多,先后捐出七十万美元。1906年联邦法庭对孙眉作出破产判决。1907年,清贫的孙眉举家回香港居住。

1896年6月,孙中山首赴纽约访问,住在唐人街的赖神书院。他每晚工作至深夜,然后席地而睡,清晨起来便到附近的黄二嫂面馆吃一碗汤面。得知这位先生如此执着于革命,黄二嫂十分同情,有胆有识的她不仅免费供孙中山面餐，而且在后来清廷密令追捕孙中山的危急时刻，还冒险掩护。1909年11月，孙中山第三次出访美国，主持成立了同盟会。在首批入会的十六人中，黄二嫂是唯一的女会员。

孙中山的个人魅力与政治主张，对广大华侨产生了强大吸引力。他们忠心拥戴孙中山，义无反顾相追随，倾尽全力支持他，为辛亥革命的成功作出巨大贡献。

1911年初，革命党人筹划广州黄花岗起义，急需经费。孙中山先后在加拿大东部和西部筹集军费。他在温哥华唐人街演讲，连续四天座无虚席，两千多华人冒雨听讲，孙中山感慨："人心如此，革命必成功矣！"加拿大致公堂所在地维多利埠将致公堂的楼房典押，得港币三万元。接着，侨商和其他分堂都踊跃筹款，加拿大致公堂共募款港币七万余元。广州黄花岗烈士墓后面的记功坊，最上面那块就是加拿大华侨所捐。

曲线救国引误惑

1908年11月14日、15日，光绪皇帝和慈禧太后相继去世。年仅三岁的溥仪继位，其父醇亲王载沣监国。身在新加坡的孙中山听到这个消息后，认为这是绝佳的起义时机，便加紧筹备。在新加坡的保皇派则深感痛惜，于19日集会追悼。一些革命党人前往现场干扰，两派发生冲突。虽然孙中山并未出面，但英国驻新加坡殖民当局为平息争执，请孙中山出面约束革命党人。

处理了革命党人与保皇派的冲突后，孙中山第二天带着胡汉民等同盟会会员前往暹罗（今泰国）宣传武装反清、筹募革命经费。暹罗华侨数量庞大，受中国文化影响很深，他们对孙中山的到来给予了热情接待。当地同盟会会员于29日晚在曼谷汇丰银行举行宴会，孙中山即席发表革命演说。第二天，当地的中、英、泰文报纸都以头条报道了此事。这引起清政府派驻暹罗外交官的强烈不满，向暹罗政府提出严正交涉。因为中国革命党人在各地华侨中的影响不容小觑，暹罗政府便采取了较为温和的驱离措施。曼谷市长与警察局长通过当地华侨领袖约见了孙中山，限其一周内离境。

孙中山刚到暹罗，还未去华侨集中的城市活动，遽然离开很不甘心。他认为，清政府之所以向暹罗施压，是因为把自己当作清朝国民对待，如果能证明自己不是清朝人，那么暹罗政府就不会按清政府的要求行事。为此，他找到美国驻暹罗公使米密尔顿·金，出示了自己的檀香山出生证和美国政府发给夏威夷属地居民的护照，米密尔顿当即向美国国务卿罗脱报告相关情况，并称"孙的英文说得很好，虽略带口音，人极聪明，彬彬有礼……"，请求美国政府对此事进行明确表态。

以美国政府正在交涉为由，孙中山在暹罗继续停留了一段时期。为加大宣传革命的力度，孙中山指派汪精卫、吴应培前往缅甸仰光开展工作，发表演说，主持加盟。很快同盟会缅甸分会成立，八百余人成为同盟会会员，是南洋同盟会会员最多的分会。

孙中山没有等到美国政府的回复，12月14日即重返新加坡，继续与各地同盟会会员联系筹款等事宜。

美国政府在三个月后给米密尔顿回函表态，孙中山没有资格登记为美国公民或请领美国护照，理由是：美国公民享有权利，但也有责任和义务。孙中山非但没有尽美国公民的义务，反而全力投入中国的政治斗争，甚至还是鼓动推翻清政府的领导人。而清政府是与美国保持友好关系的政府。基于此，美国政府认为孙中山无权受美国政府的保护。

然而，2011年辛亥革命一百周年之际，美在台协会却在台湾举办的"孙中山与美国"特展上，展出了来自美国国家档案局的文件，证明孙中山拥有美国国籍。该资料显示，孙中山曾就读夏威夷欧胡学院（现称普纳荷中学），算起来，还是美国前总统奥巴马的学长。美在台协会发言人裴士莲表示，根据美国移民局1904年发布的一份官方文件，孙中山被指出生于美国檀香山，因而具有"美国公民"身份。她还说，当时美国政界希望亚洲能出现第一个"民主国家"，所以美国政府运作让孙中山成为本国公民，令清廷不能任意逮捕。言下之意，即孙中山领导的辛亥革命推翻了清廷，美国"功不可没"。

事实上，这一说法根本站不住脚，孙中山在海外的革命活动，很早就受到包括美国在内的西方列强的阻挠。为维护在华利益，他们与清政府保持"友好"关系，不支持孙中山革命。1896年，与美国官方关系密切的《万国公报》谴责孙中山"图谋不轨"。武昌起义前后，孙中山两赴华盛顿，希望谒见当时的美国国务卿，均遭拒绝。1912年1月1日，孙中山在南京宣誓就任临时大总统，美方拒绝承认，并说袁世凯才是"中国最强有力的人"。当时的《华尔街日报》还抱怨"辛亥革命破坏了美国在中国的铁路特许权，威胁着美国在华侨民的生命财产"。

台湾国民党党史馆主任邵铭煌也表示，这个出生证明是孙中山为了革命需要采取的"非常手段"。正因为这个假身份，他才能奔走美国各地募款和鼓动革命。由此可见，孙中山变更国籍是在特定历史背景下的权宜之计，他为推翻清廷，避开追杀，才不得不变更了国籍。

1894年至1911年，孙中山策划了多次反清武装起义，屡遭挫折而斗志弥坚。孙中山和革命党人经过不懈努力，取得了辛亥革命的伟大胜利，推翻了清王朝统治，结束了中国两千多年的封建君主专制制度。后来，为反对袁世凯阴谋复辟和北洋军阀反动统治，孙中山先后发动了二次革命、护国运动和护法运动，实行联俄、联共、扶助农工三大政策，创立黄埔军校，抱病赴北京共商国是，1925年3月12日病逝于北京，为再造中国鞠躬尽瘁，死而后已。

从几十年的革命历程看，孙中山将全部精力投入到了中国的革命斗争，成为中国民主主义革命的领袖和伟大先行者。所以，他是属于中华民族的。孙中山为民族独立、社会进步、人民幸福建立了不朽功勋，永远值得我们敬仰、怀念。

【延伸阅读】

孙中山生命中的女人

孙中山身边的夫人，人们熟知的有两位：一是卢慕贞，十七岁时嫁给孙中山，是他的原配，1915 年离婚。二是宋庆龄，与孙中山结为革命伴侣，为实现"拯救中国"的共同理想，两人并肩战斗，伉俪情深。

其实，孙中山还有三位"红颜知己"。1897 年，孙中山流亡日本，居住在横滨华侨温炳臣家，与女佣浅田春日久生情。1902 年浅田春芳年早逝。

同年，孙中山通过温炳臣向大月薰求婚，被其父以女儿年幼为由拒绝。一年后，两人在日本结婚。三年后，大月薰生育了女儿富美子。1907 年孙中山离开日本，从此再没回到大月薰身边。大月薰此后两次改嫁，富美子从小被送给别人收养。1956 年，富美子到东光寺拜会大月薰。大月薰对她说："富美的读音就是汉字的文，取名富美子，就为表明你是孙文的女儿。"

早在 1891 年，孙中山就认识了十八岁的陈粹芬。孙中山到各地奔走革命，陈粹芬伴随左右，在孙中山就任临时大总统后悄然隐退。在日本，她常为往来的同志洗衣、做饭。1936 年，蒋介石为答谢当年她的照料，亲自修书托人前去探望，并送给她十万元养老。

1942 年，六十九岁的陈粹芬回忆当年："我自知出身贫苦，知识有限，自愿分离，并不是中山弃我，中山待我不薄，也不负我。外界人言，是不解我……中山娶了宋夫人之后，有了贤内助，诸事顺利，应为他们祝福。"

二十六、西南联大的苦难辉煌

【题记】提起清华、北大、南开这些国内顶尖高校,大家耳熟能详;说到梅贻琦、蒋梦麟、张伯苓几位泰斗,学界亦如雷贯耳;但言及西南联大,许多人却不甚了了。其实,在艰苦卓绝的抗战岁月里,西南联大曾辉煌一时,这里云集了众多当时中国教育界、科技界的泰斗,从这里走出的校友中,有一百七十多位中国两院院士,八位获得"两弹一星"功勋奖,五位获得国家最高科学技术奖,两位获得诺贝尔奖,成为新中国科技的中流砥柱。

一所存在不到九年的临时大学,有哪些苦难辉煌的记忆?又有哪些传奇故事呢?

国危亡学人长征

1931年,九一八事变爆发,东北沦陷。但日军并未停止侵略的脚步,时刻觊觎华北地区。当时,北平国立各大学校长经常聚会,讨论时局,应对危机。为防不测,自1934年起,清华大学便秘密计划将学校转移至长沙,斥巨资在长沙岳麓山下的左家垅(今中南大学)着手建设新校区,并请了建筑大师梁思成、林徽因设计。

1935年,华北事变,华北地区局势日益危急,以至于"华北之大,竟容不下一张安静的书桌!"1937年7月7日,卢沟桥事变爆发,硝烟弥漫整个北方。为了彻底征服中华民族,日寇有计划地对中国高校进行疯狂破坏。7月29日,北平陷落,北大、清华还没有来得及运走的珍贵图书惨遭洗劫。7月30日,日军轰炸南开大学。在这场浩劫中,南方的中山大学也未能幸免,损失的图书、仪器和标本等多达六百余箱。为避免中国高等教育遭遇灭顶之灾,9月10日,国民政府教育部发出第16696号令,决定由国立清华大学、北京大学、私立南开大学合并组建长沙临时大学。

10月,来自三校的一千六百多名师生经过长途跋涉陆续到达长沙。11月1日,国立长沙临时大学正式上课。后来,这一天被定为国立西南联合大学的校庆日。临时大学整合了三校原有的院系,设十七个学系,校本部位于长沙城东的韭菜园,主要是租借圣经学院和涵德女校的校舍。但课桌未稳,部分教授和学生还没赶到,长沙的上空就响起了空袭警报。淞沪会战失败,上海、南京相继陷落。日军进逼武汉,长沙危如累卵。

为了寻得一张安稳的书桌,1938年2月中旬,开学仅四个月的长沙临时大学再次被迫迁徙,中国教育史上最伟大的长征就此开始了。师生们分三路奔赴昆明。一路是女同学和体弱的男同学,由粤汉铁路到广州,经香港、越南入滇;另一路沿湘桂公路到桂林经柳州、南宁、越南入滇;还有一路为二百余名男同学,在闻一多、曾昭抡等老师带领下,组成"湘黔滇旅行团",翻山越岭一千六百七十一公里抵达昆明。从长沙到昆明,山崇岭峻,谷陡涧深,道路崎岖,师生们风餐露宿,历尽艰险。在走到湘西时,他们被土匪"湘西王"盯上。当"湘西王"得知这些穷学生是"借道"去云南读书的,便特意放行。国难当头,难得土匪也菩萨心肠一回,成全了读书人。

颠沛流离中,象牙塔里的文弱书生目睹了山河破碎、民不聊生的严酷现实,迸发出强烈的复兴民族的使命感和责任感。闻一多等三名教授在路上蓄须明志:"赶不走日本人,就不剃胡子,看它能长多长!"

1938年4月,历经六十多天艰苦跋涉,"联大长征"三支队伍相继抵达昆明,在当年的昆明城西北,如今的云南师范大学校园内,国立西南联合大学成立了,设文、理、工、法商、师范五个学院二十六个系,两个专修科和一个选修班，5月4日正式开课。

众巨擘师表图腾

1931年，梅贻琦在清华大学校长就职演讲中说："所谓大学者，非谓有大楼之谓也，有大师之谓也。"这句话之于西南联大再恰当不过。

西南联大成立后，为了恢复正常的教学，学校将大部分经费用于购买图书和设备，由于难以筹措到巨额经费重建校舍，只能租借民房、中学、会馆上课。无奈之下，校舍委员会根据教学需要以及现有财力状况，决定建造一些砖木结构的三层房屋。校长梅贻琦请梁思成、林徽因夫妇设计校舍，两人欣然受命。设计的第一稿是一流的现代化大学模式，但因为学校没有那么多经费，被立马否决。

两个月内，梁思成把设计方案接连改了几稿：高楼变矮楼，矮楼变平房，砖墙变土墙。即便这样，联大建设长黄钰生还是无奈地说："除了图书馆屋顶可以使用青瓦，教室、实验室可以使用铁皮之外，其他建筑的屋顶一律覆盖茅草，砖头木料再减一半，麻烦您再作一次调整。"

梁思成忍无可忍，冲进校长办公室，把设计图狠狠砸在梅贻琦办公桌上："改！改！改！你还要我怎么改？茅草房？每个农民都会盖，要我梁思成干什么？"

梅贻琦把图纸一张张收好，歉疚地说："思成，以你的大度，请再谅解我们一次。"

梁思成接过图纸，声音哽咽地说："你知不知道农民盖一幢茅草房要多少木料？你给的木料连盖一幢标准的茅草房都不够！"就这样，半年后，西南联大的新校舍建成了，除了图书馆和东、西两食堂是瓦屋外，只有教室留下了铁皮屋顶，学生宿舍、各类办公室全都是茅草屋。

西南联大虽然没有大楼，但有像冯友兰、闻一多、吴大猷这样的大师。北平沦陷后，这些教授们为了国家的未来，不但拒绝了日本侵略者的利诱和拉拢，也不惧日本侵略者的威逼和恐吓，毅然从北平迁到长沙，又从长沙迁到昆明，生活之艰苦、办学之艰辛，是现代人很难想象得到的。

在战前的北平和天津，教授属于上流阶层，平均月薪有三百多银元，一年的收入在北平可以买一套四合院。到了1943年，尽管教师薪资增加了六至十倍，物价却涨了四百多倍，教授们这时的平均月收入，只相当于1937年的八元三角了。陈寅恪曾有两句诗相当形象："淮南米价惊心问，中统钱钞入手空。""日食万钱难下箸，月支双俸尚忧贫。"陈寅恪是少数部聘教授之一，又有中央研究院的兼职，他尚且如此，一般教授生活之艰难就可想而知了。

这里讲几个教授的故事。

校长梅贻琦的待遇与部长平级，但为了组建承揽工程与项目的学生服务社，贴补教师们的困苦生活，他卖掉了汽车，辞退了司机，几乎卖光了自己所有值钱的东西。1940年后，梅家连青菜汤都喝不起了，偶尔吃一顿菠菜豆腐汤就像过年。为维持一家生计，梅夫人只好上街摆摊卖米糕。有一次下大雨，卖米糕的梅夫人被淋成了落汤鸡。梅贻琦接过篮子，一边把泡烂了的糕舀到碗里，一边抹泪道："咏华，我对不起你啊！"

物理系教授吴大猷为给患病的妻子补身子，每天打扮成乞丐，到菜市场捡剩骨头熬汤。后来，夫妇俩的小茅屋遭日机轰炸，面缸被炸碎，吴大猷只好把面粉捧起来，用洗面筋的方法把泥沙洗掉，把仅剩的面筋留下来作为半个月的口粮。

因为条件艰苦，难以买冬衣御寒，中文系教授朱自清就整天披一件破毡。有一次，朱自清上街，被乞丐纠缠得无可奈何时，说了一句："别跟我要钱，我是教授。"此话一出，乞丐扭头便走，谁都知道"教授教授，越教越瘦"。朱自清患有严重的胃病，因饥一顿饱一顿，胃疾更加严重。有一次他得了痢疾，还坚持连夜批改学生作文，妻子劝他休息，他说："我答应明天给学生的。"书桌边放着马桶，他整整改了一夜作文，也拉了三十多次，第二天人都脱了相，脸都没洗就又去上课了。

"君子喻于义，小人喻于利。"中国知识分子素来清高，以谈钱财为耻。然闻一多为维持一家生计，不得不挂牌治印，作为一个深受传统文化影响的知识分子，其内心之纠结与痛苦，可想而知。儿子闻立鹤不满父亲此等行为，有一次怒气冲冲地责问："这不是发国难财吗？"闻一多听了，没有生气，沉思好半晌，说了句："立鹤，你这话我将一辈子记着。"淡淡一句话里，包含了几多辛酸！

潘光旦右腿膝盖以下截肢，行动不便，又住在郊区，但从不迟到。力学教授周培源住处离联大二十余里，没有公路无法坐车，他只好每天早上骑马先送两个女儿上学，再骑马到联大，成为联大一道独特的风景线。

昆明多雨，一遇下雨茅草屋就漏水，外面大下，屋里小下；外面不下，屋里还下。教室的条件稍好一些，是铁皮屋顶，但暴雨打在屋顶上声如急鼓，老师讲课的声音根本听不到。法商学院教授陈岱孙历来以完美掌控讲课时间闻名，每堂课讲完，说一声"下课"，铃声立刻打响，分秒不差，令人称奇。可是昆明的暴雨时常打乱他的计划。一次，他正讲到得意处，忽然一阵急雨，声音大到他无法讲下去。他想了一下，在黑板上写了四个大字：静坐听雨。同学们大笑。

数学大师华罗庚的屋子被炸后，一家人只好到西郊普吉街附近租了个楼棚，上面住人，下面就是牛圈。每天天不亮，患有腿疾的华罗庚就一瘸一拐地步行十几里路去联大上课。晚上，他伏案研究学术，老牛常靠柱子擦痒，搞得楼棚摇摇欲坠，人坐楼棚上，就像醉酒了一般。棚里更是蚊虱成群。就是在这里，华罗庚攻克了多个世界级数学难题。

国民政府看到西南联大师生的清贫、寒酸，特拨十万元给学校改善条件，但联大师生全体投票一致同意：将这笔钱捐给昆明人民，以报收留之恩。1942年，教育部决定给二十五位兼行政职务的教授每人发放一笔"特别办公费"，但被他们联名致函拒绝："抗战以来，从事教育者无不艰苦备尝，十儒九丐，薪水尤低于舆台，故虽啼饥号寒，而不致因不均而滋怨。"

这就是学之大者，这就是师表风骨。

智若愚掌门先生

和平年代，执掌一所大学已非易事，战乱年代，执掌一所大学更是一件非常头痛的事，要执掌三所名校组成的联合大学，其艰难可想而知。联合大学，究竟该怎么管？一开始，三校校长张伯苓、梅贻琦、蒋梦麟三人轮任主席。联大成立后，一系列矛盾开始显现。

最大的矛盾，就是职位配置："凭什么联大文学院院长只让清华的冯友兰干，不让北大的汤用彤干……"各校教授为此争得面红耳赤，情况严重时，甚至群议分校。这时，北大历史系教授钱穆站出来，说了一句："此乃何时？"一听这话，教授们立即安静下来。

北大校长蒋梦麟接着站起来说："今夕钱先生一番话已成定论，可弗在此题上争议，当另商他事。"从此，再没有教授出来争抢职位。

不久，南开校长张伯苓对蒋梦麟说："我的表，你戴着。"这是天津俗语"你做我的代表"的意思。然后，他去重庆开办了南开中学。不久，蒋梦麟对清华校长梅贻琦说："联大校务还请月涵先生多负责。"然后，他也去重庆另兼他职。就这样，为了避免三校矛盾，张、蒋两人把权力"让"给了梅贻琦。

倘若三人各自为政，联而不合，"西南联大"想必会成为第二个"西北联大"。抗战期间，国民政府曾想组建东南、西北、西南三所联合大学，但东南联大胎死腹中，西北联大先合后分，只坚持了不到一年。只有西南联大成功坚持了下来，这既得益于蒋梦麟、张伯苓的"让"，也得益于梅贻琦的"公"。

当时三校在财务上各有各的"房头"，但自从联大成立，梅贻琦心中就只有联大，没有清华。清华有庚子赔款作后盾，设备经费远胜其他两校，但三校共用之。清华工学院建有学生服务社，对外承包工程、建设房屋、开办工厂，所得收入本算是清华的"私房钱"，但梅贻琦都拿出来补贴其他两校。

除了大"公"无"私"，梅贻琦还极力倡导"教授治校"。西南联大成立了最高学术机构——西南联大教授会，每年选出十一名代表参加校务委员会。校务委员会还包括校长、学院院长、教务长、训导长和总务长，大家一起商讨学校大事，制定各项规章。"校务委员会中绝对没有非教闲杂人。当年联大每决定大事，都要先考虑教授们的反应，看看能不能过他们这一关"。

1946年1月29日，文学院教授闻一多为研究生王瑶毕业事宜致函梅贻琦："月涵校长、光旦教务长先生大鉴：中国文学部研究生王瑶申请举行毕业初试。兹定于二月十五日下午三时起在办事处举行该项初试。谨将有关事项开陈于后，即乞核定。嘱文书科办通知，并乞嘱事务组届时照例预备茶点。至纫公谊，敬颂，道安。"短短几句话可以想见当时教授的气派。梅贻琦接到公函，批示：照办，琦。"照办"两字，可见教授地位之高。梅贻琦很清楚，有了教授才有大学，而不是有了大学才有教授，所以，他常说："教授和校长比，校长固然重要，但不过是率领职工给教授搬椅子凳子的，最重要的还是教授。"

西南联大流传着一首诗："大概或者也许是，不过我们不敢说。可是学校总认为，恐怕仿佛不见得。"这首诗说的就是校长梅贻琦。他在许多事情上从不断然决定，而喜欢用这些词语来谨慎表达意见。这种现在看来不可思议的举措，对当时这所特殊的大学却起着难以言表的妙用。

教授们提出管理学校的策略，梅贻琦发表意见通常只说三个字："吾从众。"但每一个"吾从众"后，处事却极其坚定。所以梅贻琦便有了"寡言君子"的雅号，而他的"大智若愚"也成就了西南联大的辉煌。

1938年，西南联大作了一个令人震惊的决定：聘请"乡下人"沈从文为教授。当时，西南联大的教员，要么是留学欧美名校归来的名师，要么是北大、清华等国内顶级学府毕业并已在学术界取得显赫成就的人。而沈从文，论学历，小学没毕业；论学术，没任何著作傍身。但梅贻琦根本不看重这些："我看的是才华。"唯才是举——这就是西南联大的用人标准。

西南联大汇集三校学者、专家于一堂，充分发扬学术民主。比如清华教授闻一多和北大教授罗庸都研究《楚辞》，观点截然不同，但两人都可讲《楚辞》。有一年，闻一多、游国恩和罗庸开讲《楚辞》，青年教师唐兰和彭忠铎也开了这门课，他们之间犹如"摆擂台"一般，各自拿出绝活，吸引学生去听。这样的安排，不但体现了公平，而且促进了良性竞争，有利于培养学生的思辨能力。

赴国难投笔从戎

当然，西南联大让人心生敬意的不止于思想，更有"八百学子去从军"

的壮举。

三校师生背井离乡，辗转千里，对日本侵略者的仇恨愈发深刻，投身抗战的爱国热情不断高涨。西南联大曾掀起过三次从军热潮。

第一次是全面抗战初期。为支持学生的爱国热忱以及适应战时需要，学校于1937年12月设立国防工作介绍委员会，规定"凡服务国防有关机关者，得请求保留学籍。其有志服务者，并得由学校介绍"。于是，不到两个月时间，提出申请保留学籍、领取肄业证明、参加抗战工作的就有二百九十五人。他们大都被分到国民党陆军第五军第200师——著名的机械化部队，为部队的建设作出了积极贡献。当时，也有学生到八路军中制造地雷炸药，甚至还造出了可飞百余米的土火箭。

第二次是1942年太平洋战争爆发前后。1941年初，美国政府批准向中国派遣飞机、志愿飞行员和机械师。为协助美国志愿援华航空队，部分外文系同学参加征调，担任翻译。后来随着来华美军日益增多，需要大批军事翻译人员，西南联大应届毕业生很多被征调到美军中服务。梅贻琦的儿子梅祖彦虽然还不到大四，也报名参了军，女儿梅祖彤也应征参加了英国人组织的战地志愿医疗队，是西南联大唯一参军的女生。中缅印战场的几次重要战役，入缅战役、滇西战役、打通中印公路之战以及湘西会战等，都有西南联大翻译官的身影。1941年至1945年，被征调的翻译官中西南联大学生约有四百人。

第三次是配合中国远征军第二次入缅作战。这是在抗战形势严峻的情况下，西南联大学生的一次爱国从军行动。1944年，日本为了支援困在东南亚和滇缅边境的军队，急需打通从中国大陆到越南的交通线，因此在豫、湘、桂、黔发动猛烈攻势。二百多位西南联大同学本着"国家兴亡，匹夫有责"的精神，报名参军。12月8日，他们离校到青年军207师炮一营入伍，后被送到印度蓝姆加当汽车兵，所在的汽车团被称为"民主团"。这些年轻人后来都成为滇缅公路上的汽车兵。日本投降后，这批同学绝大部分回校复学。

参军学子不乏以身殉国者，其中最有代表性的是外文系缪弘。缪弘有诗《血的灌溉》："没有足够的兵器，且拿我们的鲜血去；没有热情的安慰，且拿我们的热血去；热血，是我们唯一的剩余。"他参加了美军战略情报处组建的中美特种部队,在湖南芷江县的一次攻击战中牺牲,用鲜血践行了自己的诺言。正所谓书剑相逢,剑胆琴心,上马杀贼,下马写诗。

据《国立西南联合大学校史》记载,1937年至1946年,共有八千人取得入学资格,而西南联大纪念碑上有姓名可查的参军人员就有八百三十四人,其中十四人为国捐躯。根据西南联大校史,加上长沙临时大学时期参加抗战而离校的二百九十五名学生,先后共有一千一百余人投笔从戎。

抗日战争是一场全民族的共同壮举,在烽火连天的岁月里,一群知识分子弃笔从戎,奔赴疆场,挥洒热血,堪称悲壮。对于联大从军学子来说,这是一份时代与个人的共同使命、共同荣耀,尽管充满辛酸血泪,但他们从未后悔,因为祖国需要他们。最终,在这场关乎民族存亡的战争中,联大学子交出了一份让个人自豪、让祖国骄傲、让历史铭记的答卷。

书传奇教育珠峰

1945年8月15日,日本无条件投降。1946年7月31日,西南联大召开常委会,梅贻琦宣布:"西南联合大学到此结束。"随后,三校回迁,各自复员。联大师范学院留昆明独立设置,更名为"国立昆明师范学院",院址设于国立西南联合大学校本部。新中国成立后,国立昆明师范学院改称昆明师范学院,1984年更名为云南师范大学。

在西南联大存在的近九年时间里,大师云集,名家荟萃,精诚团结,弦歌不辍。在极度简陋和艰苦的环境中,冯友兰、陈寅恪、闻一多、朱自清、叶企孙、吴有训、吴大猷、陈省身、华罗庚等一大批名师巨匠,鼎力治学研究,坚持为国育才。从这里走出来的校友有一百七十多位两院院士,两位诺贝尔奖获得者,八位"两弹一星"功勋奖章获得者,五位国家最高科学技术奖获得者以及百余位人文大师。

可以说,存在不满九年的西南联大创造了中国教育史上的奇迹,人们每每谈起西南联大,都会肃然起敬。即便在教育越来越发达、大学的楼越盖越高的当下，西南联大依然是一个特殊的存在，它象征着一个民族在存亡绝续的临界点时，教育所能达到的精神高度。爱国情怀在于斯，社会担当在于斯，学术抱负在于斯，人生志业亦在于斯。

【延伸阅读】

神秘的"菜坛子"

1937年10月初，清华大学长沙临时大学门前，突然跑来一个脏兮兮的"乞丐"，他一手拄着木棍，一手抱着一个咸菜坛子，急切地要求见梅贻琦校长。门卫正要将他轰走，恰逢梅校长出来送客，"乞丐"看到梅校长后，像抓住救命稻草似的，一把拽住梅校长的衣袖，用沙哑颤抖的声音喊了一声："梅校长！"梅校长先是一惊，继而泪流满面……

原来，这蓬头垢面的"乞丐"竟然是赵忠尧！他怀中的咸菜坛子里放着一个铅筒，铅筒里居然藏有五十毫克放射性实验材料镭——这几乎是那个时候中国原子物理的全部！当年赵忠尧赴英国剑桥大学留学，师从著名物理学家卢瑟福。赵忠尧学成归国时，卢瑟福特意将五十毫克镭作为礼物赠送给这位得意门生。镭，是原子物理研究中极其贵重的材料，如果落到日本侵略者手里，后果不堪设想！在得知日寇占领清华园后，赵忠尧立即与梁思成一起，冒死潜返清华取回了这五十毫克镭。

为了掩人耳目，赵忠尧打扮成穷苦百姓模样，把装有镭的铅筒放在一个咸菜坛子中，随着逃难人群前往长沙。为了躲避日寇与伪军的盘查，他昼伏夜行，只挑人迹罕至的小路走，几乎丢掉了所有的行李，只有咸菜坛子与他形影不离。赵忠尧步行一千四百多公里，终于将这五十毫克镭安全地送到长沙。

赵忠尧用生命护佑的那五十毫克镭没有白白带回，他用这五十毫克镭在西南联大做了放射性试验，为中国核事业作出巨大贡献。

图书在版编目（CIP）数据

好看的中国历史故事. 历史真相篇 / 刘士欣主编. —北京：中央编译出版社，2023.3（2023.6 重印）

ISBN 978-7-5117-4296-4

Ⅰ. ①好… Ⅱ. ①刘… Ⅲ. ①中国历史 - 通俗读物 Ⅳ. ①K209

中国版本图书馆 CIP 数据核字（2022）第 180441 号

好看的中国历史故事——历史真相篇

责任编辑	付　瑾
责任印制	刘　慧
出版发行	中央编译出版社
地　　址	北京市海淀区北四环西路 69 号（100080）
电　　话	（010）55627391（总编室）　　（010）55627340（编辑室） （010）55627320（发行部）　　（010）55627377（新技术部）
经　　销	全国新华书店
印　　刷	北京印刷集团有限责任公司印刷一厂
开　　本	710 毫米×1000 毫米　1/16
字　　数	247 千字
印　　张	16.25
版　　次	2023 年 3 月第 1 版
印　　次	2023 年 6 月第 2 次印刷
定　　价	68.00 元

新浪微博：@中央编译出版社　　微　　信：中央编译出版社（ID: cctphome）
淘宝店铺：中央编译出版社直销店(http://shop108367160.taobao.com)　（010）55627331

本社常年法律顾问：北京市吴栾赵阎律师事务所律师　闫军　梁勤
凡有印装质量问题，本社负责调换，电话：（010）55626985